Josef Fischer

Sklaverei in der Antike

GESCHICHTE KOMPAKT

Dr. **Josef Fischer**, geb. 1976, studierte Alte Geschichte und Altertumskunde sowie Klassische Archäologie. Er war wissenschaftlicher Mitarbeiter an der Universität Trier sowie an der Österreichischen Akademie der Wissenschaften in Wien und lehrte an den Universitäten Salzburg, Trier, Wien und Passau. Seine Forschungsschwerpunkte sind die griechische Frühgeschichte, die griechische Sozial- und Wirtschaftsgeschichte sowie Kleinasien im Altertum. Derzeit ist er als Redakteur in einem internationalen Medienunternehmen tätig.

Herausgegeben von
Kai Brodersen, Martin Kintzinger, Uwe Puschner

Antike
Herausgeber für den Bereich *Antike*:
Kai Brodersen

Berater für den Bereich *Antike*:
Ernst Baltrusch, Peter Funke, Charlotte Schubert, Aloys Winterling

GESCHICHTE KOMPAKT

Josef Fischer

Sklaverei in der Antike

wbg Academic

Die Deutsche Nationalbibliothek verzeichnet diese Publikation in der Deutschen Nationalbibliografie; detaillierte bibliografische Daten sind im Internet über http://dnb.de abrufbar.

wbg Academic ist ein Imprint der wbg.

Die Herausgabe dieses Werkes wurde durch die Vereinsmitglieder der wbg ermöglicht.
Satz: Lichtsatz Michael Glaese GmbH, Hemsbach
Einbandabbildung: gefesselte römische Sklaven, Marmorrelief aus Smyrna (Izmir, Türkei), ca. 200 n. Chr., Ashmolean Museum, Oxford, England © WikiCommons
Einbandgestaltung: schreiberVIS, Seeheim
Gedruckt auf säurefreiem und alterungsbeständigem Papier
Printed in Europe

Besuchen Sie uns im Internet: www.wbg-wissenverbindet.de

ISBN 978-3-534-27141-2

Elektronisch sind folgende Ausgaben erhältlich:
eBook (PDF): 978-3-534-27321-8
eBook (epub): 978-3-534-27322-5

Inhaltsverzeichnis

Geschichte kompakt

Das Interesse an Geschichte wächst in der Gesellschaft unserer Zeit. Historische Themen in Literatur, Ausstellungen und Filmen finden breiten Zuspruch. Immer mehr junge Menschen entschließen sich zu einem Studium der Geschichte, und auch für Erfahrene bietet die Begegnung mit der Geschichte stets vielfältige, neue Anreize. Die Fülle dessen, was wir über die Vergangenheit wissen, wächst allerdings ebenfalls: Neue Entdeckungen kommen hinzu, veränderte Fragestellungen führen zu neuen Interpretationen bereits bekannter Sachverhalte. Geschichte wird heute nicht mehr nur als Ereignisfolge verstanden, Herrschaft und Politik stehen nicht mehr allein im Mittelpunkt, und die Konzentration auf eine Nationalgeschichte ist zugunsten offenerer, vergleichender Perspektiven überwunden.

In der Geschichte,
wie auch sonst,
dürfen Ursachen nicht
postuliert werden,
man muss sie suchen.
(Marc Bloch)

Interessierte, Lehrende und Lernende fragen deshalb nach verlässlicher Information, die komplexe und komplizierte Inhalte konzentriert, übersichtlich konzipiert und gut lesbar darstellt. Die Bände der Reihe „Geschichte kompakt" bieten solche Information. Sie stellen Ereignisse und Zusammenhänge der historischen Epochen der Antike, des Mittelalters, der Neuzeit und der Globalgeschichte verständlich und auf dem Kenntnisstand der heutigen Forschung vor. Hauptthemen des universitären Studiums wie der schulischen Oberstufen und zentrale Themenfelder der Wissenschaft zur deutschen und europäischen Geschichte werden in Einzelbänden erschlossen. Beigefügte Erläuterungen, Register sowie Literatur- und Quellenangaben zum Weiterlesen ergänzen den Text. Die Lektüre eines Bandes erlaubt, sich mit dem behandelten Gegenstand umfassend vertraut zu machen. „Geschichte kompakt" ist daher ebenso für eine erste Begegnung mit dem Thema wie für eine Prüfungsvorbereitung geeignet, als Arbeitsgrundlage für Lehrende und Studierende ebenso wie als anregende Lektüre für historisch Interessierte.

Die Autorinnen und Autoren sind in Forschung und Lehre erfahrene Wissenschaftlerinnen und Wissenschaftler. Jeder Band ist, trotz der allen gemeinsamen Absicht, ein abgeschlossenes, eigenständiges Werk. Die Reihe „Geschichte kompakt" soll durch ihre Einzelbände insgesamt den heutigen Wissensstand zur deutschen und europäischen Geschichte repräsentieren. Sie ist in der thematischen Akzentuierung wie in der Anzahl der Bände nicht festgelegt und wird künftig um weitere Themen der aktuellen historischen Arbeit erweitert werden.

Kai Brodersen
Martin Kintzinger
Uwe Puschner

Vorwort

Die Sklaverei ist ein in der Weltgeschichte ubiquitäres Phänomen, das in allen Epochen und auf der ganzen Welt zu beobachten ist. Seine Ursprünge liegen im Dunkeln. Während manche Forscher die Anfänge einer nicht-institutionalisierten Sklaverei bereits im Jungpaläolithikum vor gut 20000 Jahren suchen wollen, gehen andere Wissenschaftler von deren Beginn mit der sog. Neolithischen Revolution und dem Anfang einer sesshaften Lebensweise und dem Ursprung von Ackerbau und Viehzucht vor etwa 10000 Jahren aus. So wahrscheinlich eine so frühe Existenz von Unfreien auch ist, so schwer lässt sich diese allerdings einwandfrei nachweisen. Die ältesten eindeutigen Belege für die Existenz von Sklaverei finden sich erst in den Keilschrifturkunden des 3. Jt. v. Chr. im Vorderen Orient.

Die Frühgeschichte der Unfreiheit und die facettenreiche Historie der Sklaverei im Alten Orient und im pharaonischen Ägypten kann im vorliegenden Band freilich nicht berücksichtigt werden. Denn einerseits würde dies den zur Verfügung stehenden Raum sprengen und andererseits auch die Kompetenz des Verfassers übersteigen. Vielmehr soll sich diese Einführung auf die griechische und römische Antike beschränken. Auch zeitgleiche Nachbarkulturen (z.B. Kelten und Germanen) können nicht ausführlicher behandelt werden.

Ziel des Bandes, der sich weniger an Fachkollegen als vielmehr an Studierende der historischen Fächer und ihrer Nachbardisziplinen, an Lehrer, Schüler und alle am Thema interessierten Laien wendet, ist es, konzise in diesen wesentlichen Abschnitt der Geschichte der Sklaverei einzuführen und den Leser, bei dem keine einschlägigen Vorkenntnisse vorausgesetzt werden, mit den Grundlagen vertraut zu machen, auf denen unser Wissen über die Unfreiheit in der klassischen Antike beruht. Dass dabei bestimmte Schwerpunkte gesetzt und nicht jedem Problem und jeder Forschungsdebatte der gebührende Raum eingeräumt werden kann, ist offenkundig. Vieles muss weggelassen, manches kann nur kurz gestreift werden.

Dieses Buch beruht auf Forschungsarbeiten zur Unfreiheit im Altertum, die ich im Verlauf der letzten 15 Jahre unternommen habe, und auf Lehrveranstaltungen zur antiken Sklaverei, die ich an den Universitäten Salzburg, Wien und Passau gehalten habe. Herrn Prof. Dr. Kai Brodersen danke ich für die Aufnahme des Bandes in die Reihe „Geschichte kompakt". Herrn Daniel Zimmermann danke ich für die mittlerweile bewährte, gute Zusammenarbeit. Für die Lektüre des Manuskripts und wertvolle Hinweise bedanke ich mich bei Herrn Dr. Oliver Schipp.

Der Band versteht sich als Ergänzung zum ebenfalls bei der WBG erschienenen Quellenreader Antike *Sklaverei*. Ich habe versucht, Überschneidungen weitgehend zu vermeiden. Daher wird der Fachmann die eine oder andere Quelle hier vielleicht vermissen, da sie bereits im früheren Band im Volltext abgedruckt wurde. In diesen Fällen wird stets auf den Quellenreader verwiesen.

Lubicz, im Winter 2020 Josef Fischer

I. Einführung

1. Antike und moderne Sklaverei

Die Antike scheint uns oft nah und vertraut zu sein. Gleichzeitig sind für uns viele Aspekte des antiken Lebens seltsam und befremdlich. Der Philologe Uvo Hölscher hat daher die Antike mit einem vielzitierten Schlagwort als das uns „nächste Fremde" bezeichnet. Einer jener Aspekte, die heutigen Menschen seltsam erscheinen, ist die Allgegenwart und allgemeine Akzeptanz der Sklaverei.

Sklaverei und Menschenrechte

Dabei vergisst man freilich leicht, dass unterschiedliche Formen der Unfreiheit bis heute eine wichtige Rolle spielen. Zwar schlossen im Jahr 1926 die Mitgliedsstaaten des Völkerbundes ein Abkommen zur Abschaffung von Sklaverei und Zwangsarbeit. Auch in der im Jahr 1948 von den Vereinten Nationen verkündeten *Allgemeinen Erklärung der Menschenrechte* sprach man sich erneut gegen die Sklaverei aus, und auch die Europäischen Menschrechtskonvention, die 1950 in Rom unterzeichnet wurde, verbietet Sklaverei, Leibeigenschaft und Zwangsarbeit. Trotz dieser Willensbekundungen und Verbote sind Sklaverei und andere Formen der Unfreiheit aber nicht Geschichte, sondern prägen vielmehr das Leben von Millionen von Menschen.

Moderne Sklaverei

Nach Schätzungen von Menschenrechtsexperten leben mehr als 20 Millionen Menschen weltweit in Sklavenverhältnissen. Der Menschenhandel, dem jährlich mehr als zwei Millionen Menschen zum Opfer fallen, ist ein blühendes Geschäft, das Milliardengewinne abwirft; nach dem Drogen- und dem Waffenhandel stellt er das drittlukrativste kriminelle Geschäft dar. Die Beschäftigung mit der Sklaverei ist daher nicht nur von historischem Interesse, sondern von ungebrochener Aktualität.

Bedeutung der Sklaverei in der Antike

Warum aber, könnte man fragen, ist es wichtig, sich gerade mit der Sklaverei im klassischen Altertum zu befassen? Eine mögliche Antwort könnte lauten, dass es in der langen Geschichte der Sklaverei nur wenige Gesellschaften gab, in der die Sklaverei eine derartig wichtige Rolle spielte und Unfreie einen so großen Anteil an der Gesamtbevölkerung stellten, dass die Sklaverei einen nachhaltigen und entscheidenden Einfluss auf das gesellschaftliche und wirtschaftliche Leben ausübte. Zumindest phasenweise war dies in der klassischen Antike der Fall, weshalb bereits die marxistische Geschichtstheorie, der sog. historische Materialismus, die antike Gesellschaft als Sklavenhaltergesellschaft bezeichnet hat. Der amerikanisch-englische Althistoriker Moses I. Finley unterschied fünf „wirkliche Gesellschaften der Sklaverei", von denen zwei im Altertum anzusiedeln seien: das klassische Athen und Italien zur Zeit der ausgehenden Republik. Auch wenn die Anwendungen von nur schwammig zu definierenden und schwer festzumachenden Begriffen wie „Sklaven(halter)gesellschaft“ auf die klassische Antike problematisch ist (und es de facto noch weit mehr Gesellschaften mit einer vergleichbaren Bedeutung der Sklaverei gegeben hat), so ist die ökonomische und gesellschaftliche Bedeutung der Sklaverei in der griechischen und römischen Gesellschaft unbestritten.

Unterschiede zur Moderne

So wichtig das Aufzeigen von Ähnlichkeiten und Gemeinsamkeiten zwischen antiker und neuzeitlicher Sklaverei und das Herausarbeiten langer Entwicklungslinien, der sog. *longue durée* (Fernand Braudel), auf alle Fälle ist, so bedeutsam ist auch der Hinweis auf die Unterschiede. Die Antike, die uns vielfach so vertraut erscheint, war in mancherlei Hinsicht grundlegend anders. Dies gilt auch im Hinblick auf die antike Sklaverei; zwei Aspekte, die hier genannt werden könnten, sind etwa die in der Neuzeit unbekannte Vielfalt des antiken Sklavenlebens oder das Fehlen des Faktors „Rasse“ im Sklavereidiskurs des Altertums. Auch war die Sklaverei ein von allen als so selbstverständlich hingenommener Aspekt der Gesellschaftsordnung, dass eine Gesellschaft ohne Sklaverei - auch für die Unfreien selbst - jenseits aller Vorstellungskraft lag. Entsprechend war Abolitionismus, also der Kampf für die Abschaffung der Sklaverei, den Menschen im Altertum, sogar den Sklaven (und auch den antiken Christen), fremd. Das Studium der Geschichte der Unfreiheit in den Kulturen des Altertums stellt somit auf alle Fälle einen wesentlichen Schlüssel zur Verständnis des historischen Phänomens der Sklaverei dar.

2. Was ist Sklaverei?

Schwierigkeit der Definition

Sklaverei ist ein sehr facettenreiches Phänomen, das in den unterschiedlichen Zeiten, Räumen und Sprachen eine ganz unterschiedliche Bedeutung haben konnte. Viele Forscher sprechen daher nicht von der Sklaverei, sondern vielmehr von Sklavereien oder Sklavereisystemen. Eine Definition zu finden, die allen Aspekten gerecht wird, ist schwierig. Keine griffige Begriffsbestimmung kann der Vielfalt des Sklavenlebens vollständig gerecht werden, denn je nach Perspektive und Fragestellung kann man verschiedene Facetten in den Fokus rücken.

Verschiedene Blickwinkel

Wenn dennoch der Versuch unternommen werden soll, das Thema dieses Bandes genauer zu bestimmen, kann die Definition von Sklaverei im Sklavereiabkommen des Völkerbundes aus dem Jahr 1926 einen Ausgangspunkt bilden: „Sklaverei ist der Zustand oder die Stellung einer Person, an der die mit dem Eigentumsrechte verbundenen Befugnisse oder einzelne davon ausgeübt werden.“ Sklaverei kann aber nicht nur als Eigentumsverhältnis gesehen werden, sondern auch als ein Gewaltverhältnis, in dem eine Person einer anderen uneingeschränkt unterworfen ist. Ebenso ist sie als ein wirtschaftliches Ausbeutungsverhältnis zu sehen. Der Soziologe Orlando Patterson hat überdies das Schlagwort von der Sklaverei als „sozialem Tod" geprägt, während der Anthropologe Claude Meillassoux von Sklaven als „Nichtgeborenen und Toten auf Bewährung" gesprochen hat. Dies betont, dass Sklaven aus der Gesellschaft, aus der sie kommen, herausgerissen wurden, aus ihrer neuen Gesellschaft aber auch grundlegend ausgeschlossen waren. Zudem wurden sie in der Regel als minderwertig betrachtet. Sklaven wurden entpersönlicht und verdinglicht – sie waren keinen Personen, sondern vielmehr Sachen. Wesentlich ist auch, dass die Sklaverei eine rechtlich und gesellschaftlich akzeptierte Institution darstellte. Dies unterscheidet die antike (und auch die neuzeitliche) Sklaverei von gegenwärtigen Formen von Unfreiheit, da diese stets illegal sind.

Grundlegende Aspekte

Trotz aller Unterschiede, welche zwischen den Sklavereien des Altertums bestanden, gibt es Aspekte, die in (fast) allen Epochen und geographischen Räumen der antiken Welt zutrafen. Antike Sklaven waren das uneingeschränkte Eigentum ihrer Herren. Der Rechtsanspruch war zeitlich unbefristet und ging nach dem Tod des Herrn auf dessen Erben über. Die Herren hatten die völlige Gewalt über die Sklaven. Sie konnten grundsätzlich und uneingeschränkt entscheiden, wie und was die Sklaven arbeiten mussten, und hatten das Recht an allem, was die Sklaven erwarben. Auch wenn die Sklaven selbst Besitz haben konnten (sog. *peculium*), war dieser Besitz prekär und konnte von den Herren wieder entzogen werden. Bemerkenswert ist, dass antike Sklaven nicht nur niedere Tätigkeiten ausübten, sondern – mit wenigen Einschränkungen (z.B. in der Politik) – in fast allen Berufen anzutreffen waren. Die Herren konnten die Sklaven nach Belieben bestrafen und misshandeln, über lange Zeit hatten sie sogar das Recht, über deren Leben und Tod zu entscheiden (zu Einschränkungen der Herrenrechte kam es – abgesehen von staatlichen Maßnahmen in besonderen Situationen – erst relativ spät). Die Herren konnten über die Sklaven verfügen, d.h., sie verschenken, verkaufen, verpfänden oder vererben. Die Rechte der Herren waren allgemein anerkannt und gesetzlich geschützt. Wer einen Sklaven eines anderen stahl, beschädigte oder tötete, wurde dafür belangt. Sklaven hatten grundsätzlich nicht das Recht, sich ihren Herren zu widersetzen oder zu entziehen. Gesellschaftlich waren Sklaven stets Außenseiter, auch wenn sie es durchaus zu großem Reichtum bringen konnten. Ihr Familienleben war Einschränkungen unterworfen. So konnten sie keine rechtmäßige Ehe eingehen, und ihre Familien waren stets gefährdet, auseinandergerissen zu werden. Auch in Rechtsfragen waren sie Freien nicht gleichgestellt: Verbrechen von bzw. an Sklaven wurden anders geahndet als Verbrechen von bzw. an Freien. Zur Wahrheitsfindung wurden Sklaven in der Regel peinlich verhört (gefoltert).

Andere Formen der Unfreiheit

Von der Sklaverei zu unterscheiden sind andere Formen der Unfreiheit wie Schuldknechtschaft, Leibeigenschaft, Indentur (Vertragsknechtschaft) oder Zwangsarbeit. Oft sind die Grenzen allerdings fließend und klare Abgrenzungen schwierig. Selbst zwischen Freiheit und Unfreiheit ist vielfach nicht eindeutig zu unterscheiden. So findet sich zur Beurteilung von Phänomenen wie dem Helotentum (siehe Abschnitt III. 3.) oder dem Kolonat (siehe Abschnitt VII. 4.) oft der verwirrende Begriff der „Halbfreiheit". Dieser ist allerdings problematisch, denn eine Person war rechtlich entweder frei oder unfrei - einen Mittelweg gab es nicht. Wurde ein Sklave jedoch freigelassen, brachte ihm das in vielen antiken Gesellschaften nicht die völlige Unabhängigkeit, oft war er seinem ehemaligen Herrn weiter verpflichtet (sog. *paramoné*, *operae/obsequium*)

3. Forschungsgeschichte

In der klassischen Antike selbst hat man sich nicht systematisch mit der zeitgenössischen Sklaverei beschäftigt. Sie war zu alltäglich, als dass sie das Interesse der Gelehrten geweckt hätte. Auch im Mittelalter wurde der Unfreiheit im griechisch-römischen Altertum keine besondere Aufmerksamkeit zuteil. Ihre Erforschung begann vielmehr erst mit dem Renaissance-Humanismus im 15. und 16. Jh. Die Beschäftigung mit der antiken Sklaverei war einerseits durch das antiquarische Bestreben motiviert, jeden Aspekt der Antike zu erfassen, andererseits diente sie auch dazu, sich mit der damals gegenwärtigen Sklaverei zu beschäftigen und diese mit Bezug auf die Antike zu rechtfertigen. Man übernahm von den antiken Philosophen die Begründung und von den römischen Juristen die praktische Anerkennung der Sklaverei.

Frühe Studien

Zunächst stand vor allem die Beschäftigung mit der römischen Sklaverei im Mittelpunkt, so etwa in den Studien *De operis servorum* von Titus Popma (1608) und *De servis et eorum apud veteres ministeriis commentarius* von Lorenzo Pignoria (1613). Rechtswissenschaftler interessierten sich gleichzeitig für die Sklaverei im römischen Recht, das auch die moderne Sklavereigesetzgebung beeinflusste, so etwa den im Jahr 1685 von Ludwig XIV. erlassenen *Code Noir.* Mit der Aufklärung, welche die Freiheit und Gleichheit aller Menschen verkündete, wuchsen Kritik an der und Kampf gegen die Sklaverei. John Locke (1632-1704) ging von der natürlichen Freiheit des Menschen aus, und auch nach Montesquieu (1689-1755) widersprach die Sklaverei sowohl dem zivilen als auch dem natürlichen Recht. Auch die Diskussion über die antike Sklaverei wurde neu entfacht. In der Folgezeit wurde diese Institution von Sozialwissenschaftlern und Ökonomen verstärkt negativ bewertet. Adam Smith (1723-1790) unterstrich ihre Ineffizienz (eine Frage, die bis heute umstritten und vieldiskutiert ist), während David Hume (1711-1766) ihre negativen Auswirkungen auf das Bevölkerungswachstum untersuchte. Nur vereinzelt finden sich positive Stimmen, etwa von Wilhelm von Humboldt (1767-1835), der sie aufgrund ihrer angenommen kulturstiftenden Funktion als eine in Kauf zu nehmende Notwendigkeit betrachtete.

Abolitionismus

Ab dem späten 18. Jh. setzte die Abolitionismusbewegung ein, die ihren wichtigsten Impuls von den Quäkern und evangelikalen Gruppen bekam. Mit der schrittweisen Abschaffung der Sklaverei in den amerikanischen Nordstaaten und unter dem Eindruck der Französischen Revolution wurde der Abolitionismus immer mehr zur Massenbewegung, zu deren Vorreiter England wurde, wo 1807 die Sklaverei abgeschafft wurde. Unter dem Einfluss dieser Entwicklung kam es auch zu einem Aufschwung in der Sklavereiforschung. Einen ersten Meilenstein in der Erforschung der Unfreiheit im antiken Griechenland stellt die preisgekrönte Schrift *Geschichte und Zustand der Sklaverey und Leibeigenschaft in Griechenland* des Göttinger Philologen und Juristen Johann Friedrich Reitemeier dar (1783/89). Nachdem im Jahr 1833 die Untersuchung *Inquiry into the State of Slavery amongst the Romans* von William Blair erschienen war, verfasste Henri Alexandre Wallon im Jahr 1837 als Preisaufgabe der Pariser *Académie des Sciences Morales und Politiques* sein Werk *Histoire de l'esclavage dans l'antiquité* von (veröffentlicht 1847 bzw. ^{2}1879). Diese Schrift, die stark durch abolitionistisches Engagement gekennzeichnet ist, stellt die erste umfassende Monographie und Dokumentation zur antiken Sklaverei dar und untersucht die Ursprünge, Bedingungen und Auswirkungen der Sklaverei im Alten Orient, in Griechenland und in Rom.

Historischer Materialismus

Neue Impulse in der Sklavereiforschung brachte der von Karl Marx und Friedrich Engels entwickelte historische Materialismus, demzufolge die Antike durch die Sklaverei als Basis des wirtschaftlichen und geistigen Lebens gekennzeichnet gewesen sei. Das klassische Altertum sei eine Sklavenhaltergesellschaft gewesen, die einerseits durch den Klassenkampf zwischen Sklaven und Freien geprägt war. Andererseits habe die Sklaverei erst die Teilung der Arbeit zwischen Ackerbau und Industrie in größerem Maßstab möglich gemacht und sei so für die Blüte der griechischen Kultur, Kunst und Wissenschaft verantwortlich. Eine wichtige Überblicksdarstellung der Theorie des historischen Materialismus zur antiken Sklaverei verfasste in Italien Ettore Ciccotti mit seinem Werk zum Untergang der Sklaverei in der antiken Welt *Il tramonto della schiavitù nel mondo antico* (1899). Stark von marxistischen Ideen beeinflusst war auch Robert von Pöhlmann mit seiner *Geschichte der sozialen Frage und des Sozialismus in der alten Welt*. Eine grundlegende Rolle spielte die Frage nach dem Stellenwert der antiken Sklaverei auch in der sog. *Bücher-Meyer-Kontroverse*, welche zwischen dem Nationalökonomen Karl Bücher und dem Althistoriker Eduard Meyer um den grundlegenden Charakter der antiken Wirtschaft geführt wurde.

20. Jahrhundert

Die nichtmarxistische Forschung des frühen 20. Jh. hat insbesondere durch die weitere Aufarbeitung des umfangreichen papyrologischen und epigraphischen Quellenmaterials in zahlreichen Einzelstudien neue Erkenntnisse zu gewinnen versucht. Im deutschsprachigen Raum hat die kurze Darstellung

Die Sklaverei im Altertum (1898) von Eduard Meyer die Forschung nachhaltig beeinflusst. In der englischsprachigen Welt war die große Untersuchung *Slavery in the Roman Empire* von R.H. Barrows von Bedeutung. Für viele Jahre maßgeblich wurde dann die Gesamtdarstellung *The Slave Systems of Greek and Roman Antiquity* (1955) von William Lynn Westermann, eine Überarbeitung seines 1935 für *Paulys Realencyclopädie der classischen Altertumswissenschaft* verfassten Artikels.

Institutionalisierung der Sklavenforschung nach dem 2. Weltkrieg

Generell erlebte die Erforschung der antiken Sklaverei nach dem Zweiten Weltkrieg eine vorher nie gekannte Dynamik, gleichzeitig erfuhr sie auch eine bis dahin nicht vorhandene Institutionalisierung, die in der Zeit des sog. „Kalten Krieges" auch mit einer ideologischen und methodologischen Blockbildung einherging. Der Tübinger Althistoriker Joseph Vogt (1895-1986) begründete an der Mainzer Akademie der Wissenschaften und der Literatur im Dezember 1950 das Projekt „Forschungen zur antiken Sklaverei", eines der größten und ertragreichsten Forschungsvorhaben der deutschen Altertumswissenschaft überhaupt, das noch über sein nominelles Ende im Jahr 2012 hinaus einen immensen Beitrag zur Erforschung der Sklaverei im klassischen Altertum geleistet hat. Unter der Leitung von Joseph Vogt und seinen Nachfolgern Heinz Bellen (ab 1978) und Heinz Heinen (ab 2002; seit 2009 zusammen mit Winfried Schmitz) erschienen nicht nur zahlreiche einschlägige Monographien und Sammelbände, sondern auch ein Corpus der römischen Rechtsquellen zur antiken Sklaverei, eine Bibliographie der antiken Sklaverei, ein mehrbändiges Handwörterbuch der antiken Sklaverei sowie Übersetzungen von russischen Arbeiten zur antiken Sklaverei.

Diese russischen Arbeiten waren ab 1960 im Rahmen einer neu eingerichteten Forschungsgruppe an der Sektion für Alte Geschichte des Instituts für Allgemeine Geschichte an der Akademie der Wissenschaften der UdSSR als Teile einer Gesamtgeschichte der antiken Sklaverei unter dem Aspekt des historischen Materialismus entstanden. Unter den sowjetischen Sklavenforschern ist etwa Elena M. Štaerman hervorzuheben. In der polnischen Altertumswissenschaft spielte Iza Bieżunska-Małowist eine herausragende Rolle, in der DDR beschäftigten sich insbesondere Elisabeth Charlotte Welskopf sowie Rigobert Günther mit Fragen der Unfreiheit in der Antike.

In der englischsprachigen Welt waren vor allem die Forschungen von Moses I. Finley (1912-1986) prägend und setzen bis heute Maßstäbe. Finley, dessen Arbeiten durch eine starke Einbeziehung von soziologischen und ökonomischen Fragestellungen, Theorien und Modellen geprägt war, polemisierte stark gegen das Mainzer Projekt, dem er eine beschönigende Verharmlosung der antiken Sklaverei vorwarf. Diese Attacken hatten eine immer noch spürbare mangelnde Rezeption der deutschen Sklavereiforschung in der englischsprachigen Welt zur Folge. An der Universität Nottingham gründete Thomas Wiedemann im Jahr 1998 das *Institute for the Study of Slavery*

(ISOS, ehemals ICHOS – *International Centre for the History of Slavery*). Seit dem frühen Tod von Wiedemann wird dieses von Dick Geary und Steven Hodkinson geleitet.

In Frankreich fanden seit 1970 regelmäßige Kolloquien des *Centre des Recherches d'Histoire Ancienne* der Université Franche-Comté in Besançon statt, aus denen die von Paul Lévêque gegründete *Groupe International de Recherches sur l'Esclavage dans l'Antiquité* (GIREA) hervorging, ein loser Zusammenschluss internationaler Forscher, der nicht zuletzt durch sein Bemühen, auch marxistische Standpunkte mit einzubeziehen, einen Gegenpol zu den Mainzer Aktivitäten bildet.

Eng mit dem Mainzer Akademieprojekt verbunden war dagegen ein von 2003 bis 2009 unter der Leitung von Elisabeth Herrmann-Otto stehendes Graduiertenkolleg zum Thema *Sklaverei – Knechtschaft und Frondienst – Zwangsarbeit. Unfreie Arbeits- und Lebensformen von der Antike bis zum 20. Jh.* an der Universität Trier. Im Rahmen dieses Projektes widmete man sich in besonderer Weise einem internationalen, epochenübergreifenden und interdisziplinären Diskurs über die Geschichte der Sklaverei und anderer Formen der Unfreiheit.

Einen ähnlich weit gefassten Zugang vertritt mit dem *Bonn Center for Dependency and Slavery Studies* ein neues Zentrum für Abhängigkeitsstudien, an dem seit 2019 der *Exzellenzcluster Beyond Slavery and Freedom* beheimatet ist, der sich mit der Vielfalt asymmetrischer Abhängigkeiten in vormodernen Gesellschaften beschäftigt.

Eine solche globale Perspektive, wie sie auch Michael Zeuske, der vor wenigen Jahren eine monumentale Globalgeschichte der Sklaverei von ihren Anfängen bis in die Gegenwart vorgelegt hat, vertritt, ist wichtig, um dem historischen Phänomen der Unfreiheit gerecht zu werden. Denn in den letzten Jahrzehnten hat gerade auch die Erforschung der antiken Sklaverei massiv von Ansätzen von außerhalb der klassischen Altertumswissenschaften und vergleichenden Studien profitiert. Die Forschungen zur antiken Sklaverei und anderen Formen von Abhängigkeiten im klassischen Altertum florieren. Jahr für Jahr erscheinen zahlreiche wichtige Studien und Untersuchungen zu Einzelaspekten bzw. einzelnen Epochen (z.B. von David Lewis, Deborah Kamen, Kostas Vlassopoulos, Sandra Joshel oder Kyle Harper), ebenso wurden in den letzten Jahren mehrere fundierte Gesamtdarstellungen zur antiken Sklaverei publiziert (z.B. von Leonhard Schumacher, Jean Andreau und Raymond Descat, Elisabeth Herrmann-Otto oder Peter Hunt). Als einer der wichtigsten englischsprachigen Experten für die antike, speziell für die römische Sklaverei hat sich in den letzten Jahrzehnten der britisch-kanadische Althistoriker Keith Bradley etabliert, der gemeinsam mit mit Paul Catledge auch ein wichtiges Überblickswerk herausgegeben hat, die *Cambridge World History of Slavery. Volume I: The Ancient Mediterranean World.*

4. Quellen

Literarische Quellen

Die Allgegenwart der Sklaverei in der antiken Welt hat zur Folge, dass sich in zahllosen aus dem Altertum überlieferten Schriften Erwähnungen der Sklaverei finden, in der Dichtung genauso wie in Fachtexten. Nur wenige antike Abhandlungen waren allerdings explizit der Sklaverei gewidmet und befassten sich dann meist mit philosophischen Fragestellungen, etwa das bis auf einen Satz verlorene Werk des Sokrates-Schülers Anthisthenes *Über Freiheit und Sklaverei*. Die real existierende Sklaverei, sei es die Geschichte dieser Institution oder die Lebensbedingungen der Unfreien, war kein Thema, mit dem sich antike Gelehrte systematisch auseinandersetzten.

Fehlende Autobiographien

Was in der antiken Literatur auch fehlt, sind autobiographische Schilderungen antiker Unfreier, wie sie uns als wertvolle Dokumente für das Studium der neuzeitlichen Sklaverei zur Verfügung stehen (man denke etwa an die Autobiographien von Olaudah Equino, Frederick Douglass oder Omar Ibni Said). Obwohl von mehreren griechischen und römischen Autoren – z.B. Aesop, Livius Andronicus, Terenz, Phaedrus, Epiktet, Phlegon von Tralleis, Antoninus Liberalis und vielleicht auch Longos – bekannt ist oder zumindest vermutet wird, sie seien Freigelassene gewesen und hätten somit das Schicksal der Unfreiheit aus eigener Erfahrung gekannt, hat sich keiner von diesen explizit über das Los der (eigenen) Sklaverei geäußert und/oder über dieses reflektiert.

Geschichtsschreibung

In der Geschichtsschreibung treten Sklaven zwar nur selten als Protagonisten historischer Ereignisse in Erscheinung, wie etwa bei den Sklavenaufständen in der späten römischen Republik, aber Unfreie werden dennoch häufig erwähnt, etwa bei der Schilderung von Kriegszügen, in deren Zuge zahlreiche Menschen versklavt wurden, bei der Erwähnung von Sklaven, die historisch bedeutsamen Persönlichkeiten nahestanden oder bestimmte Ämter innehatten, oder bei der Behandlung der Sklavengesetzgebung einzelner Machthaber.

Juristische Literatur

Römische Rechtsgelehrte haben sich ausführlich mit Unfreien und den mit diesen verbundenen juristischen Problemen beschäftigt. In ihren Werken finden sich daher etwa wertvolle Aussagen über den Status der Sklaven, ihre Rechte und Pflichten, die Gewalt der Herren, die Haftung der Herren oder die Möglichkeiten der Freilassung. Besonders aussagekräftige Quellen sind auch attische Gerichtsreden, die viele Aspekte des Alltags im 4. Jh. v. Chr. beleuchten und dabei immer wieder auch Sklaven erwähnen, etwa in der Rede des Apollodoros *Gegen Neaira*, in welcher der Lebensweg einer zunächst unfreien Hetäre geschildert wird (Fischer, Quellenreader Nr. 87). Aber auch in anderen Gerichtsreden, in denen Unfreie nicht im Mittelpunkt der jeweiligen Fälle stehen, ist von Sklaven als Dienern oder als Boten die Rede.

Fachschriftsteller

Auch in den Werken anderer Fachschriftsteller begegnen immer wieder Unfreie. Militärschriftsteller bieten etwa Informationen über unfreie Trossknechte, Agrarschriftsteller äußern sich über den Einsatz unfreier Arbeiter in Ackerbau und Viehzucht, und Traumdeuter beschäftigen sich mit dem Auftauchen von Unfreien in Traumbildern. Theologische Werke bieten nicht nur mentalitätsgeschichtliche Einblicke, sondern erlauben auch Aufschlüsse über das religiöse Leben der Unfreien. Die Bibel (etwa die Paulus-Briefe) und die Schriften der Kirchenväter verdeutlichen die Einstellung der frühen Christen zur Sklaverei.

Briefliteratur

Einblicke in das private Leben und Informationen über die Unfreien in herrschaftlichen Haushalten bietet die antike Briefliteratur. Auch wenn die Briefe von Cicero oder Plinius des Jüngeren für ihre Veröffentlichung überarbeitet wurden und daher nicht als vollkommen authentische Briefe, sondern vielmehr als literarische Produkte zu gelten haben, erlauben sie wertvolle Rückschlüsse, wenn sie etwa über alltägliche Vorkommnisse wie die Erkrankung eines Sklaven (s. Abschnitt VI. 6.) oder den Angriff eines Sklaven auf seinen Herrn (Fischer, Quellenreader Nr. 98) berichten. Eine besondere Rolle spielen philosophische Kunstbriefe wie die *Epistulae morales ad Lucilium* („Moralische Briefe an Lucilius") des Seneca, denn im 47. Brief legt der römische Philosoph und Erfolgsautor ausführlich die Position der Stoiker zur Sklaverei dar (Fischer, Quellenreader Nr. 12).

Dichtung

Auch in der antiken Dichtung ist von ihrem Beginn mit den homerischen Epen an (s. Abschnitt II. 2.) in fast allen Genres von der Sklaverei die Rede. Bei ihrer Deutung stellt sich stets die grundsätzliche Frage, wie sehr man fiktionale Texte als Quellen für die Rekonstruktion historischer Realitäten heranziehen kann. Unerlässlich ist es, stets die Gattungsnormen zu beachten.

Drama

Auf den Bühnen der Antike wurden immer wieder Sklaven dargestellt, so etwa in der attischen Tragödie, deren Stoffe zwar meist der Mythologie entnommen waren, die aber dennoch stets aktuelle Bezüge aufwies. Noch stärker war diese Aktualität in der Komödie. In der sog. *Alten Komödie*, die vor allem durch die erhaltenen Werke des Aristophanes (ca. 450–485 v. Chr.) greifbar ist, wurden zwar einerseits Ereignisse der Tagespolitik genauso aufgegriffen wie aktuelle gesellschaftliche Probleme, doch wurden diese andererseits genauso oft in phantastische Welten transponiert und mit groteskem Humor behandelt. Sie vermitteln damit sicher kein realitätsgetreues Abbild antiken Lebens. Doch wenn uns bei Aristophanes etwa Sklaven als Hausbedienstete, als Pförtner und als Boten begegnen, so spiegelt das die Verhältnisse im klassischen Athen wider. Einen direkteren Bezug zum realen Leben hatten die Stücke der *Neuen Komödie*, die uns nur durch die Werke Menanders (ca. 342–291 v. Chr.) erhalten ist. Den Rahmen der Stücke bildeten nun Familiengeschichten, zu deren typischen Charakteren etwa der schlaue, verschlagene Sklave gehörte. Trotz aller Stereotype entbehrten aber auch diese Werke genausowenig einer realistischen Basis wie die Bühnenstücke der römischen Komödie, als deren wichtigster Vertreter Plautus gelten kann. Sein Sklavenbild spiegelt in vielen Belangen eher die griechische Tradition als die römischen Verhältnisse wider, doch hat Plautus (ca. 342–184 v. Chr.) nicht nur seine Vorbilder reproduziert, sondern durchaus auch seinem Publikum und deren Lebenswelt angepasst, vor allem wenn es um die sozialen Verhältnisse im Hintergrund geht. Wenn also in seinem Stück *Menaechmi* der Sklave Messenio über seine Befindlichkeiten spricht, dann hat das seine Zuschauer, von denen viele selbst Sklaven besaßen, durchaus an ihre eigenen Unfreien erinnert.

Quelle

Ein unfreier Diener berichtet über das Sklavenlos
Plautus, Menaechmi V6; Übersetzung: nach W. Binder

MESSENIO: Den braven Diener, welcher Hab und Gut des Herrn
Verwaltet, drüber wacht und alles wohl besorgt,
Erkennet man daran, dass er, was dem Herrn gehört,
Auch wenn der Herr nicht da ist, treulich überwacht,
Ja, treuer noch, als wäre dieser selber da.
Mehr muss der Rücken, mehr die Beine gelten dem,
Der's Herz am rechten Fleck hat, als der Schlund und Bauch.
Vergegenwärtige doch sich jeder, welcher Lohn
Den Taugenichtsen, den faulen Schlingeln, von dem Herrn
Zuteilwird. Prügel, Fußblock, Frohnen in der Mühle,
Hinschmachten, Hunger, bittere Kälte: dieses ist
Der Lohn der Faulheit; solche Übel scheue ich sehr.
Drum will ich lieber brav als schlecht sein.
Denn lieber dulde ich Mahnungen als Ahndungen,
Auch hab ich's lieber, wenn man mir Gemahlenes bringt,
Als wenn ich selbst zum Mahlen mich hergeben muss.
Drum führ ich auch des Herrn Befehle pünktlich aus
Und diene ihm ohne Murren: es kommt mir selbst zugut.
Die anderen mögen sein, wie's ihnen dienlich scheint:
Ich will mich so verhalten, wie die Pflicht es heischt.
Die stete Furcht hält von Vergehen mich fern, daher
Will ich des Herrn allüberall gewärtig sein.
Die Knechte, die, Bestrafung fürchtend, nichts versehen,
Sind ihren Herren nützlich. Denn wer sich sonst nicht fürchtet,
Fürchtet sich, sobald er etwas Schlimmes angestellt.
Ich hab nicht viel zu fürchtet. Bald wird mein Herr
Für das, was ich geleistet, mir den Lohn erteilen.
Das mach ich mir in meinem Dienst zur Regel, dass
Mein Rücken stets sich wohl dabei befindet.

Roman

Eine besonders ergiebige Quelle sind antike Romane. Die Gattung entstand in hellenistischer Zeit, die uns erhaltenen Werke stammen jedoch aus den nachchristlichen Jahrhunderten. Griechische Romane erzählen in der Regel die Geschichte eines jungen, schönen Liebespaares, das nach einer Reihe von Abenteuern glücklich zusammenkommt. Auf Latein verfasst wurden das nur in Teilen erhaltene *Satyricon* des Petronius (16–44 n. Chr.), dessen Hauptteil die *cena Trimalchionis*, das Gastmahl beim neureichen Freigelassenen Trimalchio, bildet, sowie die *Metamorphosen* (oft auch als *Der goldene Esel* bezeichnet) des Apuleius, die von den Abenteuern des irrtümlich in einen Esel verwandelten Lucius berichten. Die Schicksale der Hauptpersonen in den Romanen sind oft phantastisch, der allgemeine Rahmen der Geschichten ist trotz aller Verzerrungen und Übertreibungen recht lebensnah. Phänomene wie die Kindsaussetzung und das Aufziehen von Findelkindern als Sklaven, die Kriegsgefangenschaft und der Menschenraub kommen jedenfalls immer wieder vor, und der Verlust der Unfreiheit ist ein Schicksal, das die Protagonisten der Romane immer wieder erleiden, so etwa die junge Tarsia, die in der *Geschichte von Apollonius, dem König von Tyros* (3. Jh. n. Chr.) von Seeräubern geraubt und an einen Bordellbesitzer verkauft wird (Hist. Apoll. Tyr. 33).

Inschriften

Besonderen Quellenwert für das Studium der antiken Sklaverei besitzen epigraphische Zeugnisse. Die zahlenmäßig größte Gruppe von Inschriften, in denen Sklaven auftauchen, sind Grabinschriften. Unfreie werden dabei sowohl als Stifter dieser Inschriften als auch als Verstorbene, derer gedacht wird, genannt.

Quelle

Kaiserzeitliche Grabinschrift für den Sklaven Kalokairos aus Patara

TAM II 466, Übersetzung: J. Fischer

Für den verstorbenen Kalokairos, einen guten Mann; die Mitsklaven Elpidephoros, Heraklides, Zosimos, Nauklerikos, Marion, Kerdon, Eugamos, Metaboliko, zur Erinnerung an einen guten und seinen Herrn liebenden und außergewöhnlichen Mann.

Grabinschriften ermöglichen Aufschlüsse über die Sklavennamen, oft auch über die Herkunft der Unfreien, über deren soziales Leben oder ihr früheres Berufsleben. Gesetzesinschriften informieren über die rechtlichen Rahmenbedingungen des Sklavenlebens, Kultvorschriften über Einschränkungen des religiösen Lebens der Sklaven. Aufschluss über die Religiosität der Sklaven geben Weihungen von Unfreien oder Orakelanfragen von Sklavenhand. Mentalitätsgeschichtlich besonders interessant sind magische Texte, wie etwa Fluchtäfelchen, die von Sklaven geschrieben wurden oder Sklaven nennen. Verkaufsurkunden, die etwa auf Wachstäfelchen erhalten sind, erlauben nicht nur Erkenntnisse über das Verfahren beim Sklavenhandel, sondern informieren auch über die Preise, welche für Unfreie zu bezahlen waren. Viele Inschriften befassen sich auch mit Freilassungen. Besonders interessant sind Briefe, die von Sklaven erhalten geblieben sind, so etwa ein auf einem Bleitäfelchen geschriebener Brief des 4. Jh. v. Chr., in dem sich ein Knabe, wohl ein Unfreier, direkt über ihm angetane Misshandlungen beklagt (Fischer, Quellenreader Nr. 53).

Papyri

Besondere Einblicke in das antike Sklavenleben erlauben auch Papyri, die in Ägypten erhalten geblieben sind. Sie ermöglichen Erkenntnisse zum alltäglichen Leben, die aus anderen Regionen nicht zur Verfügung stehen. Hier sind etwa Sklavenkaufverträge, Steckbriefe entlaufener Sklaven, Ausbildungsverträge für Unfreie oder Privatbriefe, in denen von Unfreien die Rede ist, zu nennen (s. Abschnitt IV. 3.).

Sklavendarstellungen

Unfreie haben auch in der materiellen Überlieferung Spuren hinterlassen. Freilich sind diese archäologischen Quellen in ihrer Interpretation oft schwierig und umstritten. Dies wird schon bei der Suche nach bildlichen Darstellungen von Unfreien deutlich. Zweifelsohne besitzen wir zahlreiche Darstellungen von Sklaven, diese im konkreten Einzelfall aber sicher zu identifizieren ist schwierig. Der rechtliche Status einer Person ist den Bildern kaum zu entnehmen, zumal Sklaven ja auch im realen Leben nicht auf den ersten Blick von Freien zu unterscheiden waren. Einen Hinweis kann etwa die unterlebensgroße Darstellung der Betroffenen geben, barbarische Kleidung oder bestimmte Kennzeichen, wie etwa Tätowierungen. Oft sind Sklaven aber nur an ihrer dargestellten Tätigkeit zu erkennen. Zwar gibt es keinen Beruf, der ausschließlich von Unfreien ausgeübt wurde, doch bildeten Unfreie in manchen Professionen die Mehrheit. Darstellungen von Hetären, Mundschenken, Tänzerinnen, Begleitsklaven, Ammen, Pädagogen oder Gladiatoren sind daher in der Regel als Bilder von Unfreien zu interpretieren.

Sklavenquartiere

Wiederholt hat man auch den Versuch unternommen, Sklavenquartiere im archäologischen Befund festzumachen. Auf griechischen Gehöften hat man die ab dem 4. Jh. v. Chr. verbreiteten Steintürme mit Sklavenunterkünften in Verbindung gebracht. Mit großer Wahrscheinlichkeit hat man Sklavenquartiere in großen römischen Villen, wie etwa in Settefinestre nahe Cosa oder in Boscoreale, identifizieren können. Ebenso hat man wohl Sklavenunterkünfte in den Minen von Chemtou in Tunesien festgestellt. Vielfach wären aber auch andere Verwendungsmöglichkeiten der so interpretierten Räume denkbar.

Arbeitsverhältnisse

Einen Eindruck von den Arbeitsbedingungen der Sklaven geben etwa die archäologischen Untersuchungen der antiken Silberbergwerke im Laureion-Gebirge in Attika, wo Zehntausende Unfreie im Einsatz waren. Die Stollen waren dort so eng und niedrig, dass vermutet wurde, dass man für die Förderarbeit auch Kinder einsetzte. Eine Schicht dauerte dort zehn Stunden, wie die Brenndauer der speziell angefertigten Grubenlampen belegt.

Sklavengräber

Ohne Zweifel sind in vielen der zahllosen antiken Gräber, die bisher aufgedeckt wurden, Sklaven bestattet. Solche Sklavenbestattungen sind aber schwierig zu identifizieren, wenn nicht gerade eine Inschrift den Status des Begrabenen verrät. Mit großer Wahrscheinlichkeit konnte allerdings eine Nekropole aus der Mitte des 5. Jh. v. Chr. von über 200 Gräbern nahe Laureion mit Sklaven in Verbindung gebracht werden, da die Gräber auffallend beigabenarm und die Bestattungen ohne großen Aufwand vorgenommen worden waren. Auffallend sind hier die geringe Anzahl von (kostspieligeren) Kremationen und die unübliche Häufigkeit von (billigen) Steinkistengräbern. Auch ein Massengrab bei Pydna aus der Mitte des 4. Jh. v. Chr. wurde mit Unfreien in Verbindung gebracht. Auf jeden Fall haben bioarchäologische Untersuchungen ergeben, dass die hier Bestatteten zu Lebzeiten einen nur eingeschränkten Zugang zu Nahrung hatten und hart arbeiten mussten. Manche der Toten wurden auch gefesselt bestattet. Derartige Bestattungen von Gefesselten gibt es in der griechischen Welt mehrere, doch ist im Einzelfall natürlich unklar, ob es sich um einen Sklaven handelte, oder ob es für die Fesselung eine andere Erklärung gibt. Das gleiche gilt für die Funde von Handschellen oder Fußfesseln, die einst dazu gedient haben könnten, Sklaven zu fesseln, die aber genauso für Kriminelle verwendet worden sein können.

5. Terminologie

Griechisch

Im Griechischen wird für Unfreie am häufigsten der Beriff δοῦλος/*doulos* (weiblich: δούλη/*doule*) verwendet, die Sklaverei wird als δουλεία/*douleía* (dichterisch: δουλοσύνη/*doulosyne*) bezeichnet. Die Etymologie dieses bereits in den mykenischen Linear B-Texten wiederholt vorkommenden Begriffs ist nicht unumstritten. Der Indogermanist Günther Neumann hat allerdings mit guten Argumenten die Grundbedeutung „die (mit Gewalt) ins Haus gebrachte Person" rekonstruiert. Bereits in den homerischen Epen werden Sklaven bzw. Sklavinnen als δμῶες/domes bzw. δμῳαί/domai bezeichnet (diese Begriffe kommen v.a. im Plural vor). Auch in diesem Begriff steckt die Wurzel **dem-*/ **dom-* „Haus". Durch diese Bezeichnung werden die Zugehörigkeit der Sklaven zum Haushalt und ihre Tätigkeit in selbigem ausgedrückt. Ebenfalls auf die Rolle des Dienstpersonals im Haus sind die Bezeichnungen οἰκεύς/*oikeus* bzw. οἰκέτης/*oiketes* bezogen, die sich ursprünglich auch auf rechtlich freie Diener bezogen haben, ihre Bedeutung dann aber auf Sklaven verengten und schließlich weitgehend von *doulos* verdrängt wurden. Nur Frauen wurden als ἀμφίπολοι/*amphipoloi* bezeichnet. Es sind Frauen, die sich in der ursprünglichen Bedeutung „rund um einen anderen bewegen" – also Dienstbotinnen. Auch dieser Begriff verschwand im Laufe der Zeit. Ursprünglich zur Bezeichnung freier Gefolgsleute diente der Terminus θεράπων/therapon, in klassischer Zeit wurde er jedoch zur Charakterisierung von Unfreien verwendet, ebenso die weibliche Form θεράπαινα/*therapaina*. Bereits als Unfreie innerhalb der Sklavenschaft geborene, sog. „hausgeborene" Sklaven, wurden als θρεπτός/*threptos* „der/die (im eigenen Haus) Aufgezogene" bzw. als οἰκογενής/*oikogenés* „der/die im Haus Geborene" bezeichnet. In Analogie zum Begriff τετραποδον/*tetrapodon* „Vierfüßler" wurde das Wort ἀνδράποδον/*andrapodon* „Menschenfüßler" gebildet. In den frühesten Belegen bezieht sich dieser Terminus meist auf Kriegsgefangene. Ursprünglich nur als Bezeichnung für den leblosen Körper üblich, ist ab hellenistischer Zeit die Bezeichnung von Sklaven als σῶμα/*soma* gebräuchlich. Auch andere Begriffe dienten nicht ausschließlich der Bezeichnung von Unfreien. Sklavinnen in einem Haushalt wurden oft etwa nur als γυναί/*gynai* bzw. γυναῖκες/*gynaikes* „Frauen“ angesprochen. Auf die rechtliche Unmündigkeit der Sklaven nimmt die häufige Bezeichnung von Unfreien als παῖς/*pais* „Kind“ Bezug. Zu den bisher genannten, eher allgemeinen Sklaventermini tritt eine Vielzahl weiterer Begriffe, die bestimmte Eigenschaften der Unfreien hervorheben. So nehmen auf ihren Erwerb etwa die Bezeichnungen ἀργυρώνητος/*argyronetos* „mit Silber Erworbener“ oder χρυσώνητος/*chrysonetos* „mit Gold Erworbener“ Bezug, während die Bezeichnung μαστιγίας/*mastigias* „zu Peitschender“ auf die häufig brutale Behandlung der Unfreien anspielt.

Latein

Der wichtigste Terminus für den Sklaven in der lateinischen Sprache ist *servus*. Dabei handelt es sich sowohl um einen juristischen Terminus als auch um einen allgemeinen Begriff. Etymologisch ist *servus* mit der Wortgruppe *servare* „auf etwas achten, bewahren“ zu verbinden. Die entsprechende weibliche Form *serva* taucht nur dann auf, wenn vom personenrechtlichen Status die Rede ist; zur allgemeinen Bezeichnung einer Sklavin diente der Terminus *ancilla* (vom ausgestorbenen Verb *anculare* bzw. *ancillari* „aufwarten“). Ein weiterer Terminus zur Bezeichnung eines Unfreien ist *famulus*, womit der Sklave als Angehöriger des Haushaltes (*familia*) bezeichnet wird. Der Begriff *familia* kann auch in einer Spezialbedeutung die Gesamtheit aller Sklaven eines Haushaltes meinen. Analog zum Griechischen wird der Sklave in der Anrede oft als *puer* bezeichnet, seltener die Sklavin als *puella*. Weitere Begriffe zur Bezeichnung von Unfreien können sich auf die Herkunft der Unfreien (z.B. *empticius* „gekauft“, *verna* „hausgeboren“) beziehen oder auf ihre Erfahrung (*novicius* „unerfahren“, *veterator* „Routinier“) anspielen. Nach dem Rechtsakt der *mancipatio* konnte ein käuflich erworbener Sklave auch als *mancipium* bezeichnet werden. Schon bei Plautus begegnet die Bezeichnung *conservus* bzw. *conserva* „Sklave/Sklavin desselben Haushalts“; analog sprach man bei einem aus dem gleichen Haushalt Freigelassenen (*libertus*) von *conlibertus*/*conlibertus* bzw. *collibertus*/*colliberta*. Die emotionale Beziehung zwischen dem Herrn und dem Sklaven wird im Terminus *delicium* bzw. *deliciae* „Liebling“ deutlich. Dieser Begriff taucht besonders oft in Grabinschriften auf. Er kann durchaus auf ein sexuelles Verhältnis anspielen, muss dies aber nicht. Am häufigsten werden Sklaven in lateinischen Texten durch die von ihnen ausgeführte Tätigkeit charakterisiert. Dabei sind dieser Begriffe freilich nicht ausschließlich auf Unfreie zu beziehen, sondern in einzelnen Fällen können damit durchaus auch Freie (bzw. Freigelassene) gemeint sein. Beispiele dafür sind etwa *paedagogus* „Erzieher“, *nutrix* „Amme“, *vilicus* „Gutsverwalter“, *cubicularius* „Kämmerer“, *ornatrix* „Zofe“ oder *pedisequus* „Diener (wörtlich: der auf dem Fuß Folgende)“.

In der lateinischen Literatur wurden Ausdrücke, die sich ursprünglich auf Sklaven bezogen, immer wieder auch auf andere Zusammenhänge übertragen. Ein bekanntes Beispiel ist das *servitium amoris* („Knechtschaft der Liebe“). Unfreie Abkunft oder sklavisches Benehmen wurden auch zum Topos in der lateinischen Invektive. Sklavenanspielungen nahmen auch im römischen Schimpfwörterrepertoire großen Raum ein.

Stichwort

Sklave

Die deutsche Bezeichnung „Sklave" (und die üblichen Bezeichnungen für Unfreie in anderen westlichen Sprachen wie engl. *slave*, franz. *esclave*, span. *esclavo*, ital. *schiavo*) stammt vom mittellateinischen *sclavus* ab, das wiederum auf das byzantinische Wort σκλάβος zurückgeht. Nach der gängigsten, freilich nicht unumstrittenen Erklärung bezieht sich dieses ursprünglich auf südslawische Stämme. Da diese im Mittelalter häufig als Sklaven verkauft wurden, erhielt es die Bedeutung „Unfreier".

II. Griechische Frühzeit

Überblick

Unfreiheit lässt sich von Beginn der griechischen Geschichte an nachweisen. An deren Anfang steht die mykenische Epoche (ca. 1600–1100 v. Chr.). In den Schriftzeugnissen dieser Epoche ist nicht nur die Existenz von Sklaven, sondern auch der Handel mit diesen dokumentiert. Nach dem Untergang der mykenischen Paläste (1200 v. Chr.) trat Griechenland in eine Zeit großer Umbrüche ein, die von der früheren Forschung oft als „Dunkle Jahrhunderte" bezeichnet wurde. Über die sozialen Verhältnisse dieser Zeit sind wir mangels schriftlicher Quellen nur unzureichend informiert. Am Ende dieser Epoche steht – nach der Wiedereinführung der Schrift in Griechenland – der erste Höhepunkt der europäischen Literaturgeschichte: die homerischen Epen. In diesen tritt uns die Sklaverei als voll entwickelte und weit verbreitete Institution entgegen.

Zeittafel	
um 2000 v. Chr.	Einwanderung indogermanischer Bevölkerungsgruppen nach Griechenland
1400–1200 v. Chr.	Mykenische Palastzeit
1200 v. Chr.	Zerstörung der mykenischen Paläste
1200–750 v. Chr.	sog. „Dunkle Jahrhunderte"
2. Hälfte 8. Jh. v. Chr.	vermutliche Entstehung der homerischen Epen *Ilias* und *Odyssee*

In frühester Zeit, so glaubten die Griechen der klassischen Epoche, hätten alle Menschen ein glückliches und unbeschwertes Leben in Freiheit geführt, und es sei noch nicht üblich gewesen, unfreie Diener zu besitzen (vgl. Fragmente der griechischen Historiker 566 F 11). Noch zur Zeit der Konstruktion der Mauern von Athen, so berichtet Herodot (ca. 485-425 v. Chr.) in seinen *Historien* (6, 137), hätten weder die Athener, noch die anderen Griechen Sklaven besessen. Die ersten Griechen, die schließlich nichtgriechische Sklaven gekauft hätten, seien die Bewohner der Insel Chios gewesen, wie Theopompos von Chios, ein griechischer Historiker des 4. Jh. v. Chr., über seine Landsleute berichtet (Fragmente der griechischen Historiker 115 F 122). Wann die Chier angeblich als erste Griechen unfreie Barbaren eingeführt haben, verschweigt Theopomp, doch er denkt offensichtlich an einen unbestimmten Zeitpunkt während der sog. „Dunklen Jahrhunderte" oder in früharchaischer Zeit. Man kann diese Nachricht auch in Zusammenhang mit dem erneuten Aufschwung der Kaufsklaverei in Verbindung mit der sog. „großen griechischen Kolonisation“ ab der 2. Hälfte des 8. Jh. v. Chr. sehen, die nicht nur neue Märkte, sondern auch neue Quellen für Sklaven erschlossen hat. Ein relativ entwickeltes System der Sklaverei lässt sich auch in den zu dieser Zeit entstandenen homerischen Epen *Ilias* und *Odyssee* greifen. Von einem Beginn des Sklavenhandels in Griechenland zu diesem Zeitpunkt kann allerdings keine Rede sein, denn Sklaverei und Handel mit Unfreien konnten damals bereits auf eine längere Geschichte zurückblicken. Schon in mykenischer Zeit lassen sich beide Phänomene nämlich gut greifen.

1. Mykenische Zeit

Historischer Hintergrund

Am Anfang der griechischen Geschichte steht die mykenische Kultur (ca. 1600–1100 v. Chr.), die erste Hochkultur auf dem europäischen Festland, die ihre größte Blüte während der sog. *Palastzeit* (ca. 1400–1200 v. Chr.) erlebte. Diese verdankt ihren Namen den Palästen, welche als politische, kulturelle, religiöse und ökonomische Zentren dienten. Vieles spricht dafür, dass Griechenland zu dieser Zeit in mehrere unabhängige Königreiche unterteilt war. Die mykenische Kultur strahlte über das ganze Mittelmeer aus, und die mykenischen Palaststaaten standen in diplomatischem Kontakt mit den Großmächten im ostmediterranen Raum. Warum die mykenischen Paläste und mit ihnen die frühgriechische Staatenwelt um 1200 v. Chr. untergingen, ist nicht sicher geklärt. Vermutlich ist ein ganzes Bündel von Faktoren dafür verantwortlich zu machen.

Unfreie im mykenischen Griechenland

Archäologische Befunde

Die archäologischen Quellen erlauben leider nur vage Rückschlüsse auf die sozialen Verhältnisse jener Epoche. Einzelne Funde und Befunde lassen aber auf die Existenz niedrig gestellter und möglicherweise unfreier Personen schließen. So wurden etwa zahlreiche einfache Erdgruben- und Steinkistengräber, die oft nur wenige und ärmliche Beigaben besaßen, als die Bestattungen von Angehörigen der Unterschicht sowie von Sklaven interpretiert. In manchen Fällen mag dies durchaus zutreffend sein, in anderen haben wohl eher lokale Traditionen und ein gewisser Konservatismus den Ausschlag zur Wahl dieser Grabformen gegeben. Dies wird dadurch bestätigt, dass auch einfache Erdgruben- und Steinkistengräber mit reicheren Beigaben aufgedeckt werden konnten. Auch beigabenarme Bestattungen in den Zugangswegen (*Dromoi*) von Kuppel- und Kammergräbern sind als Bestattungen mykenischer Sklaven und als Hinweis auf die Praxis der Totenfolge im spätbronzezeitlichen Griechenland angesprochen worden. Bei beigabenlosen Bestattungen in Erdgruben innerhalb von Kuppelgräbern (*Tholoi*) - etwa in Dendra oder Thorikos - hat man ebenfalls an Sklaven gedacht, die ihren Herren mitgegeben wurden. Freilich muss eine solche Interpretation unsicher bleiben, und auf keinen Fall war ein solcher Brauch üblich und verbreitet, denn dafür sind entsprechende Nachweise zu selten.

Sklavendarstellungen

In der altägäischen Kunst gibt es überdies eine Reihe von Darstellungen, die als Bildnisse sozial niedrig stehender Personen, bei denen es sich auch um Unfreie handeln mag, gedeutet werden können. All diesen Abbildungen, die sowohl in der Vasenmalerei als auch auf Fresken auftauchen, ist gemeinsam, dass die entsprechenden Personen stets deutlich kleiner wiedergegeben sind. Zwar könnte es sich jeweils auch um die Darstellung von Kleinwüchsigen, Kindern oder Jugendlichen handeln, wahrscheinlicher ist aber, dass die reduzierte Körpergröße der abgebildeten Personen durch ihren sozial niedrigeren Status bedingt ist. Dies wird durch die partielle Nacktheit mancher dieser Figuren noch unterstrichen. Dazu kommt, dass diese Personen durch ihre Tätigkeit als Diener charakterisiert und somit von niederem Rang sind, so etwa auf dem sog. Sunshade Krater aus Enkomi (Abb. 1). Ob es sich bei all diesen Figuren jedoch um freie Dienstboten oder um Sklaven gehandelt hat, lässt sich aufgrund der Ikonographie nicht sicher entscheiden. Klarer ist die Aussage der mykenischen **Linear B-Texte**, die eindeutig die Existenz von Unfreien in den frühgriechischen Staaten belegen.

Abb. 1 Auf dem Fragment eines Kraters aus Enkomi aus dem 14. Jh. v. Chr. ist ein Streitwagen mit zwei Personen darauf dargestellt. Hinter dem Wagen befindet sich eine hoch gewachsene Person, deren herrschaftliche Erscheinung durch ein Schwert unterstrichen wird. Es handelt sich wohl um einen aristokratischen Krieger. Hinter dem Mann ist eine weitere Person dargestellt, die einen Gegenstand in der Hand hält, der zunächst an eine Spitzhacke erinnert. Aufgrund ikonographisch verwandter Beispiele aus klassischer Zeit kann dieses Objekt als Schirm identifiziert werden. Gezeigt wird also in deutlich verringerter Körpergröße ein Diener oder Sklave, der seinen Herrn beschirmt.

Stichwort

Linear B

Eine der bedeutendsten Errungenschaften der Mykener war die Entwicklung einer Silbenschrift, des auf der Grundlage der minoischen Schriften geschaffenen sog. Linear B. Dieses entstand wohl nach der mykenischen Machtübernahme im 15. Jh. v. Chr. auf Kreta, verbreitete sich dann aber rasch auch auf dem griechischen Festland. Die Texte wurden in der Regel in Tontafeln geritzt, einzelne Worte wurden aber auch mit Pinsel und Farbe auf Tongefäße gemalt. Die Erhaltung der Texte ist den Brandkatastrophen zu verdanken, in denen die mykenischen Paläste untergingen, denn durch diese Feuer wurden die Tontafeln gebrannt und konserviert. Es handelt sich beim Linear B um eine Silbenschrift, die aus 90 phonetischen Silbenzeichen sowie rund 160 Ideogrammen sowie Zahlzeichen und Zeichen für Maßeinheiten besteht. Die Sprache, die mit dieser Schrift geschrieben wurde ist eine frühe Form des Griechischen.

In den frühgriechischen Linear B-Texten ist bereits ausdrücklich von Sklaven die Rede. Männliche Sklaven werden als *do-e-ro* bezeichnet, Sklavinnen als *do-e-ra*. Dies entspricht den klassischen griechischen Termini *doulos* und *doule*. Einige wenige Texte (KN B 822, KN B(1) 988) dokumentieren den Verkauf von Sklaven. Genannt werden in diesen Texten jeweils die Namen der Unfreien, der Käufer und der Verkäufer. Es sind aber wohl keine Verkaufsurkunden, da auf diesen weitere Angaben wie etwa der Preis zu erwarten wären. Vielmehr handelt es sich wahrscheinlich um die Registrierung dieser Käufe im Archiv des Palastes, der in irgendeiner Weise an diesen Transaktionen beteiligt gewesen sein muss. Die Tafel PY An 607 deutet darauf hin, dass ein unfreier Status bereits erblich war. Die Sklaven werden in Zusammenhang mit der Metallverarbeitung, der Viehzucht sowie dem Ackerbau als auch im kultischen Umfeld erwähnt. Woher die Sklaven kamen und wie sie in Unfreiheit geraten waren, kann nicht mehr festgestellt werden. Eine Sonderstellung könnten jene Männer und Frauen einnehmen, die als Sklaven bzw. Sklavinnen einer Gottheit verzeichnet sind; bei ihnen muss unklar bleiben, ob es sich tatsächlich um Unfreie handelte oder vielmehr um religiöse Funktionäre, die nur im übertragenen Sinn „Sklaven“ genannt wurden. Neben den explizit als Sklaven angesprochenen Personen nennen die Linear B-Texte (vor allem aus Pylos) eine große Zahl von abhängigen Arbeiterinnen, die neben Tätigkeiten im Haushalt auch mit der Herstellung von Textilien befasst waren und die mit Nahrungsmitteln versorgt wurden. Bemerkenswert ist der Umstand, dass einige dieser Arbeitsgruppen durch Ethnika charakterisiert sind, die allesamt in den nördlichen bzw. östlichen Mittelmeerraum verweisen. Die Frauen werden etwa als Lemnierinnen, Knidierinnen oder Milesierinnen bezeichnet und wurden entsprechend als Gefangene aus Kriegs- oder Beutezügen in der Ostägäis oder dort gekaufte Sklavinnen interpretiert. Ihre exakte Stellung lässt sich jedoch ebenso wenig sicher klären wie der Status von Personengruppen, die in den Texten als bestimmten Funktionären, Würdenträgern oder Gottheiten „gehörig“ bezeichnet werden.

2. Die sog. „Dunklen Jahrhunderte“ und die homerischen Epen

Historischer Hintergrund

Mit dem Untergang der mykenischen Paläste und der von diesen regierten Staaten trat Griechenland in ein neues Zeitalter ein. Überregionale Herrschaftsformen verschwanden, die griechische Welt war in unzählige kleine Gemeinwesen zersplittert, die von lokalen Eliten gelenkt wurden. Die materielle Kultur sank in den meisten Bereichen auf ein niedrigeres Niveau herab. Als Werkstoff gewann Eisen an Bedeutung, daher wird diese Epoche als frühe Eisenzeit bezeichnet. Zudem kam es zum Verlust der Schriftlichkeit in Griechenland. Internationale Beziehungen brachen zwar nicht völlig zusammen, nahmen aber ab. Gleichzeitig war dies eine Zeit massiver Bevölkerungsverschiebungen. Für diese oft auch als „Dunkle Jahrhunderte“ bezeichnete Epoche (ca. 1200–700 v. Chr.) erlauben die archäologischen Quellen nur vage Rückschlüsse auf die sozialen Verhältnisse. Sichere Aussagen über die Rolle der Sklaverei in dieser Epoche lassen sich kaum treffen. Ihre Existenz kann aber angenommen werden. Erst für das Ende jener Epoche stehen mit den homerischen Epen *Ilias* und *Odyssee* aussagekräftige literarische Quellen zur Verfügung.

Die homerischen Epen

Ilias und Odyssee

Die *Ilias* umfasst 24 Bücher mit insgesamt knapp 15700 Versen und bringt eine Episode aus dem Sagenkreis um die Belagerung der kleinasiatischen Stadt Troia, die im Epos ausschließlich als Ilios bezeichnet wird. Die *Odyssee* gliedert sich ebenfalls in 24 Bücher und umfasst gut 12000 Verse. Geschildert wird die Geschichte von der zehn Jahre dauernde Heimkehr des Odysseus, wobei die tatsächlich dargestellte Handlung nur die letzten vierzig Tage umfasst.

Homer und seine Zeit

Wenig ist über den Urheber der beiden Epen bekannt. In der Antike galt Homer als deren Schöpfer und als historische Persönlichkeit, auch wenn sich bereits in hellenistischer Zeit Zweifel daran regte, ob tatsächlich ein einziger Dichter beide Epen geschaffen hatte. Diese Frage ist bis heute nicht sicher entschieden. Auch wann die Epen exakt entstanden, ist umstritten. Während eine Reihe von Forschern für eine späte Entstehungszeit in der ersten Hälfte des 7. Jh. v. Chr. plädiert, halten die meisten Gelehrten an der traditionellen Datierung in die zweite Hälfte des 8. Jh. v. Chr. fest. Die *Ilias* gilt als das ältere Werk, wobei davon auszugehen ist, dass beide Epen zu dieser Zeit jeweils von einem einzigen Dichter konzipiert und schriftlich niedergelegt wurden.

oral poetry

Die Entstehung von *Ilias* und *Odyssee* muss vor dem Hintergrund einer zu diesem Zeitpunkt bereits langen epischen Tradition gesehen werden. Mündliche Heldendichtung bestand wohl schon in der Bronzezeit, auch wenn sie damals noch nicht schriftlich fixiert wurde. Vielmehr wurden die Geschichten mündlich überliefert und von professionellen Sängern vorgetragen, die sich als Hilfsmittel einer stark formelhaften, zu einem guten Teil aus vorgefertigten Formulierungen, Versen und Szenen bestehenden Sprache bedienten.

Historischer Hintergrund

Die Frage nach dem historischen Hintergrund der homerischen Epen wird leidenschaftlich diskutiert. Es ist für das Studium der antiken Sklaverei weniger von Bedeutung, dass etwa der Kriegszug der Griechen gegen Troia in der geschilderten Form niemals stattgefunden hat. Wichtiger ist, dass die gesamte „homerische Welt" realiter niemals existiert hat. Sie stellt vielmehr eine rein literarische Schöpfung dar, in der vage Rückerinnerungen an die Zeit der mykenischen Paläste, Reminiszenzen an die Welt der sog. „Dunklen Jahrhunderte" und Elemente der Entstehungszeit der beiden Werke zu einem kunstvollen Ganzen verwebt wurden. Jede historische Analyse dieser Texte bewegt sich daher zwangsläufig auf unsicherem Boden. Doch kann wohl davon ausgegangen werden, dass manche „nebenher" geschilderte Aspekte des sozialen Lebens, vor allem aber Werte und Moralvorstellungen, den Gegebenheiten und vorherrschenden Ansichten des 8. Jh. v. Chr. entsprechen.

Unfreie in den homerischen Epen

Charakter der Sklaverei

Die Sklaverei in den homerischen Epen wird oft als „patriarchalische Sklaverei" bezeichnet. Sie scheint durch eine enge persönliche Bindung zwischen Herren und Sklaven gekennzeichnet. Freilich schrieb der Dichter, der selbst aus der Oberschicht kam, diese Epen für ein Publikum der (sklavenbesitzenden) Oberschicht, wodurch einerseits Details des Lebens einfacher Menschen und der Sklaven nicht ausführlich geschildert werden, da sie nicht relevant waren, und andererseits das Verhältnis zwischen Herren und Sklaven vielleicht positiver geschildert wurde, als es in Wirklichkeit war.

Herkunft der Sklaven

Was die Herkunft der Sklaven betrifft, lassen sich zwischen den beiden Epen klare Unterschiede aufzeigen. Während in der älteren *Ilias* der Sklavenhandel noch keine bedeutende Rolle spielt und die Kriegsgefangenschaft die wesentliche Ursache der Unfreiheit darstellt, was auch daran liegen mag, dass die Ausnahmesituation eines großen Krieges geschildert wird, sind in der jüngeren *Odyssee* Menschenraub und Kaufsklaverei üblich.

Kriegsgefangenschaft in der Ilias

Die Kriegsgefangenschaft als Grund für den Verlust der Freiheit in der *Ilias* wird in dem düsteren Zukunftsbild deutlich, das der troianische Prinz Hektor im Gespräch mit seiner Frau Andromache im 6. Buch der *Ilias* (6, 450-461; Fischer, Quellenreader Nr. 21) für den Fall entwirft, dass Troia falle:

Die Achaier würden ihr die Freiheit entreißen und sie als Sklavin nach Griechenland bringen, wo sie niedrige Dienste verrichten müsse. Als Hektor dann im Zweikampf mit Achilleus fällt, beklagt Andromache den Tod des Gatten und das Los der Frauen von Troia, denen nun die Versklavung droht:

Quelle

Klage der Andromache und der Hekabe
Homer, *Ilias* 24, 723–759; Übersetzung: J.H. Voss/H. Rupé

Jammernd begann die zarte Andromache jetzt vor der Menge,
Hektors, des männerverderbenden, Kopf mit den Armen umfangend:
Gatte, so jung verlorst du dein Leben und lässt mich als Witwe
Hier im Palaste zurück; so zart und jung ist das Söhnchen,
Das wir Unseligen, ich und du, erzeugten, und schwerlich
Kann es zur Blüte noch reifen; zuvor wird die Stadt hier vom Gipfel
Niedergeschmettert; verlor sie in dir doch den Hort, der sie ständig
Schützte, sie selbst und die ehrbaren Frauen und unmündigen Kinder.
Bald wohl werden sie fort nun geschleppt in gebuchteten Schiffen,
Und mit ihnen ich selbst. Auch du aber wirst mich begleiten,
Du, mein Kind, um dort im Dienst eines grausamen Herren
Sklavenwerk zu verrichten. Vielleicht aber wirft ein Achaier
Oben vom Turm dich herab am Arm ins finstre Verderben,
Einer, der zürnt, weil Hektor vielleicht ihm den Bruder getötet
Oder den Vater oder den Sohn; gar viele Achaier
Haben durch Hektors Faust in die ewige Erde gebissen.
Nicht versöhnlich pflegte dein Vater zu sein im Gefechte;
Drum bejammern ihn auch in der Stadt so schmerzlich die Völker.
Unaussprechlichen Kummer und Gram erleben die Eltern,
Hektor, mir aber bleibt der allerbitterste Jammer.
Sterbend hast du mir nicht die Hände gereicht aus dem Bette,
Hast kein tröstliches Wort mir gesagt, daran ich beständig
denken könnte bei Tag und bei Nacht mit fließenden Tränen!
Also klagte sie weinend, und mit ihr stöhnten die Weiber.
Jetzt erhob vor dem Volk auch Hekabe jammernd die Stimme:
Hektor, du warst mir im Herzen der liebste von all' meinen Söhnen!
Immer, solang du mir lebtest, auch warst du geliebt von den Göttern.
Darum sorgten sie selbst für dich beim Todesverhängnis.
All' meine anderen Söhne verkaufte der schnelle Achilleus
Über das rastlose Meer so oft er einen gefangen,
Weit nach Samos, nach Imbros und Lemnos, der dampfenden Insel.
Dich aber, als er das Leben mit ragendem Erz dir entrissen,
Schleifte gar oft der Pelide ums Grab seines lieben Gefährten
Patroklos, den du erschlugst – doch ohne ihn wieder zu wecken.

Menschenraub in der Odyssee

Typisch für die Verhältnisse in der *Odyssee* ist die Lügengeschichte, die der von der Göttin Athena getarnte Odysseus dem Sauhirten Eumaios erzählt. Odysseus gibt vor, der Sohn einer Sklavin und deren reichen Besitzers zu sein. Durch Beutezüge sei er zu Reichtum gekommen. Als aber seine Gefährten

Dörfer geplündert, die Männer getötet und die Frauen gefangengenommen hätten, sei er selbst von den Ägyptern gefangengenommen worden. Nach acht Jahren in Ägypten habe er sich einem Phoiniker angeschlossen, der ihn als Sklaven verkaufen wollte. Als dessen Schiff sank, sei er zu den Thesproten in Nordwestgriechenland gekommen, deren König ihn heim nach Ithaka habe schicken wollen; wiederum sei er aber schlechten Menschen in die Hände gefallen, die ihn versklaven wollten. In Ithaka sei ihm aber dann die Flucht gelungen.

Phoinikische Sklavenhändler

Dass ausgerechnet ein Phoiniker in der Erzählung des Odysseus diesen in die Sklaverei verkaufen will, ist typisch. Auch in der Lebensgeschichte des Sklaven Eumaios spielen Phoiniker eine entscheidende Rolle. Dieser schildert im 15. Buch der *Odyssee* (15, 403-483; Fischer, Quellenreader Nr. 27), wie er in die Unfreiheit geraten ist: Geboren wurde er als Sohn eines Königs auf der Insel Syrie. Eines Tages kamen dorthin phoinikische Händler. Diesen übergab eine ebenfalls phoinikische Sklavin am Hof von Eumaios Vater, die gleichfalls einst durch Menschenraub in die Unfreiheit geraden war, den kleinen Eumaios, auf den sie hätte aufpassen müssen. Die Phoiniker segelten mit ihm nach Ithaka und verkauften ihn dann an Laertes, den Vater des Odysseus. Bis zu einem Alter von 15 oder 16 Jahren lebte Eumaios dann am Hof des Laertes, anschließend wurde er als Schweinehirt aufs Land geschickt. Seitdem Laertes den Hof an seinen Sohn Odysseus übergeben hat, ist Odysseus der Herr des Eumaios.

Wert der Sklaven

Die homerischen Epen entstanden vor der Erfindung des Münzgeldes. Preise und Werte werden daher in Naturalien angegeben, in der Regel wird als Äquivalent der Wert eines Rindes genannt. So ist in der *Odyssee* etwa die Rede davon, dass Laertes, der Vater des Odysseus, die Sklavin Eurykleia einst für zwanzig Rinder erworben habe (*Odyssee* 1, 428-431). Dass dies ein sehr hoher Preis war, verdeutlicht eine Stelle in der *Ilias* (23, 700-705), in der ebenfalls vom Wert einer Unfreien die Rede ist. Es handelt sich um eine Passage aus dem 23. Buch, in der von Siegespreisen im Rahmen der Leichenspiele für den gefallenen Patroklos die Rede ist: Der Besiegte im Ringen soll als Trostpreis eine Sklavin erhalten, die den Wert von vier Rindern hat, der Sieger dagegen einen Bronzedreifuß im Wert von zwölf Rindern. Im Vergleich zum Preis für Eurykleia fällt der große Unterschied auf, ohne dass man dem allzu viel Bedeutung beimessen sollte. Mit der Preisangabe von 20 Rindern für Eurykleia wollte der Dichter nur zum Ausdruck bringen sollte, dass Laertes für die junge Sklavin eine „ganze Menge" bezahlt hat.

Anzahl der Unfreien

Die Anzahl der in den Epen erwähnten Sklaven, unter denen unfreie Frauen überwiegen, ist überschaubar. Fünfzig Sklavinnen dienen im Palast des Odysseus (*Odyssee* 22, 421), die gleiche Anzahl ist im Palast von König Alkinoos zu finden (*Odyssee* 7, 103). Diese Übereinstimmung ist auffällig, und es handelt sich hier wieder um eine Zahl, die nicht als exakt zu nehmen ist, sondern nur eine große Anzahl von Sklavinnen verdeutlichen will. Die Anzahl der männlichen Sklaven des Odysseus wird nie genau genannt. Im 14. Buch der *Odyssee* (14, 100-104) berichtet Eumaios, dass Odysseus zwölf Rinderherden und genauso viele Schafherden, Schweineherden und Ziegenherden besitze und dass diese teils von unfreien Hirten, teils aber von Tagelöhnern gehütet würden. Freie Lohnarbeit existiert also in den Epen, doch das Verhältnis von unfreien zu freien Beschäftigten ist nur schwer abzuschätzen.

Arbeit der Sklaven

Das Sklavenleben, wie es in den homerischen Epen geschildert wird, ist kein Idyll. Die Unfreien müssen hart arbeiten und profitieren kaum von ihrer Arbeit Das Betätigungsfeld der Sklaven in der *Odyssee* ist die Landwirtschaft, das der Sklavinnen der Haushalt. Sie müssen Mehl mahlen, sie spinnen Wolle und sie weben Gewänder. Andere Tätigkeiten umfassen die Reinigung des Hofes, das Vorbereiten von Gastmählern oder das Holen von Wasser, wie es etwa in einer Passage geschildert wird, wo die schon erwähnte Eurykleia die Arbeiten aufträgt.

Quelle

Vorbereitung eines Gastmahls
Homer, *Odyssee* 20, 147–163; Übersetzung: J.H. Voss/E.R. Weiß

Aber den Mägden rief die Göttliche unter den Weibern,
Eurykleia, die Tochter des Ops, des Sohnes Peisenors:
Hurtig ihr Mädchen! Kehrt mir den Saal geschwind mit dem Besen,
Sprengt aber auch zuvor! Dann legt die purpurnen Decken
Auf die zierlichen Stühle! Ihr andern wascht mit den Schwämmen
Sämtliche Tische im Saale rein und spült mir die Krüge
Und die doppelten Becher aus die künstlichen! Ihr dort
Lauft und holt Wasser vom Brunnen, und dass ihr mir schleunig zurückkommt!
Denn heut bleiben die Freier nicht lange vom Saale,
Sondern kommen bald; denn heut ist für alle ein Festtag!
Sprach's; und die Mägde hörten sie wohl und folgten ihr willig.
Zwanzig gingen hinaus zum dunkel quellenden Brunnen,
Und die andern besorgten geschickt im Saale die Arbeit.
Bald erschienen auch die Diener der Freier im Hause,
Spalteten fein und geschickt das Holz; da kamen die Weiber
Von der Quelle zurück; auch kam mit ihnen der Sauhirt,
Der drei Schweine zum Hof trieb, die besten von allen.

Sklavenhierarchie

Unter den Sklaven herrscht eine eindeutige Hierarchie. Unter den unfreien Männern gibt es Aufseher: Eumaios, den Schweine-Oberhirten, Melantheus, den Ziegen-Oberhirten, und Philoitios, den Rinder-Oberhirten. Diese genießen offensichtlich eine besondere Vertrauensstellung und überwachten die Arbeit ihrer Schicksalsgenossen. Diese Oberhirten können selbstständig leben und arbeiten. Sie wohnen außerhalb des Hofes auf dem Land. Interessant ist, dass Sklaven selbst auch als Besitzer von Sklaven auftreten: so ist Eumaios der Besitzer eines Sklaven namens Mesaulios (*Odyssee* 14, 449-52). Bei den weiblichen, im Haushalt tätigen Sklavinnen des Odysseus erfüllen die Verwalterin Eurynome und die Amme Eurykleia die Funktion der Aufseherinnen.

Sklavenbeziehungen

Manche Sklaven können Besitz erwerben und feste sexuelle Beziehungen eingehen. So lebt etwa der Sklave Dolios mit einer sizilischen Sklavin zusammen, die ihm schon viele Kinder geboren hat (*Odyssee* 24, 383-90). Dass solcher Sklavenbesitz genauso wie Beziehungen und Familien der Erlaubnis durch die Herren bedarf, zeigt eine Passage in *Odyssee*, in der Eumaios die Güte seines totgeglaubten Herrn Odysseus schildert (*Odyssee* 14, 61-67).

Sklaventugend

In Bezug auf seine Tugend wird ein Sklave im Vergleich zum Freien als minderwertig betrachtet. Freilich ist er das nicht von Natur aus, sondern wird erst durch seine Versklavung dazu gemacht. Dies wird in einer Passage deutlich, wo es heißt, dass Zeus einem Manne die Hälfte seiner Tugend nimmt, wenn er die Freiheit verliert (*Odyssee* 17. 318-323; Fischer, Quellenreader Nr. 4).

Rechte der Herren

Der Eigentumsanspruch der Herren an seinen Sklaven ist absolut. Die Herren können mit ihren Unfreien nach Gutdünken verfahren. Sie können die Sklaven zu Arbeiten im Haushalt oder auf dem Feld einteilen, ohne dass wir je davon hören, dass die Unfreien einen Lohn bekommen. Herren können die Sklaven weggeben (z. B. *Ilias*. 19, 245; 23, 509-13; *Odyssee* 4, 735) oder verkaufen (*Ilias* 7, 467-75; 21, 33-44; *Odyssee* 15, 425-9; 483 f.).

Bestrafung von Sklaven

Sklaven haben stets zu gehorchen und sind in allen Belangen von ihren Herren abhängig. Bei Fehlverhalten drohen harte Strafen. Sklaven müssen ständig damit rechnen, von ihren Herren bestraft zu werden. Sie konnten sie zur Strafe schlagen (*Odyssee* 4, 244-46) oder sogar töten (*Ilias* 18,336 f.; 23, 175 f.). Besonders deutlich wird das bei der Schilderung des grausamen Strafgerichts, das nach der Tötung der Freier über die untreuen Mägde, die eine sexuelle Beziehung mit den Freiern eingegangen waren, und über Melantheus, der ebenfalls gemeinsame Sache mit den Freiern gemacht hatte, gehalten wird (*Ilias* 22, 419-479). Dabei fordert Odysseus die Eurykleia auf, ihm jene Sklavinnen zu nennen, die mit den Freiern verkehrt hatten. An der Bereitwilligkeit, mit der Eurykleia diese verrät wird deutlich, dass unter den Unfreien keine Solidarität herrschte. Auch wenn solche Gewaltexzesse nie an der Tagesordnung waren, liegt das Leben des Unfreien in den homerischen Epen stets in den Händen seines Herrn. Der Grund für die exzessive Bestrafung der Mägde liegt in der Illoyalität ihrem Herrn gegenüber. Denn auch über das Geschlechtsleben seiner Unfreien bestimmte der Herr, und aus mehreren Passagen ist ersichtlich, dass Sklavinnen in der homerischen Welt grundsätzlich ihren Herren sexuell zur Verfügung zu stehen hatten (*Ilias* 8, 286-91; 9, 128-40; 9, 658-68; 24, 675 f.; *Odyssee* 1, 425-33).

Belohnung von Sklaven

Während Illoyalität hart bestraft wird, wird Treue hingegen belohnt (vgl. *Odyssee* 21, 212-216). Von Freilassung ist freilich an keiner Stelle die Rede. Eine Beendigung des Sklavenstatus ist in der Welt der homerischen Epen nicht vorgesehen. Ebenso fehlt jede Kritik an der Rechtmäßigkeit der Institution der Sklaverei. ■

Auf einen Blick

Die Existenz von Sklaven und der Handel mit Unfreien sind bereits für die mykenische Epoche belegt. In den homerischen Epen ist die Sklaverei fest etabliert. Die Sklaven haben ihre Freiheit in der Regel durch Kriege oder Menschenraub verloren. Skrupellose Menschenhändler treiben mit ihnen ihre Geschäfte. Die Herren haben absolute Gewalt über die Unfreien – einschließlich des Rechts über Leben und Tod. Die Sklaven mussten hart arbeiten, für Verfehlungen werden sie unbarmherzig bestraft, für Treue belohnt. Eine Freilassung wird jedoch an keiner Stelle direkt erwähnt.

Literaturhinweise

Fischer J.: *Sklaverei und Menschenhandel im mykenischen Griechenland.* In: H. Heinen (Hrsg.): Menschenraub, Menschenhandel und Sklaverei in antiker und moderner Perspektive. Stuttgart 2008, 45–84.

Lencman J. A.: *Die Sklaverei im mykenischen und homerischen Griechenland.* Wiesbaden 1966.

Schmidt M.: *Die Welt des Eumaios.* In: A. Luther (Hrsg.): Geschichte und Fiktion in der homerischen Odyssee. München 2006, 117–138.

Wickert-Micknat G.: *Unfreiheit im Zeitalter der homerischen Epen.* Wiesbaden 1983.

III. Archaisches und Klassisches Griechenland

Überblick

Im klassischen Griechenland war die Sklaverei allgegenwärtig. Große Teile der Bevölkerung befanden sich in Abhängigkeitsverhältnissen, und die unfreie Arbeit trug einen wesentlichen Teil zur Wirtschaftsleistung bei. Nur für Athen stehen ausreichende Quellenzeugnisse zur Verfügung, um die Bedeutung der Sklaverei im ökonomischen und sozialen Leben einigermaßen einschätzen zu können. In den Schriften des in Athen tätigen Philosophen Aristoteles wurde auch erstmals eine Theorie der Sklaverei entwickelt. Athens großer Rivale Sparta beschritt – wie in vielen anderen Belangen – auch in Bezug auf den Umgang mit Unfreiheit einen eigenen Weg. Die spartanische Helotie unterscheidet sich in vielen Aspekten grundsätzlich von der Sklaverei in Athen. Nur unzureichend kann die Lage in den zahlreichen weiteren Gemeinwesen der griechischen Welt, dem „dritten Griechenland jenseits von Athen und Sparta" (Hans-Joachim Gehrke) beurteilt werden.

Zeittafel	
ab ca. 750 v. Chr.	Große griechische Kolonisation
594 v. Chr.	Solon reformiert den athenischen Staat
508/7 v. Chr.	Reformen des Kleisthenes
490–479 v. Chr.	Die Griechen wehren den persischen Angriff ab
431–404 v. Chr.	Peloponnesischer Krieg
371–362 v. Chr.	Vorherrschaft Thebens in Griechenland („Thebanische Hegemonie")
359–338 v. Chr.	Makedonien steigt unter Philipp II. zur Großmacht auf und erlangt die Vorherrschaft in Griechenland

1. Historischer Hintergrund

Bereits im Zeitalter der homerischen Epen nahmen mehrere historisch bedeutsame Entwicklungen ihren Anfang. Im Rahmen der sog. „großen griechischen Kolonisation" ließen sich griechische Kolonisten ab der Mitte des 8. Jh. v. Chr. rund um das Mittelmeer und im Schwarzmeerraum nieder. Gleichzeitig kam es zur Herausbildung des Stadtstaates (*polis*) als typischer Form der politischen Organisation in der griechischen Welt. Mit der großen Kolonisation feierte diese Staatsform ihren Siegeszug im gesamten Mittelmeerraum. Schon in früharchaischer Zeit bildeten sich innerhalb der Poleis verschiedene politische Ämter heraus, die aber nur einem eingeschränkten Personenkreis offen standen. Folgenreich war ein Wandel in der üblichen Kampfweise, nämlich die Einführung der sog. Hoplitenphalanx, die Kampfreihe schwer bewaffneter Fußsoldaten (*Hopliten*). Dadurch vergrößerte sich die Zahl jener Männer, die – entsprechend zum Beitrag, den sie zum militärischen Potential ihrer Heimat leisten konnten – Einfluss auf politische Entscheidungen erlangten. Wirtschaftliche, soziale und politische Probleme konnten in den griechischen Poleis immer wieder zu Problemen und Notlagen führen, die sich in politischen Spannungen, Krisen und offenen Konflikten (*staseis*) äußern konnten. Dies nutzten ab der Mitte des 7. Jh. v. Chr. immer wieder einzelnen Persönlichkeiten, um die Alleinherrschaft an sich zu reißen und als Tyrannen über die jeweiligen Städte zu regieren. Die Herrschaft des Tyrannen Peisistratos (ca. 600–527 v. Chr.) kann durchaus als eine Blütezeit Athens betrachtet werden. Nach dem Sturz seines Sohnes Hippias setzte sich innenpolitisch die Partei um den Adeligen Kleisthenes durch, dessen Reformen die Grundlagen für die attische Demokratie legten. Die erfolgreiche Abwehr zweier persischer Angriffe auf Griechenland in den Jahren 490 und 480/79 v. Chr. konnte vor allem von den Athenern politisch ausgenutzt werden, deren Stadt zur politisch, kulturell und wirtschaftlich führenden Polis in Hellas aufstieg und mit dem attisch-delischen Seebund weite Teile der Ägäis kontrollierte. Die Konkurrenz zu Sparta führte jedoch schließlich zum Peloponnesischen Krieg (431–404 v. Chr.), an dessen Ende Athen eine vernichtende Niederlage erlitt. Die Vormachtstellung, welche Sparta (teilweise von Persien gestützt) in den folgenden Jahrzehnten innehatte, wurde durch die Thebaner in der Schlacht von Leuktra (371 v. Chr.) beendet. Mit dem Tod des Epameinondas in der Schlacht von Mantineia (362 v. Chr.) endete die thebanische Hegemonie jedoch bereits wieder nach wenigen Jahren. In das so entstandene Machtvakuum drängte zunehmend Philipp II. von Makedonien, der mit dem Sieg in der Schlacht von Chaironeia endgültig die Vorherrschaft in Griechenland errang.

2. Athen

Die meisten Informationen, die wir über die Sklaverei im klassischen Griechenland besitzen, beziehen sich auf die Verhältnisse in Athen, das unter den etwa 700 Gemeinwesen der klassischen Welt eine herausragende Position einnahm. Wenn also im Folgenden der Fokus gerade auf diese Polis gerichtet wird (mit einigen Seitenblicken auf andere Regionen Griechenlands), so werden nicht die Verhältnisse in einer typischen Stadt der griechischen Antike betrachtet, sondern ein – wenn auch prägender – Sonderfall.

Solon und die Beseitigung der Schuldknechtschaft

Krise in Athen

Athen war bereits während der sog. „dunklen Jahrhunderte" ein blühendes Gemeinwesen. Im späten 7. Jh. v. Chr. geriet Athen jedoch in eine soziale und wirtschaftliche Krise. Ein wesentliches Merkmal dieser Krise war, dass zahlreiche Kleinbauern verarmten und sich verschuldeten, viele sogar auf den Status von *Hektemoroi* („Sechstelteiler") herabsanken. Dies bedeutete, dass sie ein Sechstel ihrer Ernteerträge an ihre Gläubiger abzuliefern hatten, während auf ihren Ländereien aufgestellte Schuldsteine (sog. *Horoi*) anzeigten, dass das betreffende Grundstück verpfändet war. Schuldner, die nicht mehr in der Lage waren, ihre Schulden zurückzuzahlen, konnten aber nicht nur in Schuldknechtschaft geraten, sondern sogar ins Ausland in die Sklaverei verkauft werden (Fischer, Quellenreader Nr. 30). Der Adelige Solon (ca. 640-560 v. Chr.) wurde mit der Lösung dieser Probleme beauftragt. Zentraler Punkt der solonischen Reformen war die sog. *seisachtheia* („Lastenabschüttelung"), die Tilgung der Schulden und damit die Rückgabe der verpfändeten Grundstücke an die ursprünglichen Besitzer. Damit verbunden war die Rückführung der in die Sklaverei verkauften Athener (vgl. Aristoteles, *Verfassung der Athener* 12; Fischer, Quellenreder 31) und das Verbot der Schuldknechtschaft.

Anzahl der Skaven und Sklavenbesitzer in klassischer Zeit

Viel größere Bedeutung als zu Zeit Solons hatte die Sklaverei in Athen im 5. und 4. Jh. v. Chr. Die genaue Anzahl der Unfreien im klassischen Athen ist allerdings nicht sicher zu bestimmen. Exakte Zahlen lassen sich aufgrund der antiken Quellen nicht ermitteln, da die überlieferten Angaben zufällig, anekdotisch und oft nicht besonders glaubwürdig sind. Auch ist unklar, welchen Anteil Sklaven an der Gesamtbevölkerung Attikas hatten. Die meisten Gelehrten gehen davon aus, dass Sklaven etwa ein Viertel bis ein Drittel der Bevölkerung ausgemacht haben. Unter Berücksichtigung aller Unsicherheiten könnte man daher von etwa 80 000 bis 100 000 Sklaven bei insgesamt 300 000 Einwohnern im Attika des 5. Jh. v. Chr. ausgehen.

Wer basaß Sklaven?

Des Weiteren ist unklar, wie viele Athener Besitzer von Sklaven waren. Zwar wird in einer Rede des Logographen Lysias (*Für Kallias* 5) angedeutet, dass alle Athener im Besitz von Unfreien gewesen seien, doch ist das sicher nicht wörtlich zu nehmen. Dagegen spricht schon der Anschaffungspreis eines durchschnittlichen Sklaven. Die Stelle verdeutlicht aber, dass der Besitz von Unfreien wohl sehr verbreitet war. Aristoteles (384-322 v. Chr.) schreibt entsprechend auch in seiner *Politik* (1253 b 4): „Ein vollständiges Haus aber besteht aus Freien und Sklaven." An anderer Stelle kolportiert er, dass die Armen einen Ochsen anstelle eines Sklaven hätten (*Politik* 1252 b 12), und in einer weiteren Passage (*Politik* 6, 1323 a 5-6) heißt es: „Für die Mittellosen ergibt sich die Notwendigkeit, Frauen und Kinder gleichsam als Diener zu verwenden, weil sie ja keine Sklaven haben." Während der Besitz von Unfreien in der Mittel- und Oberschicht also wohl durchaus üblich war, besaßen Angehörige der Unterschichten wohl nur selten eigene Sklaven. Entsprechend führte der namenlose Invalide in einer weiteren Rede des Lysias (*Rede über die Verweigerung der Rente für einen Invaliden* 6) als Beweis seiner Armut an, dass er finanziell nicht in der Lage sei, einen Sklaven zu erwerben, der ihm die Arbeit abnehmen könnte.

Anzahl der Sklaven eines Herrn

Die Anzahl von Sklaven, die ein einzelner Herr besitzen konnte, war ebenfalls sehr unterschiedlich. Xenophon (ca. 430–350 v. Chr.) berichtet von reichen Unternehmern, die Scharen von 300, 600 oder 1000 Unfreien besaßen, die sie in den Silberbergwerken von Laureion vermieteten (*Über die Staatseinkünfte* 4, 14–16; Fischer, Quellenreader Nr. 76). Solche Zahlen waren freilich nicht repräsentativ. Selbst in begüterten Haushalten war nur eine überschaubare Anzahl von Unfreien tätig. So konnten sich der Redner Aischines und seine Familienmitglieder auf insgesamt sieben Sklaven stützen. Besonders aufschlussreich sind Versteigerungslisten, in denen der Besitz der nach dem sog. Hermenfrevel Verurteilten aufgelistet wurde (s. dazu unten der Abschnitt „Herkunft der Sklaven"). Die größte Sklavenschaft besaß mit 16 Personen der Metöke Kephisodoros, ihm folgten Adeimantos mit neuen Unfreien sowie zwei weitere Sklavenbesitzer mit sechs bzw. fünf Unfreien. Auch in Handwerksbetrieben war die Anzahl der Unfreien überschaubar. Der Redner Aischines (*Gegen Timarchos* 97) berichtet etwa von einer Werkstatt, in der neun oder zehn Sklaven arbeiteten, die Schuhe herstellten. Größer war die Anzahl der unfreien Arbeiter, die der Vater des Redners Demosthenes (384–322 v. Chr.) in seinen beiden Werkstätten hinterließ, nämlich 32 oder 33 in der Schwertfabrik, und 20 in der Klinenwerkstatt (Demosthenes, *Gegen Aphobos* I 9; Fischer, Quellenreader Nr. 49). Der Redner Lysias erbte von seinem Vater, dem reichen Metöken Kephalos, eine Waffenfabrik, in der sogar 120 Sklaven arbeiteten.

Wege in die Unfreiheit

Sklaven von Geburt

Es gab verschiedene Wege, auf denen jemand zum Sklaven werden konnte. Manche Unfreie waren bereits als Sklaven geboren worden. In Athen richtete sich der Status des Kindes grundsätzlich nach dem der Mutter, d.h., jedes Kind einer Sklavin, egal ob der Vater ein Freier war oder auch ein Sklave, war unfrei.

Aussetzung von Kindern

Eine wesentliche Quelle des Sklavennachschubs war die Aussetzung von Kindern. Wie oft die Aussetzung von Neugeborenen im klassischen Athen als Mittel der Familienplanung praktiziert wurde, ist unklar. Im Mythos und auf der Theaterbühne spielt sie jedenfalls eine nicht unbedeutende Rolle. Ob im klassischen Athen mehr Mädchen als Knaben ausgesetzt wurden, wie oft vermutet wird, lässt sich nicht eindeutig belegen. Die Gründe für die Aussetzung von Kindern waren vielfältig, es konnte aus wirtschaftlichen Gründen geschehen, aufgrund einer Krankheit des Kindes oder weil das Kind das Ergebnis einer Vergewaltigung oder einer vor- bzw. außerehelichen Beziehung war. Kinder wurden mit der Aussetzung aber nicht dem Tod überantwortet. Vielmehr setzte man sie in der Regel so aus, dass sie gefunden wurden. Geschah dies, wurden sie in der Regel als Sklaven aufgezogen.

Versklavung als Strafe

Außerdem konnten Personen als Strafe versklavt werden. In Athen wurden vor allem Delikte, welche die Exklusivität der Bürgerrechte gefährdeten, mit Versklavung geahndet (Fischer, Quellenreader Nr. 47). So drohte sie etwa dann, wenn ein Nichtbürger trotz ausdrücklichen Verbotes mit einem Bürger in ehelicher Gemeinschaft zusammenlebte und damit vorgab, ein Bürger zu sein. Dies war etwa im berühmten Prozess gegen die Hetäre Neaira der Fall (s. Abschnitt III. 2. „Sklaven in der Arbeitswelt“).

Kriegsgefangenschaft

Die häufigste Ursache für einen unfreien Status waren kriegerische Ereignisse. Häufig wurden die Männer einer eroberten Stadt getötet und die Frauen und Kinder in die Sklaverei abgeführt - ein Schicksal, das sowohl als Strafe für bestimmte Vergehen gedacht sein konnte, das aber auch der Abschreckung anderer Feinde diente oder durch den Wunsch, durch Sklavenhandel die Einnahmen zu vergrößern, bedingt war (Fischer, Quellenreader Nr. 23). Ein Beispiel für dieses Vorgehen lieferten die Athener bei der Einnahme der Städte Eion und Skyros im Jahr 475 v. Chr.

Quelle

Die Athener nehmen Eion und Skyros ein

Thukydides 1, 98, 1–2; Übersetzung: M. Weißenberger

Zuerst nahmen sie unter dem Kommando des Kimon, Sohn des Miltiades, durch Belagerung das von den Medern gehaltene Eion am Strymon ein und versklavten die Bewohner. Dann versklavten sie die von Dolopern bewohnte Ägäisinsel Skyros und gründeten dort selbst eine Neuansiedlung.

Nicht nur mit Nichtgriechen verfuhr man auf diese Weise, sondern auch mit den eigenen Landsleuten. Während des Peloponnesischen Krieges wurde diese Vorgehensweise von Athen angewandt, um den Seebund zusammen zu halten, so etwa 421 v. Chr. in Skione (Thukydides 5, 32), oder fünf Jahre später, als sich die neutralen Melier weigerten, dem attischen Seebund beizutreten (Thukydides 5, 84-116).

Kriegsgefangene auf der Bühne

Das Schicksal von in die Sklaverei abgeführten kriegsgefangenen Frauen wurde von den Dichtern des klassischen Athen auf die Bühne gebracht - wenn auch meist in die mythische Vergangenheit projiziert (vgl. Fischer, Quellenreader Nr. 22). Der Dramatiker Euripides (ca. 480-406 v. Chr.) lässt etwa in seiner Tragödie *Die Troerinnen* die trojanische Königin Hekabe das Leid ihrer Versklavung bejammern.

Quelle

Hekabe beklagt ihr Schicksal

Euripides, *Die Troerinnen* 474–499; Übersetzung: D. Ebener

Ich war ein Königskind, ein König ward mein Gatte
und äußerst tücht'ge Kinder hab ich ihm geboren,
nicht eine große Zahl nur, nein, die besten Phryger.
Kein Weib aus Troia, Hellas, aus Barbarenland
hat sich wohl jemals solcher Kinder rühmen dürfen!
Doch sah ich unter Griechenspeeren fallen sie
und schor mein Haar an ihrem Grab, und weinte nicht
um ihren Vater Priamos weil ich sein Los
von anderen erfuhr – o nein, mit eignen Augen
sah ich ermordet ihn am Hausaltar, die Stadt
erobert. Und die Töchter, die ich aufgezogen
für ganz besonders edle Gatten, zog ich nur
für Fremde auf: Aus meinen Händen riss man sie.
Und keine Hoffnung, dass sie je mich wiedersehen,
wie ich sie selbst auch niemals mehr erblicken werden!
Zuletzt jedoch, als Gipfel meines Leides, soll
ich als alte Frau nach Griechenland als Sklavin ziehen.
Die für mein Alter schwerste Arbeit werden sie
mir auferlegen, soll ich nun als Magd die Riegel
des Tores hüten – ich, die Mutter Hektors! – oder
Brot backen, und das Bett auf bloßer Erde haben
für meinen schlaffen Leib statt königlicher Pfühle,
die Haut, die runzlige, umhüllt von abgenutzten,
zerrissenen Kleidern, Schmach für den, der glücklich war!
Ich Arme, einer Ehe, eines Weibes wegen,
was litt ich und was werde ich noch leiden müssen!

Gegen Ende des Peloponnesischen Krieges scheint es hier in Bezug auf die Versklavung anderer Griechen ein Umdenken gegeben zu haben. Einen Wendepunkt stellt etwa der Befehl des spartanischen Nauarchen Kallikratidas 406 v. Chr. bei der Eroberung der Stadt Methymna dar, dass unter seinem Kommando kein Grieche versklavt würde (Xenophon, *Hellenika* 1, 6, 14; Quellenreader, Fischer Nr. 24). Im 4. Jh. scheint man sich in Griechenland allgemein gegen eine Versklavung von anderen Hellenen gewandt haben, die Versklavung von Barbaren war jedoch weiterhin moralisch unproblematisch. Deutlich wird das etwa in der utopischen Schrift *Der Staat* des Philosophen Platon (428/7-348/7 v. Chr.), der sich gegen die Versklavung von Griechen durch Griechen ausspricht.

Quelle

Griechen sollten keine Griechen als Sklaven haben

Platon, *Staat* 469; Übersetzung: R. Rufener

Hältst du es für richtig, wenn hellenische Städte Hellenen zu Sklaven machen? Oder sollten sie das nicht nach Möglichkeit auch den anderen verwehren und sich

zur Regel machen, den Stamm der Hellenen zu schonen, aus Furcht, in die Knechtschaft der Barbaren zu geraten?
„Es ist in jeder Hinsicht besser, wenn sie einander schonen", sagte er.
Sie sollten also selbst auch keine Hellenen als Sklaven halten, und das auch den anderen Hellenen anraten?
„Ja, gewiss", erwiderte er. „Sie würden sich dann eher gegen die Barbaren wenden und einander in Ruhe lassen."

Die Versklavung war aber nicht die einzige Verfahrensweise mit gefangenen Feinden; oft wurden diese auch bis zu ihrer Freilassung gegen Lösegeld festgehalten. Ein Anspruch auf eine Auslösung bestand natürlich nicht. Einen Mitbürger freizukaufen, galt aber in der Öffentlichkeit als ein großes Verdienst, wobei der Freigekaufte bis zur Rückerstattung des Lösegelds Eigentum des Freikäufers blieb.

Menschenraub

Neben der Kriegsgefangenschaft waren Raubzüge zu Lande und zu Wasser ein häufiger Weg in die Sklaverei. Während der Seeraub zur Zeit der athenischen Vorherrschaft im 5. Jh. v. Chr. wohl eingeschränkt war, blühte er im 4. Jh. v. Chr. erneut auf. Das Schicksal, das einem Reisenden in dieser Zeit drohen konnte, verdeutlicht etwa die Geschichte des Atheners Nikestratos, der bei der Verfolgung von drei entlaufenen Sklaven von der Besatzung eines Schiffes aufgegriffen und in Aigina verkauft wurde (oder dies zumindest behauptete), wie eine unter dem Namen des Demosthenes überlieferte Gerichtsrede des Apollodoros (Pseudo-Demosthenes 53) kolportiert.

Sklavenhandel

Der griechische Sklavenmarkt wurde zudem von außerhalb des griechischen Einflussbereichs gespeist durch Unfreie, die bereits als Sklaven auf dem Handelsweg zu griechischen Zwischenhändlern kamen. Ihre Freiheit hatten diese auf unterschiedliche Art und Weise verloren. Von den Thrakern, von denen viele als Sklaven nach Athen kamen, berichtet Herodot (5, 6) etwa, dass sie ihre Kinder in die Sklaverei verkauften (Fischer, Quellenreader Nr. 34). In Athen fand der Sklavenverkauf u. a. auf der Agora statt. Die zu verkaufende Personen wurden auf einem Podium präsentiert, wenn gewünscht, mussten sie sich entkleiden. Der Preis wurde zwischen Verkäufer und Käufer vereinbart oder die Sklaven wurden versteigert. Ein durchschnittlicher Sklavenpreis betrug zwischen 100 und 200 Drachmen, wenngleich die Preise nach Alter, den körperlichen und geistigen Eigenschaften bzw. der spezifischen Ausbildung der Unfreien erheblich schwanken konnten. Neben Athen waren in klassischer Zeit Korinth, Aigina, Chios, Samos, Ephesos, Milet, Side, Heraklion oder Sidon bedeutende Umschlagplätze für Sklaven.

Herkunft der Sklaven

Sklavennamen

In vielen Fällen berichten uns die literarischen und epigraphischen Quellen direkt von der Herkunft der Unfreien, in anderen Fällen sind die Namen der

Sklaven hilfreich. Entweder handelt es sich um deren ursprüngliche Namen, die auf ein bestimmtes Herkunftsgebiet verweisen, in anderen Fällen sind es Namen, welche die Unfreien erst von ihren griechischen Herren erhielten. Die Vergabe eines neuen Namens für die Unfreien war eine ganz übliche Praxis. Dabei war es durchaus nicht unüblich, Unfreie entweder nach dem Land, aus dem sie stammten, zu benennen (z.B. Syros „der Syrer“, Lydos „der Lyder“, Kolchos „der Kolcher“, Thrax „der Thraker“, Skythes „der Skythe“ usw.), oder ihnen in ihrer ursprünglichen Heimat übliche und typische Namen zu geben (z.B. Manes oder Midas für Phrygier oder Tibeios für Paphlagonier). Freilich birgt es auch Fehlerquellen in sich, vom Namen einer Person auf deren Status und Herkunft schließen zu wollen. Zum einen wussten Herren oftmals nicht genau, woher ihre Sklaven kamen, und auch die Sklaven selbst kannten ihre Herkunft nicht immer. Es ist aber davon auszugehen, dass Unfreie auch in solchen Fällen von ihren Herren bisweilen mit einem Ethnikon versehen wurden. Zum anderen sind Ethnika als Namen auch bei freien Griechen belegt, die mitunter mit den Gegenden, die mit ihrem Namen verbunden sind, nichts zu tun hatten.

Nichtgriechische Herkunft

Die Quellen zeigen deutlich, dass die Mehrzahl der Sklaven im klassischen Athen von nichtgriechischer Herkunft war. Demosthenes (*Gegen Meidias* 48) spricht etwa von „den Barbaren, aus deren Gebieten die Sklaven zu den Griechen gebracht wurden“. Dies entspricht auch der Empfehlung von Platon (*Gesetze* 777d), Menschen von möglichst verschiedener Sprache als Sklaven zu halten, und den entsprechenden Hinweisen von Aristoteles, dass „Barbar und Sklave dasselbe“ seien (*Politik* 1, 1252b) und dass man zur Vermeidung von Unruhen stets Sklaven verschiedener Herkunft zusammen arbeiten lassen solle (*Politik* 7, 1330a). Als Topos begegnet das Bild des barbarischen Unfreien, der der griechischen Sprache nur ungenügend mächtig ist. Entsprechend lässt etwa Aristophanes in seinen *Thesmophoriazousen* (1001ff.) einen skythischen Sklaven in starkem Akzent reden, und Apollodoros wirft in einer Gerichtsrede dem freigelassenen Sklaven Phormion seine mangelhafte Aussprache des Griechischen vor (Pseudo-Demosthenes 45, 30). Freilich waren nicht alle Sklaven in Athen Ausländer, denn auch Griechen konnten zu Sklaven werden, sei es als Strafe oder durch Kriegsgefangenschaft.

Ein aussagekräftiges Zeugnis über die ethnische Zusammensetzung der Sklavenschaft eines Haushalts ist im Kontext eines großen Skandals im Jahr 415 v. Chr. entstanden, des schon erwähnten sog. Hermenfrevels. Es wurde damals mehr als 50 Leuten vorgeworfen, die eleusinischen Mysterien entweiht bzw. phallische Statuen, die Hermen, verstümmelt zu haben. Der Besitz dieser Leute wurde konfisziert und im Jahre 414 v. Chr. verkauft, und die Versteigerungslisten wurden veröffentlicht. Ein Fragment dieser Listen verzeichnet den Besitz des Metoiken Kephisodoros.

Quelle

Die Sklaven des Kephisodoros

Inschrift aus Athen, Meiggs-Lewis 79 A 33 ff.

Ansässige Fremde auf dem Besitz des Kephisodoros, die in Piräus leben:

165 Drachmen	Thrakerin	144 Drachmen	Skythe
135 Drachmen	Thrakerin	121 Drachmen	Illyrer
170 Drachmen	Thraker	153 Drachmen	Kolcher
240 Drachmen	Syrer	174 Drachmen	karischer Knabe
105 Drachmen	Karier	72 Drachmen	karisches Kleinkind
161 Drachmen	Illyrer	301 Drachmen	Syrer
220 Drachmen	Thrakerin	151 Drachmen	Melitte
115 Drachmen	Thraker	85 Drachmen	Lyderin

Stichwort

Münzsystem in Athen

Die Einheiten der griechischen Münzen beruhen auf Silberbasis und stehen meist in folgendem Verhältnis: 1 Talent = 60 Minen, 1 Mine = 50 Statere, 1 Stater = 2 Drachmen, 1 Drachme = 6 Obolen, 1 Obol = 8 Chalkoi (Bronzestücke). In der griechischen Welt gab es verschiedene Währungssysteme, die auf unterschiedlichen Gewichtsstandards beruhten. Der attisch-euböische Münzfuß war einer der verbreitetesten. Dabei hatte das Talent ein Gewicht von 26,19 kg, die Mine von 436 g und die Drachme von 4,37 g. Freilich sind diese Sollgewichte in der Praxis nicht immer genau eingehalten worden. Einige wenige Vergleichsdaten sollen helfen, die oben genannten Sklavenpreise einzuordnen: Geschworene erhielten zur Zeit des Peloponnesischen Krieges eine Aufwandsentschädigung von 3 Obolen, gleich hoch war auch der Sold der Matrosen in der Athener Flotte. Bauarbeiter, die am Erechtheion arbeiteten, erhielten 409 v. Chr. 5 Obolen täglich, Facharbeiter bis zu 12 Obolen. Kriegswaisen und Invaliden wurden um 400 v. Chr. auf Staatskosten mit einem Obol täglich unterstützt.

Von den 16 Unfreien des Kephisodoros stammten fünf aus Thrakien. Die Thraker bildeten damit das größte nationale Kontingent innerhalb dieser Sklavenschaft. Das entspricht anderen Quellen, denen zufolge Thrakien eines der Hauptrekrutierungsgebiete attischer Sklaven war. Thrakische Sklaven waren in Athen so häufig, dass die Bezeichnungen *Thrax* „Thraker“ und *Thratta* „Thrakerin“ zu Standardnamen von Unfreien geworden sind. Thraker waren auch besonders geschätzt; in einem Fragment des Komödiendichters Menander (*Der Schild* 241-245) heißt es, dass die Mühlen in Athen voll von Thrakern seien, da nur die Thraker und die Geten echte Männer seien. Ebenfalls aus dem Schwarzmeerraum stammten skythische Sklaven, die in Athen auch in großer Zahl anzutreffen waren, sowie Maioter, Sarmaten und Kolcher. Gleiches gilt für die Bewohner der kleinasiatischen Nordküste wie Bithynier oder Paphlagonier, aber auch für Personen aus anderen Teilen Kleinasiens wie

Lyder, Phryger, Myser oder Kappadokier sind als Unfreie gut belegt; besonders häufig begegnen in diesem Zusammenhang Karer. In gewissem Umfang finden sich auch Sklaven, die aus den Gebieten der Levanteküste stammen, etwa Syrer oder Phoiniker. Im Zuge der kriegerischen Auseinandersetzungen mit dem Achaimenidenreich gerieten auch Perser in die Sklaverei, so etwa nach der Schlacht am Eurymedon, als Kimon zahllose Perser versklavte (Plutarch, *Kimon* 13). Im Vergleich zum Balkanraum, dem Schwarzmeergebiet und Kleinasien haben alle anderen Herkunftsgebiete nur eine untergeordnete Rolle gespielt. Dies gilt neben dem westlichen Mittelmeerraum auch für Afrika; wenngleich es durchaus dunkelhäutige Sklaven im klassischen Griechenland gegeben hat, so sind diese zahlenmäßig unbedeutend geblieben.

Sklaven in der Arbeitswelt

Einen ersten Eindruck von der Vielfalt von Sklavenberufen vermittelt eine Reihe von Inschriften aus dem letzten Drittel des 4. Jh. v. Chr., die auf der Athener Akropolis gefunden wurden. Sie verzeichnen Silberschalen im Wert von jeweils 100 Drachmen, die nach einem (Schein-)Prozess um den rechtlichen Status eines freigelassenen Sklaven gestiftet werden mussten (siehe dazu unten Abschnitt III. 2. „Freilassung“).

Quelle

Stiftungen von Silberschalen durch Freigelassene
Inscriptiones Graecae II^2 1554; Übersetzung: J. Fischer

[...] Manes, Amphorenträger, wohnhaft in Kollytos, freigesprochen von Oiniades, Sohn des Oinokles, aus Hamaxanteia. Eine Opferschale im Wert von 100 Drachmen.
Philiste, Wollarbeiterin, wohnhaft in Melite, freigesprochen von Epicharides, Sohn des Lysippos, aus Pamptrai. Eine Silberschale im Wert von 100 Drachmen.
Aristomenes, wohnhaft in Melite, Lederhandwerker, freigesprochen von Thrasymedes, Sohn des Kedeides, aus Leukonoe. Eine Silberschale im Wert von 100 Drachmen.
Onesime, Sesamverkäuferin, freigesprochen von Philon, Sohn des Phili-, wohnhaft in Alopeke. Eine Opferschale im Wert von 100 Drachmen.
Pistokles, wohnhaft in Melite, Schuhmacher, freigesprochen von Kallipides, Sohn des Kallias, aus Aphidna. Eine Opferschale im Wert von 100 Drachmen.
Dionysos, wohnhaft in Skambonidai, Bauer, freigesprochen von Hagnonides, Sohn des Peisistratos, aus Kephisia. Eine Opferschale im Wert von 100 Drachmen.
Polytimos, wohnhaft in Kollytos, Lederarbeiter, freigesprochen von Kallias, Sohn des Kalliades, aus Paiania. Eine Opferschale im Wert von 100 Drachmen.
Lampris, wohnhaft in Skambonidai, Amme, freigesprochen von Aristophon, Sohn des Ariston, aus Aphidna. Eine Opferschale im Wert von 100 Drachmen. [...]

Sklaven finden sich in den fast allen Berufen, ihre Aufgabe war keineswegs nur die Erledigung der dreckigen und gefährlichen Jobs. Umgekehrt gibt es auch keine Berufe, die ausschließlich von Sklaven erledigt wurden, auch wenn sie in einigen Branchen den Großteil der Ausführenden stellten. Die Arbeitswelt von Sklaven im klassischen Athen war daher sehr vielfältig. Auf der einen Seite finden wir die zahllosen Sklaven, die unter widrigsten Bedingungen in den Bergwerken von Laureion tätig waren, am anderen Ende der Skala begegnen Sklaven, die es als Bankiers zu Wohlstand und Ansehen brachten. Diese Vielfalt ist typisch für die Sklaverei des klassischen Altertums und unterscheidet sie von der Unfreiheit in vielen anderen Epochen und Kulturen. In welchem Beruf die Sklaven tätig zu sein hatten, lag im Ermessen des Herrn.

Haushalt

Eine große Anzahl der Unfreien war in athenischen Haushalten zu finden. Sklavinnen wurden zum Waschen, Putzen, Weben, Spinnen, Wasserholen, Getreidemahlen, Teigkneten, Brotbacken oder zum Bedienen bei Mahlzeiten oder der Toilette ihrer Herrin eingesetzt. Männliche Sklaven dienten als Hausmeister, Pförtner, Kammerdiener oder Träger. Eine wichtige Rolle spielten auch Begleitsklaven. Zu deren Aufgaben gehörte es, ihre Herren auf deren täglichen Wegen zu begleiten und z.B. nachts eine Lampe zu tragen. Reiche Herren umgaben sich teilweise mit einem besonders großen Gefolge. Begleitsklaven hatten ihren Herren auch im Bad oder im Gymnasion zu Diensten zu sein. Von einer Teilnahme am Sportgeschehen waren die Sklaven freilich ausgeschlossen. Beim Symposion fungierten Sklaven häufig als Mundschenke. Dabei konnten zu ihren Aufgaben auch durchaus unerfreuliche Tätigkeiten zählen, wie etwa auf einer Oinochoe (Weinkanne) des Oinokles (Abb. 2) zu sehen ist. Ein weiteres Vasenbild auf einer Schale des Brygos-Malers zeigt, wie ein junger Diener seinen Herrn stützen muss, der sich – wohl nach zu ausgiebigem Weingenuss – in ein großes Gefäß übergibt. Auch auf größeren Reisen begleitete ein Unfreier sei-

Abb. 2 Das Bild dieser Oinochoe des Oinokles-Malers in Malibu (J. Paul Getty Museum), die um 470 v. Chr. entstanden ist, zeigt einen Sklavenjungen, der einen Korb auf dem Rücken und einen Stock über der Schulter trägt und seinem Herrn eine Kanne hinhält, in welche dieser uriniert.

nen Herrn und trug dessen Gepäck. Frauen von Stand ließen sich beim Ausgehen ebenso von Sklavinnen begleiten, die Gepäck oder diverse Utensilien trugen. Für Theophrast (*Charaktere* 22,10) war es ein Kennzeichen der Knausrigkeit, wenn der Mann seiner Ehefrau keine Begleitsklavin kaufte, sondern bloß eine Dienerin mietete. In Aristophanes' Stück *Die Frauen am Thesmophorienfest* (279–294) lässt sich sogar der als Frau verkleidete Mnesilochos ebenfalls von einer Sklavin, die ganz typisch Thratta heißt, begleiten.

Zu den Begleitsklaven gehören im Grunde auch die Pädagogen. Als *paidagogos* wurde nämlich kein Lehrer bezeichnet, sondern ein Unfreier, der das Kind überallhin begleitete, insbesondere auch zum Unterricht, und überwachte, dass es lernte. Vielfach handelte es sich dabei um ältere Sklaven, die zu nichts anderem mehr zu gebrauchen waren. In den Quellen werden sie oft als ungebildet und grob charakterisiert, sie schimpfen und gebrauchen den Rohrstock. In seinem Dialog *Lysis* setzt ihnen Platon ein Denkmal, indem er schildert, wie die Pädagogen ruppig den Unterricht ihrer Schützlinge bei Sokrates beenden.

Quelle

Die Pädagogen holen die Knaben Lysis und Menexenos vom Unterricht ab

Platon, *Lysis* 223; Übersetzung: F. Schleiermacher

Da kamen aber eben wie schlimme Geister die Knabenführer herbei, der des Menexenos sowohl als der des Lysis mit deren Brüdern an der Hand, und riefen sie ab, sie sollten nach Hause gehen, denn es war schon spät. Zuerst zwar wollten wir und die Umstehenden sie forttreiben, da sie sich aber nichts um uns kümmerten, sondern in ihrer halb barbarischen Sprache brummten und schalten, und doch immer wieder riefen, so glaubten wir, zumal sie an den Hermaien ein wenig mochten getrunken haben, dass nichts mit ihnen würde auszurichten sein, und lösten, gezwungen von ihnen, die Gesellschaft auf.

Teilweise konnten auch enge persönliche Beziehungen zwischen Herren und Herrinnen und den sie ständig umgebenden Dienern entstehen. Besonders gilt das für Ammen und ihre Zöglinge. In vielen wohlhabenden athenischen Familien stillten die Mütter nämlich nicht selbst, sondern bedienten sich dafür unfreier Ammen. Diese Ammen blieben oft auch später noch als Kindermädchen und Dienerinnen bei den Familien.

Landwirtschaft

Die Grundlage der Wirtschaft Athens bildete die Landwirtschaft. Mehr als die Hälfte aller Einwohner Attikas war in Ackerbau und Viehzucht tätig. Auch die unfreie Arbeit spielte in der attischen Landwirtschaft eine Rolle – wie wichtig diese Rolle war, ist in der Forschung jedoch umstritten. Es scheint so, dass Sklaven in der Landwirtschaft zwar durchaus häufig eingesetzt wurden, die unfreie Arbeit aber nicht dominierte. Die meiste Arbeit fiel in der Landwirtschaft zur Erntezeit an. Um diese zu bewältigen, stellten viele Bauern Saisonarbeiter an oder mieteten Sklaven. Es lohnte sich in der Regel aber nicht, so viele Arbeiter das ganze Jahr über durchzufüttern. Andererseits gab es auch viele Tätigkeiten, die das ganze Jahr über zu erledigen waren, insbesondere beim Wein- und Olivenanbau, die in Attika von großer Bedeutung für die Exportwirtschaft waren. Auf kleinen und mittelgroßen Höfen wurde das Gros der Arbeit von den Bauern und deren Familien selbst geleistet. Doch auch diese besaßen nicht selten einen oder sogar mehrere Sklaven. Auf größeren Höfen gab es eine größere Anzahl von Unfreien, die von Aufsehern und Vorarbeitern (*epitropoi*) beaufsichtigt wurden. Mit der Schwierigkeit, einen guten Vorarbeiter zu finden, beschäftigt sich Xenophon in seiner Schrift *Oikonomikos* (12-14; Fischer, Quellenreader Nr. 78).

Bergbau

Der größte Teil der athenischen Sklaven kam in den Bergwerken von Laureion zum Einsatz (Fischer, Quellenreader Nr. 76). Um die 30000 Unfreie waren hier wohl beschäftigt. Diese Sklaven hatten in Athen das härteste Los. In 10-Stunden-Schichten mussten die Arbeiter in hockender Stellung in den niedrigen Stollen schuften. Es ist davon auszugehen, dass hier auch Kinder eingesetzt wurden. Doch nicht nur in den Minen, auch in den Erzmühlen oder bei der Verhüttung des Silbererzes kamen vor allem Unfreie zum Einsatz. Zwar arbeiteten in diesem Bereich auch freie Athener, doch war dieser Wirtschaftszweig fast völlig in Sklavenhand.

Handwerk

Viele Unfreie arbeiteten als Handwerker in den unterschiedlichsten Werkstätten als Schmiede, Schuster, Bronzearbeiter oder Möbeltischler. Der Redner Lysias und sein Bruder Polemarchos erbten etwa von ihrem Vater eine Schildfabrik, in der 120 Sklaven tätig waren (Lysias, *Gegen Eratosthenes* 19). Unfreie finden sich ebenfalls als Gerber, Schneider oder Seiler. In einem Gespräch zwischen Sokrates und Aristarchos, das Xenophon in seinen *Erinnerungen an Sokrates* (2, 7). überliefert, werden ebenfalls die Sklaven einiger Handwerker, nämlich Bäcker und Kleidermacher, genannt

Baugewerbe

Über den Einsatz von unfreien Arbeitskräften im Baugewerbe besitzen wir besonders aussagekräftige inschriftliche Zeugnisse. Es handelt sich um die Abrechnungen der Bauarbeiten am Erechtheion, dem in den Jahren 420 bis 406 v. Chr. auf der Athener Akropolis errichteten Tempel. Unter den 44 dort verzeichneten Steinmetzen befanden sich 16 Sklaven. Interessant ist, dass die unfreien Arbeiten Seite an Seite mit freien Handwerkern tätig waren und dass sie für die gleichen Arbeiten auch den gleichen Lohn erhielten.

Quelle

Ausschnitt aus der Abrechnung für die Steinmetzarbeiten am Erechtheion auf der Athener Akropolis aus dem Jahr 408/7 v. Chr.

Inscriptiones Graecae I^3 476 Z. 192–218; Übersetzung: J. Fischer

Steinmetzarbeiten: Für das Kannellieren der Säulen in der östlichen Säulenhalle beim Altar: Die dritte Säule vom Altar der Dione: Ameiniades, wohnhaft in Koile: 18 Drachmen; Aischines: 18 Drachmen; Lysanias: 18 Drachmen, Somenes, Sklave des Ameiniades: 18 Drachmen; Timokrates: 18 Drachmen. Die nächste in der Reihe: Simias, wohnhaft in Alopeke: 13 Drachmen; Kerdon: 12 Drachmen 5 Obolen; Sindron, Sklave des Simias: 12 Drachmen 5 Obolen; Sokles, Sklave des Axiopeithes: 12 Drachmen, 5 Obolen; Sannion, Sklave des Simias: 12 Drachmen 5 Obolen; Epieikes, Sklave des Simias: 12 Drachmen 5 Obolen; Sosandros, Sklave des Simias: 12 Drachmen 5 Obolen. Die nächste in der Reihe: Onesimos, Sklave des Nikostratos: 16 Drachmen 4 Obolen; Eudoxos, wohnhaft in Alopeke: 16 Drachmen 4 Obolen; Kleon: 16 Drachmen 4 Obolen; Simon, wohnhaft in Agryle: 16 Drachmen 4 Obolen. Antidotos, Sklave des Glaukos: 16 Drachmen 4 Obolen; Eudikos: 16 Drachmen 4 Obolen. Die nächste in der Reihe: Theugenes aus Piräus: 15 Drachmen: Kephisogenes aus Piräus: 15 Drachmen; Teukros, wohnhaft in Kydathenaion: 15 Drachmen; Kephisodoros, wohnhaft in Skambonidai: 15 Drachmen; Nikostratos: 15 Drachmen; Theugeiton aus Piräus: 15 Drachmen. [...]

Dienstleistungen

Auch im tertiären Sektor fanden sich zahlreiche Unfreie. Sie waren im Handel als Krämer, Verkäufer, Lagerarbeiter oder Hilfskräfte genauso beschäftigt wie im Bankwesen. Im letztgenannten Sektor konnten sie sogar zu gewaltigem Reichtum kommen. Ein bekanntes Beispiel ist ein Sklave namens Pasion. Dieser zeichnete sich durch seine Arbeit in der Bank seines Herrn derart aus, dass er von diesem freigelassen wurde. Er war geschäftlich weiter erfolgreich und erwarb sich ein beträchtliches Vermögen. Aufgrund der Verdienste, die er sich in der Folgezeit um den Staat erwarb, wurde ihm sogar das Bürgerrecht verliehen - für einen ehemaligen Sklaven eine außergewöhnliche Ehre in Athen. Als er starb, hinterließ er eine Witwe und zwei Söhne, der ältere 24 Jahre alte, der jüngere zehn. Da er in die finanzielle Begabung seines Ältesten kein Vertrauen hatte, ordnete er per Testament an, dass sein Angestellter Phormion, ebenfalls ein freigelassener Sklave, die Geschäftsführung der Bank und anderer Betriebe übernehmen sollte. Außerdem ordnete er an, dass Phormion seine Witwe heiraten und die Vormundschaft seines jüngeren Sohnes übernehmen solle.

Hetären und Prostituierte

Deutlich weniger angesehen als die Sklaven im Bankwesen waren die unfreien Prostituierten und Hetären. Viele Hetären waren Sklavinnen, die von ihren Besitzern bereits als Mädchen gezwungen wurden, sich mit Männern einzulassen. Die Besitzer der Sklavinnen fungierten als deren Kuppler, die den Kontakt zu den Kunden vermittelten. Von solchen Kupplern abhängige Hetären wurden üblicherweise im Rahmen eines Pachtvertrages für längere Zeiträume vermietet. Mancher Mann kaufte dem Kuppler die Frau dann ab, damit sie mit ihm als Konkubine lebte. Neben Sklavinnen, die in Abhängigkeit von Kupplern lebten, gab es aber auch Hetären, die selbstständig für ihren Lebensunterhalt sorgten. Dies waren meist Freigelassene bzw. **Metoikinnen**. Eher eine Ausnahme waren freie Athenerinnen, die als Hetären tätig waren.

Stichwort

Metoiken

Fremde, die sich dauerhaft in Athen niederließen, mussten sich als sog. Metoiken registrieren lassen. Die Zahl der Metoiken ist unsicher. Im 5. Jh. dürften es um die 30000 gewesen sein. Mit der Registrierung mussten die Metoiken sich einen athenischen Bürger als Bürgen und Patron wählen. Metoiken waren persönlich frei, besaßen in Athen Wohnrecht und Rechtsschutz und konnten auch vor Gericht auftreten. Allerdings konnten sie keine rechtmäßige Ehe mit Bürgern eingehen und auch der Erwerb von Grund und Boden sowie von Immobilien war Metoiken nicht gestattet. Metoiken waren – im Gegensatz zu Bürgern, die keine Steuern zahlten – verpflichtet, eine Steuer zu zahlen, das sogenannte *Metoikion*. Zusätzlich mussten sich an den außerordentlichen Umlagen für die Kriegskosten beteiligen (sog. *Eisphora*), außerdem wurden sie für die sog. *Leiturgien* herangezogen. Das sind kostspielige Dienstleistungen, die reiche Bewohner der Stadt für die Allgemeinheit erbringen mussten.

Hetären sind nicht mit einfachen Prostituierten gleichzusetzen, sie unterhielten mit den Männern eher längerfristige Beziehungen. In der Praxis mochten die Unterschiede zwischen einer Hetäre und einer Prostituierten aber oft fließend gewesen sein. Die Quellen heben freilich immer wieder den Freundschaftscharakter dieser Beziehungen hervor, auf den auch die Bezeichnung *hetaira* („Gefährtin“) verweist. Zudem wird auch stets die literarische, musikalische und tänzerische Bildung dieser Frauen hervorgehoben, die damit an japanische Geishas erinnern. Der Umgang mit Hetären galt nicht als anstößig, auch wenn die Quellen öfters den schlechten Einfluss erwähnen, den diese Frauen auf die Männer ausübten, die sie bisweilen finanziell ruinierten. Tatsächlich war ein Verhältnis mit einer Hetäre eine kostspielige Angelegenheit, die sich nicht jeder Athener leisten konnte. Daher dienten Hetären als Statussymbole und Prestigeobjekte.

Neben dem Hetärenwesen gab es in Athen auch die ganz normale Prostitution, die am Hafen, in den Straßen und in Bordellen stattfand. Einem Fragment des Komödienautors Philemon (Fragment 3) zufolge soll bereits Solon staatliche Bordelle eingerichtet haben, die er mit Sklavinnen besetzte, um den jungen Männern ein Ventil für ihre Triebe zu bieten. Auch wenn in klassischer Zeit die Mehrzahl der Prostituierten wohl Sklavinnen waren, arbeiteten auch freie Frauen in diesem Gewerbe. In den Quellen wird oft der geringe finanzielle Aufwand für eine Dirne hervorgehoben. Der Besuch der Bordelle stand selbst Sklaven frei und galt auch nicht als anrüchig.

Ausführlich schildert den Werdegang einer Hetäre eine Prozessrede des Apollodoros gegen eine gewisse Neaira (Fischer, Quellenreader Nr. 87). Diese war schon als minderjährige Sklavin von ihrer Besitzerin als Prostituierte bzw. Hetäre vermietet worden, ehe sie von zwei Liebhabern gekauft wurde. Diese boten ihr schließlich an, sich freizukaufen, doch wurde sie von einem Athener na- Nearia mens Phrynion, der ihr dafür Geld zur Verfügung stellte, übers Ohr gehauen und weiterhin als dessen Sklavin und Hetäre gehalten. Neaira konnte jedoch fliehen und arbeitete fortan als selbstständige Prostituierte. Als Phrynion einige Jahre später seinen Besitzanspruch wieder geltend machte, musste sie ihm erneut sexuell zur Verfügung stehen. Da Neaira sich als legitime Gattin ihres Liebhabers Stephanos, eines athenischen Bürgers, ausgab und zudem ihre Tochter als vermeintliche Bürgerin mit einem Athener verheiratete, verstieß sie gegen die strengen attischen Ehegesetze und wurde vor Gericht gestellt. Im Falle einer Verurteilung hätte ihr erneut die Sklaverei gedroht. Der Ausgang des Prozesses ist unbekannt. Die Lebensgeschichte der Neaira zeigt, wie ausgeliefert und abhängig selbst jene Hetären waren, die viel begehrt und gut bezahlt wurden.

Öffentliche Sklaven

Nicht nur Privatpersonen besaßen Sklaven. Unfreie waren auch im Besitz der Heiligtümer, in denen sie verschiedene Dienste im Kultbetrieb, in der Verwaltung und im täglichen Betrieb der Heiligtümer verrichten mussten. Außerdem gehörten auch der Stadt Sklaven und taten ihren Dienst im Auftrag der verschiedenen Magistrate und Institutionen. Wir finden Unfreie in diesem Zusammenhang als Gehilfen des Rates, Gerichtsdiener, Schreiber, Gefängniswärter, Henker, Straßenarbeiter oder Beschäftigte in der Münzstätte. Ein besonders interessantes Beispiel für die Beschäftigung von Sklaven stellt jene Truppe von skythischen Staatssklaven dar, die im klassischen Athen Polizeiaufgaben wahrnahmen. Diese Truppe war zu einem nicht näher bekannten Zeitpunkt um die Mitte des 5. Jh. v. Chr. eingeführt worden und umfasste zunächst 300, später 1000 Mann, die anfangs auf der Agora kampierten, ehe sie auf den Areopag umgesiedelt wurden. Zu ihren Aufgaben gehörte es, vor Gericht und bei Volksversammlungen diejenigen, die sich unpassend verhielten, in Schranken zu halten. Zudem durften sie Unruhestifter festnehmen, fesseln und sogar schlagen.

Sklaven und Militär

Landstreitkräfte

Der Einsatz von Sklaven in den Landstreitkräften stellte im klassischen Griechenland grundsätzlich eine Notmaßnahme dar, zu der man nur in Zeiten außerordentlicher Bedrohung griff. Dies war etwa angesichts der persischen Bedrohung im frühen 5. Jh. v. Chr. der Fall, als die Athener in der Schlacht von Marathon (490 v. Chr.) erstmals unfreie Kombattanten eingesetzt haben sollen, die sie allerdings vor der Schlacht freiließen.

Quelle

Das Grab der gefallenen Sklaven bei Marathon

Pausanias. 1, 32, 3; Übersetzung: E. Meyer – F. Eckstein

Es gibt einen Demos Marathon, der gleich weit von der Stadt Athen entfernt ist wie von Karystos auf Euboia. Hier landeten die Barbaren, wurden in der Schlacht besiegt und verloren bei der Abfahrt auch einige Schiffe. In der Ebene befindet sich ein Grab der Athener, und darauf stehen Stelen mit den Narnen aller Gefallenen nach ihren Phylen, ferner ein anderes Grabmal der Plataier aus Boiotien und eines für die Sklaven; denn damals kämpften zuerst auch Sklaven mit.

Dieses Vorgehen stellte für die Folgezeit aber keinen Präzedenzfall dar, obwohl Xenophon in seiner Schrift *Über die Staatseinkünfte* (4, 42) die Rekrutierung von Sklaven für die Flotte genauso wie für die Landstreitkräfte empfahl. Erst nach der Schlacht von Chaironeia (338 v. Chr.) entschied man sich in Athen erneut für eine derartige Maßnahme, doch wurde dieser Plan aufgrund geänderter politischer Voraussetzungen schließlich nicht realisiert. Auch für andere Staaten des klassischen Griechenlands ist der Einsatz von Sklaven im Kriegsdienst zumindest fallweise belegt. Auch hier steht die Bewaffnung von Unfreien meist in Zusammenhang mit unmittelbaren und schweren Bedrohungen bzw. der Belagerung einzelner Städte, so etwa bei der Belagerung von Theben durch Alexander den Großen im Jahr 335 v. Chr., als man alle wehrfähigen Sklaven freiließ und bewaffnete (Diodor 17, 11, 2).

Flotte

Auch der Einsatz von Sklaven als Ruderer in den griechischen Flotten war in klassischer Zeit keine reguläre Praxis, sondern stellte vielmehr eine Notmaßnahme dar. In Athen griff man auf Unfreie zurück, wenn in Zeiten außergewöhnlichen Bedarfs, etwa während der Perserkriege oder des Peloponnesischen Kriegs, die Anzahl der Theten (arme Bürger, Tagelöhner) und Metöken nicht ausreichte, um die große athenische Flotte zu bemannen. Insbesondere im letzten Jahrzehnt des Peloponnesischen Krieges dienten Sklaven auf vielen Geschwadern. Ihr Einsatz ist etwa auf den in der Schlacht bei den Arginusen (406 v. Chr.) beteiligten Schiffen belegt (Xenophon, *Hellenika* 1, 6, 24). Auch die inschriftlich überlieferten Mannschaftslisten (*Inscriptiones Graecae* II/III^2 1951) auf der Akropolis verzeichnen zahlreiche Unfreie, die nach ihrem Einsatz - was bei Unfreien im Flottendienst durchaus eine Ausnahme darstellte - emanzipiert wurden. Auch im 4. Jh. v. Chr. kamen Sklaven in Notsituationen als Ruderer zum Einsatz, etwa 323-322 v. Chr. im Lamischen Krieg (*Inscriptiones Graecae* II/III^2 554). In den Flotten anderer griechischer Staaten wurden ebenfalls Sklaven als Ruderer herangezogen. Dabei muss grundsätzlich festgehalten werden, dass Unfreie in keinem Fall allzu kurzfristig in der Flotte eingesetzt werden konnten, da die Tätigkeit des Ruderers durchaus eine gewisse Übung und Erfahrung voraussetzte.

Militärische Hilfsdienste

Im Gegensatz zur nur gelegentlichen Verwendung als Kombattanten in den regulären Landstreitkräften und als Ruderer auf den Kriegsschiffen war es im klassischen Griechenland durchaus üblich, Sklaven im Tross einzusetzen. Zwar kamen hier auch Freie zum Einsatz, aber es waren im 5. und 4. Jh. v. Chr. überwiegend Unfreie, die als Reitknechte, Waffenburschen, Provianträger, Tierführer, Schanzarbeiter, Schreiber oder Ordonanzen herangezogen wurden.

Ihre Anzahl entsprach durchaus der Stärke des Hoplitenaufgebots. Außerdem hatten sie ihren Herren nicht nur im Gefecht, sondern auch im Lager in den verschiedensten Belangen zu Diensten zu sein, etwa als Mundschenke beim Mahl. Theophrast spottet in seinen *Charakteren* (25,4), dass der Feigling sich in seinem Zelt verstecken und seinen Sklaven in den Kampf schicken würde. Der Einsatz unfreier Trossknechte scheint sich - von vereinzelten Klagen abgesehen - auch durchaus bewährt zu haben, und manche dieser unfreien Waffenburschen wurden zu engen Vertrauten ihrer Herren.

Lebensverhältnisse und rechtliche Stellung

Rechte des Herrn

Für den Sklaven war sein Herr die höchste Instanz, die über alles bestimmt, wie ein Fragment des spätklassischen Komödiendichters Menander verdeutlicht: „Für mich ist der Herr Staat und Zuflucht und Gesetz und Richter über alles Recht und Unrecht. Für ihn muss ich leben." (Fragment 789 PCG) Auch in einer Passage des *Plutos* des Aristophanes wird dies deutlich, in dem sich der Sklave Karion über seinen Herrn Chremylos beklagt.

Quelle

Ein Sklave beklagt seine völlige Abhängigkeit vom Herrn

Aristophanes, Plutos („Der Reichtum"). 1–7, Übersetzung: B. Zimmermann

KARION: Zeus und ihr Götter all', welch traurig Los,
Bei einem halb verrückten Herrn zu dienen!
Was auch der kluge Sklave sagt, der Herr
Folgt seinem tollen Kopf, den Schaden aber
Trägt unfehlbar der treue Diener mit.
So will's das Schicksal! Meines Leibes Herr
Bin nicht ich selber, sondern, wer ihn kauft.

Der Sklave war Besitz des Herrn, dessen Macht über den Unfreien absolut und gesetzlich kaum eingegrenzt war. Dieses Besitzverhältnis war zeitlich nicht beschränkt und ging nach dem Tod des Herren auf seinen Erben über. Der Herr konnte seinen Sklaven verkaufen, verschenken, testamentarisch vermachen, vermieten oder verpfänden, um Darlehen abzusichern. Der Herr konnte den Sklaven aber auch zu Lebzeiten oder testamentarisch freilassen bzw. ihm gestatten, sich freizukaufen.

Umgang mit Sklaven

Wie ein Sklave im konkreten Fall behandelt wurde, hing von seinem jeweiligen Herrn ab. In klassischer Zeit hatte sich allerdings ein gewisser „guter Ton" im Umgang mit den eigenen Unfreien eingebürgert, der auf die Vermeidung von Willkür und übermäßiger Gewalt Wert legte - freilich vor allem wegen des Nutzens für die Herren. Das Einhalten dieses gesellschaftlichen Konsenses konnte allerdings nicht erzwungen werden - besonders neureiche Familien und soziale Aufsteiger scheinen sich diesbezüglich durch Härte ausgezeichnet zu haben. Wie Aischylos in seinem Drama *Agamemnon* (1042-45) anklingen lässt, waren diese „roh zu Sklaven jederzeit und ungerecht“.

In den Quellen wird wiederholt geraten, Mäßigung und Augenmaß im Umgang mit Sklaven zu bewahren. So empfiehlt etwa Platon in seinen *Gesetzen*, dass man Sklaven gegenüber kein Unrecht begehen oder sie übermütig behandeln solle. Natürlich müsse man Sklaven, wenn sie es verdienen, züchtigen und nicht nur mit Worten zurechtweisen. Und die Anrede an einen Sklaven solle jederzeit ein Befehl sein (*Gesetze* 777). Auch der Autor der (pseudo-)aristotelischen Schrift *Oikonomika* spricht sich für eine maßvolle Behandlung der Sklaven aus, die einerseits versorgt werden mussten, andererseits auch hinlänglich Arbeit erhalten und bei Verfehlungen hart bestraft werden mussten (*Oikonomika* 1,5 1344a; Fischer, Quellenreader Nr. 56).

Strafen

Die verbreitete Redewendung „schonungsloser bestrafen als Herren“ (Xenophon, *Kyrupädie (Erziehung des Kyros)* 4, 2, 47) zeugt davon, dass die Strafen durch die Herren oft hart waren. Die Angst vor Flucht oder Erhebung der Unfreien hat aber manche Auswüchse verhindert. Strafen, die nicht selten willkürlich verhängt wurden, konnten im Kürzen der Essensrationen bestehen, genauso aber auch in der Vergrößerung oder Erschwerung des Arbeitspensums (etwa die Verurteilung zur mühsamen Arbeit in der Mühle). Eine andere Form der Bestrafung war der gänzliche oder teilweise Entzug von Besitz, die Verweigerung sexueller Beziehungen oder einer Familie oder der Strafverkauf.

Körperliche Gewalt

Häufig waren Sklaven aber dennoch massiver körperlicher Gewalt ausgesetzt (Fischer, Quellenreader Nr. 54). Der Herr hatte das Recht, seinen Sklaven zu schlagen, zu züchtigen, zu fesseln, in Ketten zu legen und zu misshandeln. In den Komödien kommt das Verprügeln von Sklaven häufig vor. Prügelszenen, die zum komischen Repertoire gehören, waren freilich wohl gerade durch ihre Übertreibung witzig. Die lautliche Verwandtschaft des Wortes *pais*, das sowohl zur Bezeichnung von Sklaven als auch von Kindern verwendet wurde, mit dem Terminus *paiein* „schlagen“ führte in der antiken Literatur wiederholt zu Anspielungen und Scherzen, am bekanntesten bei Aristophanes, der den Chor in seinen *Wespen* (1197f.) sagen lässt, dass derjenige zu Recht *pais* genannt werde, der Schläge empfange, auch wenn er alt sei. Häufig wurden Sklaven wohl ausgepeitscht. Das Schlagen mit der Peitsche kann geradezu als ein Symbol der antiken Sklavenbehandlung betrachtet werden. Die von *mastix* „Peitsche“, geradezu einem Symbol der Sklaverei (vgl. Herodot 4,3,4), abgeleitete Bezeichnung *mastigias* war eine übliche Anrede für minderwertige Sklaven (vgl. z.B. Aristophanes, *Ritter* 1228).

Folter

Im Rahmen der Hausjustiz konnte der Herr den Sklaven foltern, damit diese die gewünschten Informationen gaben. So verlangte etwa in einer Gerichtsrede des Lysias ein gehörnter Ehemann von der Sklavin seiner Frau, dass sie ihm alles über deren Seitensprung verraten solle, ansonsten würden ihr schlimme Konsequenzen drohen.

Quelle

Ein Herr droht einer Sklavin

Lysias, *Verteidigungsrede im Mordfall Eratosthenes* 18; Übersetzung: I. Huber

„Du kannst nun zwischen zwei Dingen wählen“, sagte ich ihr, „entweder du wirst ausgepeitscht und kommst zur Arbeit in eine Mühle, wo du keine Möglichkeit hast, aus diesem schlimmen Zustand wieder herauszukommen; oder du sagst die ganze Wahrheit, dann wird dir nichts passieren und ich werde dir deine Vergehen verzeihen. Aber lüge ja nicht, sondern sag die ganze Wahrheit.“

Bei Gerichtsverfahren waren Aussagen von Sklaven ohnehin nur glaubwürdig, wenn die Unfreien der Folter, der allerdings der Prozessgegner zustimmen musste, unterzogen wurden. In den Gerichtsreden wird die Tortur der Sklaven häufig angeboten oder verlangt, wie oft sie aber tatsächlich durchgeführt wurde, bleibt fraglich.

Tötung

Ob der Herr das Recht auf die Tötung des eigenen Sklaven hatte oder ob nur die staatlichen Behörden einen Unfreien zum Tode verurteilen durften, ist umstritten. Selbst wenn ein diesbezügliches Verbot herrschte, sind die Täter aber wohl nur selten ihrer Strafe zugeführt worden. In jedem Fall blieb eine sakrale Befleckung des Herrn, von der dieser gereinigt werden musste. Weder die vorsätzliche noch die fahrlässige Tötung eines Unfreien kamen aus wirtschaftlichen Überlegungen wohl allzu häufig vor, da ein toter Sklave verlorenes Kapital darstellte. Einem Außenstehenden war eine Bestrafung oder Misshandlung eines fremden Sklaven nicht gestattet. Wer einem Sklaven eines anderen Leid antat, konnte wegen Sachbeschädigung belangt werden bzw. machte sich der Übertretung des Gesetzes gegen Überheblichkeit (*Hybris*) schuldig.

Staatliche Einmischung

Grundsätzlich mischte sich der Staat nicht ein, wie Herren ihre Sklaven behandelten. Nur in Krisenzeiten mag der Staat in die Herrenrechte eingegriffen haben. Eine Passage in den *Wolken* des Aristophanes (5 ff.) legt nahe, dass das Verprügeln von Unfreien während des Peloponnesischen Kriegs verboten wurde. In diesem Zusammenhang könnte auch die Klage jenes als „alter Oligarch“ bezeichneten Autors gesehen werden, der in einem Pamphlet beklagt, wie schlimm die Zustände in Athen seien: Man dürfe die Sklaven nicht mehr schlagen, die Unfreien würden auf der Straße nicht mehr ausweichen, sie hätten das Recht auf freie Meinungsäußerung und würden ihre Herren nicht mehr fürchten – ganz anders als in Sparta, wo die Welt diesbezüglich noch in Ordnung sei (Pseudo-Xenophon, *Verfassung der Athener* 1, 10–12; Fischer, Quellenreader Nr. 55). In Notfällen konnte der Staat auch Privatsklaven zu Kriegsdiensten heranziehen (s. o.), diese konnten dann auch auf Volksbeschluss freigelassen werden. Für andere besondere Leistungen oder als Anzeigenprämie wurden Unfreie ebenfalls von Staats wegen freigelassen.

Besitz

Dem Herrn gehörte alles, was der Sklave erwirtschaftete, doch konnte er ihm nach Gutdünken eigenen Besitz überlassen. Dies sollte vor allem als Mittel der Sklavendisziplinierung dienen, war für die Unfreien damit doch auch die Hoffnung verbunden, einmal die Freikaufsumme aufzubringen. Manche Sklaven durften relativ selbstständig wirtschaften und hatten ihrem Herrn lediglich eine Abgabe (*apophora*) zu entrichten. Vereinzelt konnten Sklaven es sogar zu einem gewissen Reichtum bringen, doch blieb ihre Lage stets prekär, da dieser Besitz jederzeit vom Herrn wieder entzogen werden konnte. Auch Verdächtigungen bezüglich der Rechtmäßigkeit ihres Besitzes standen Unfreie wehrlos gegenüber.

Haftung

Wenn einem Sklaven Unrecht zugefügt wurde, konnte dieser nicht vor Gericht gehen. Das konnte nur sein Herr. Umgekehrt wurde für Rechtsverletzungen, die ein Sklave beging, der Herr zur Rechenschaft gezogen. Für Schäden, welche ein Sklave verursachte, war sein Herr grundsätzlich haftbar, wobei der Herr im Falle seiner Mittäter- oder Komplizenschaft direkt angeklagt werden konnte, während ansonsten nur der Sklave vor Gericht gestellt wurde – das Urteil richtete sich freilich auch dann sowohl gegen den Unfreien als auch seinen Herrn. Auch für Schulden seines Sklaven musste der Herr geradestehen.

Sexuelle Beziehungen

Sklavinnen und Sklaven konnten auch in sexueller Hinsicht nicht über ihren eigenen Körper verfügen, sondern waren vielmehr den sexuellen Wünschen ihrer Herren ausgeliefert. Weibliche Unfreie dienten den Männern als Sexualobjekte, während sexuelle Beziehungen zwischen männlichen Sklaven und freien Frauen oder Knaben streng unterbunden wurden. Bei Beziehungen zwischen Sklavinnen und Herren (Fischer, Quellenreader Nr. 88) ist natürlich stets nach deren Freiwilligkeit zu fragen, berücksichtigt man die totale Abhängigkeit der Unfreien. Bisweilen wurden Sklavinnen sogar aus erotischen Motiven gekauft wurden. Eine andere Qualität erhielten solche Beziehung oft dann, wenn der Herr die Sklavin zu seiner Konkubine (*pallake*) machte. Besonders wenn eine Sklavin ihrem Herrn Kinder geboren hatte, wurde diese wohl oft gemeinsam mit den Kindern freigelassen. Gut bezeugt ist auch die Sitte, eine fremde Sklavin, mit der man ein Liebesverhältnis unterhielt oder unterhalten wollte, freizukaufen. Homosexuelle Beziehungen zu männlichen Sklaven waren zwar nicht gesetzlich verboten, galten aber als anstößig, da die Freiwilligkeit eine wesentliche Voraussetzung des Ideals der Knabenliebe (*paiderastia*) war. In dieser Hinsicht war es bezeichnend, dass in der schon erwähnten Rede des Hypereides *Gegen Athenogenes* der Mann, der sich in einen jungen Sklaven verliebt hatte, von vornherein dessen Freikauf bzw. Freilassung beabsichtigte. Wenn dagegen ein Sklave sich einen freien Jungen als Geliebten nahm, wurde dies sogar vom Staat mit 50 Schlägen bestraft.

Sklavenbeziehungen

In der Frage, ob Sklaven untereinander eine Beziehung eingehen konnten, entschied der Herr. Das Gesetz erkannte nämlich keine Ehen von Sklaven an. Die jeweiligen Eigentümer konnten aber ein zeitweiliges oder andauerndes Zusammenleben von Unfreien gestatten. Eine solche Verbindung war rechtlich nicht geschützt und durch den Herrn auch jederzeit wieder beendbar. Die

Kinder aus solchen Verbindungen waren ebenfalls unfrei und gehörten dem Herrn. In seinem *Oikonomikos* (9, 5; Fischer, Quellenreader Nr. 89) empfiehlt Xenophon die Einschränkung sexueller Beziehungen zwischen seinen Sklaven als Mittel der Disziplinierung der Unfreien. Auch in den pseudo-aristotelischen *Oikonomika* (1344b) wird empfohlen, dass man sich „der Sklaven durch die Erlaubnis zur Kinderzeugung versichern müsse". Die Kinder sollten in dieser Hinsicht quasi als Geiseln dienen, denn mit der Drohung, eine Beziehung zu beenden oder die aus dieser Beziehung stammenden Kinder zu verkaufen, hoffte man das Verhalten der Unfreien zu beeinflussen. Es spielte dabei wohl auch eine Rolle, dass die Flucht mit Frau und Kindern vermutlich schwieriger war und nur wenige unter Zurücklassung der nächsten Anverwandten geflohen sein werden. Es ist nicht festzustellen, wie oft Sklaven eine „Familie" zugestanden wurde. Bei Sklaven, die relativ selbstständig lebten und arbeiteten, mag dies öfters vorgekommen sein als bei Unfreien, die gemeinsam mit ihren Herren wohnten. Oft ist auch ein Missverhältnis zwischen männlichen und weiblichen Sklaven eines Haushaltes vorauszusetzen, hier wird es wahrscheinlich nur wenigen Unfreien möglich gewesen sein, eine Partnerschaft einzugehen. Das Zusammenleben von Sklavinnen und Sklaven verschiedener Besitzer ist für das klassische Athen nicht belegt und war wohl selten.

Sklavenkinder

Behandlung und Erziehung der Kinder aus Sklavenverbindungen waren aufgrund des unfreien Status der Eltern von der Herrenfamilie mitbestimmt. Schon allein die Frage, ob man ein Kind überhaupt aufzog, bedurfte der Zustimmung des Herrn, der das Recht über Leben und Tod eines neugeborenen Sklavenkindes besaß. Andererseits ist davon auszugehen, dass Sklavinnen oft abtrieben oder ihre neugeborenen Kinder töteten, um nicht neben der Sklaverei auch noch die Last der Kinderaufzucht tragen zu müssen, wie Dion von Prusa (*Über Knechtschaft und Freiheit* (15. Rede)8) für die römische Epoche berichtet. Sklavenfamilien waren auch ständig davon bedroht, auseinander gerissen zu werden. Andererseits gibt es durchaus Hinweise, dass das Familienleben der Unfreien berücksichtigt wurde, wenngleich es darauf keinen rechtlichen Anspruch gab. Dafür spricht etwa die auch inschriftlich oft dokumentierte gemeinsame Freilassung von Mann und Frau, Mutter und Kind bzw. von ganzen Familien. Gerade der „Prämiencharakter" von Sklavenverbindungen brachte es ja mit sich, dass man sich vor zu großer Willkür hüten sollte. Ein Beispiel für eine solche Sklavenfamilie, die gemeinsam freigelassen wurde, ist wohl in dieser Liste von Freilassungsschalen von der Athener Akropolis verzeichnet:

Quelle

Opferschalen für eine freigelassene Sklavenfamilie

IF II2 1558 Z. 66–76; Übersetzung: W. Schmitz

Menites, Sohn des Menon, aus dem Demos Kydathenaion, für Attas, Bohnenverkäufer, wohnhaft in Keiriadai: eine Opferschale im Wert von 100 Drachmen. Menites, Sohn des Menon, aus dem Demos Kydathenaion, für Malthake, Hausfrau, wohnhaft in Keiriadai: eine Opferschale im Wert von 100 Drachmen. Menites, Sohn des Menon, aus dem Demos Kydathenaion, für Plangon, ein kleines Kind, wohnhaft in Keiriadai: eine Opferschale im Wert von 100 Drachmen. Menites, Sohn des Menon, aus dem Demos Kydathenaion, für Moschos, ein kleines Kind, wohnhaft in Keiriadai: eine Opferschale im Wert von 100 Drachmen. Menites, Sohn des Menon, aus dem Demos Kydathenaion, für Aristonike, ein kleines Kind, wohnhaft in Keiriadai: eine Opferschale im Wert von 100 Drachmen.

Versorgung

Eine gesetzliche Regelung zur Versorgung der Sklaven hat es im klassischen Griechenland nie gegeben. Dennoch war es üblich, dass die Herren - auch in ihrem eigenen Interesse - ihre Unfreien mit dem Notwendigsten versorgten und deren Grundbedürfnisse erfüllten. Eine Unterkunft erhielten die Unfreien meist im Haus oder Hof des Herrn bzw. in oder in der Nähe ihrer Arbeitsstätten (z.B. in Werkstätten oder Prostituierte in den Bordellen). Sklaven, die nicht mit ihrem Herrn wohnten und ihre Arbeit selbstständig organisierten, konnten auch zur Miete wohnen. Staatssklaven waren vielfach in öffentlichen Gebäuden untergebracht, Tempelsklaven im Tempelbereich. Des Weiteren versorgten die Herren ihre Unfreien nicht nur mit Kleidung, sondern auch mit ausreichender Nahrung, wenngleich diese in der Regel rationiert war. Ein erkrankter Sklave wurde wohl nicht seinem Schicksal überlassen, sondern betreut und gepflegt, war dies nötig, auch von professionellen Ärzten. Starb ein Sklave, sorgte der Herr in vielen Fällen für die Bestattung, wenn dies nicht Familienangehörige taten.

Ausbildung

Wurden Sklaven nicht bereits als geschulte Arbeiter gekauft, ließ ihnen der Herr in vielen Fällen eine Ausbildung angedeihen, welche sie auf ihre vorgesehene Verwendung vorbereiten sollte. Dies galt besonders für jene Sklaven, die als Aufseher oder Verwalter tätig sein sollten, oder andere spezialisierte Tätigkeiten auszuführen hatten bzw. bestimmt handwerkliche Fähigkeiten benötigten. Eine über die beruflichen Anforderungen hinausgehende Ausbildung erhielten die Unfreien in der Regel nicht. Schulunterricht bekamen sie nur, wenn dies dem vorgesehenen Beruf diente. Sportunterricht, der für freie Kinder zum üblichen Ausbildungsprogramm zählte, erhielten Sklaven nicht. Das Trainieren im Gymnasion oder in der Palaistra war den Sklaven verboten.

Sklavenreligion

Teilnahme am Poliskult

Die Rolle von Unfreien im öffentlichen Kult ist schwer zu beurteilen. Es ist davon auszugehen, dass Sklaven bei den meisten Ritualen zumindest zugegen sein durften. Wenig ist freilich darüber bekannt, ob sie auch aktiv am Kultgeschehen beteiligt sein konnten. Für einige Heiligtümer bzw. Kulte sind dezidierte Verbote für Unfreie überliefert. So kolportiert etwa Plutarch, dass Sklaven nicht aktiv an den jährlichen Opfern zu Ehren der in der Schlacht von Plataiai (479 v. Chr.) gefallenen Krieger teilnehmen durften (Plutarch, Aristeides 21). Auch am Fest der *Thesmophoria*, das im Herbst zu Ehren der Göttin Demeter gefeiert wurde, durften in Athen Sklavinnen (und Frauen mit unzüchtigem Lebenswandel) nicht teilnehmen (Isaios, *Über das Erbe des Philoktemon* 6, 48 ff.). In den *Thesmophoriazusen* des Aristophanes (609, 728, 739, 754) sind beim Umzug aber durchaus Sklavinnen anwesend.

Sündenbockrituale

Mitunter konnten bzw. mussten Sklaven im Mittelpunkt der Rituale stehen, z. B. bei Sündenbockritualen. Plutarch (ca. 45–125 n. Chr.) überliefert etwa, dass in seiner boiotischen Heimatstadt Chaironeia ein Sklave aus der Stadt getrieben wurde, während die Menge skandierte: „Hinaus mit *boúlimos* („großer Hunger") herein mit Wohlstand und Gesundheit!" (Plutarch, *Tischreden* 6, 8 = *Moralia* 693e f).

Rituale im Oikos

Zudem standen Sklaven als Mitglieder des Haushalts (*Oikos*) im Mittelpunkt von bestimmten Ritualen. So war es etwa üblich, neu gekaufte Sklaven durch ein *katachýsmata* genanntes Ritual in den Haushalt einzuführen (das gleiche Ritual kam auch bei jungverheirateten Paaren zur Anwendung und sollte zur Begrüßung der Braut dienen). Dabei wurden Datteln, Feigen, Nüsse und auch Münzen über die neuen Haushaltsmitglieder gestreut. Dies sollte Glück und Segen bringen.

Teilnahme am Hauskult

Im Hausverband lag es offensichtlich im Ermessen des Hausherrn, welchen Grad der Beteiligung an den Kulten er den Unfreien zugestand. In der 8. Rede des Isaios ist etwa von einem gewissen Kiron die Rede, der sich weigerte, seine Sklaven (und andere Nicht-Familienmitglieder) dem Opfer an Zeus Ktesios beiwohnen zu lassen (Isaios, *Über das Erbe des Kiron* 16). Andere Fälle, die uns überliefert sind, bezeugen sehr wohl die Anwesenheit von Unfreien bei rituellen Handlungen und sogar deren Beteiligung, zumindest als Helfer. So ist etwa beim fatal endenden Opfer des Philoneos an Zeus seine unfreie Konkubine aktiv beteiligt, denn sie bereitete den Opfernden die Trankspende und vergiftete dabei unwissentlich ihren Herrn und Liebhaber (Antiphon, *Gegen die Stiefmutter* 17–20).

Feste für Sklaven

Das wichtigste Fest für Sklaven waren die *Kronia*, die Kronos, dem Vater des Zeus, gewidmet waren. In Athen wurden sie am 12. Hekatombaion gefeiert, also im August. Bei diesem Fest, das in Zusammenhang mit der Ernte stand, ging es laut und fröhlich zu, und die Unfreien durften nicht nur gemeinsam mit den Herren an einem Tisch sitzen, sondern wurden von diesen sogar bedient. Der so vollzogene Rollenwechsel, der eine wichtige Ventilfunktion hatte, ist auch für andere Feste außerhalb Athens belegt. In Troizen war es den Sklaven an einem Tag des Jahres erlaubt, mit den Bürgern zu würfeln und sie wurden von ihren Herren bedient. Dasselbe geschah auf Kreta bei einem Hermesfest. Auch bei den thessalischen Peloria, einem Zeusfest, durften sich Sklaven zum Mahl legen und wurden von ihren Herren bewirtet; außerdem wurde ihnen freie Rede zugestanden.

Mysterien

In die antiken Mysterien konnten alle eingeweiht werden - Männer und Frauen, Erwachsene und Kinder, Freie und Sklaven, Bürger und Fremde. Sie mussten nur Griechisch sprechen, und an ihren Händen durfte kein Blut kleben. Der bekannteste Mysterienkult in Griechenland waren die Mysterien von Eleusis. Über die rituellen Handlungen, die dort vollzogen wurden, ist fast nichts bekannt, da die Eingeweihten darüber strengstes Stillschweigen zu bewahren hatten. Die Einweihung von mehreren öffentlichen Sklaven, die anschließend im Heiligtum bestimmte Arbeiten zu erledigen hatten, ist epigraphisch belegt. Aber auch private Sklaven wurden in die Mysterien eingeweiht, wie einem Fragment (Fragment 1) aus den *Apodemoi* („Menschen, die sich in der Fremde aufhalten") des Komödiendichters Theophilos (4. Jh. v. Chr.) zu entnehmen ist. Apollodoros berichtet in seiner *Rede gegen Neaira* von der Einweihung der Hetäre Metaneira durch ihren Liebhaber Lysias.

Quelle

Der Redner Lysias lässt seine Hetäre in die Mysterien einweihen
Apollodoros, Gegen Neaira 21; Übersetzung: K. Brodersen

Lysias, der gelehrte Redner, der ein Liebhaber der Metaneira war, wollte neben vielem anderen Aufwand, den er um ihretwegen machte, sie auch noch in die Mysterien (von Eleusis) einweihen, weil er dachte, dass den übrigen für sie gemachten Aufwand ihre Besitzerin an sich nehme, dass er sich aber für den Aufwand, den er um des Festes und der Einweihung willen für sie selbst machte, von dieser Frauensperson selbst Dank versprechen könne. So bat er die Nikarete, zu den Mysterien zu kommen und die Metaneira mitzubringen, um sich einweihen zu lassen, und er versprach, die Einweihung selbst zu vollziehen.

Private Kultausübung

Die Götter, welche die Sklaven verehrten, waren an sich die gleichen wie die Götter, die von den Freien angerufen wurden. Es kann von keiner Gottheit als einem typischen „Sklavengott" gesprochen werden. Anrufungen verschiedener Götter sind nicht nur literarisch (z.B. Menander, *Das Schiedsgericht* (Epitrepontes 555f.) erwähnt, sondern auch epigraphisch belegt, etwa durch eine Weihung an Artemis aus Kamariza in Attika. Aufgrund des Namens des Dedikanten wird diese in der Regel einem Sklaven zugeschrieben, denn Manes ist ein typischer Name für Unfreie aus Phrygien.

Quelle

Weihung eines Sklaven an die Göttin Artemis
Inscriptiones Graecae II/III^2 4633; Übersetzung: J. Fischer

Manes hat (dies) in Erfüllung eines Gelübdes für Artemis aufgestellt.

Fremde Götter

Inwieweit Sklaven in Athen besonders Götter ihrer ursprünglichen Heimat verehrten bzw. welche Rolle sie bei der Einführung fremder Gottheiten in Griechenland spielten, ist ungewiss. Man wird aber davon ausgehen dürfen, dass etwa an den Feierlichkeiten für die thrakische Göttin Bendis, die in der 2. Hälfte des 5. Jh. v. Chr. offiziell in den athenischen Poliskult übernommen worden war, auch zahlreiche aus Thrakien stammende Sklaven teilnahmen. Ins 4. Jh. v. Chr. gehört ein Relief, das acht nackte Jünglinge zeigt, die von Bendis und zwei älteren Männern angeführt werden, von denen einer eine Fackel trägt, und dessen Inschrift (Supplementum Epigraphicum Graecum 39:210) folgendermaßen lautet: „Für Bendis hat (diese Stele) aufgestellt Daos, der im Fackellauf gewonnen hat." Auch wenn hier nicht direkt der Status des Daos genannt wird, so trägt er zumindest einen ganz üblichen Sklavennamen.

Orakel

Belege für die Konsultation von Orakeln durch Unfreie stammen aus dem Zeusheiligtum von Dodona in der Landschaft Epirus. Von Sklaven geschriebene Bleitäfelchen gewähren hier Einblick in deren Wünsche und Bedürfnisse, an deren erster Stelle die Frage nach der Freiheit stand, wie etwa in der Anfrage eines Sklaven namens Kittos (Eidinow 2007, 102 Nr. 6): „Wird Kittos von Dionysios die Freiheit bekommen, die Dionysios ihm versprochen hat?"

Fluchtafeln

Einen Einblick in die Vorstellungswelten antiker Menschen bieten auch die Fluchtafeln. Dabei handelt es sich in der Regel um dünne Bleiblättchen, auf die magische Beschwörungsformeln geschrieben sind, die andere Menschen beeinflussen sollten - sei es in Form eines Schadenzaubers, sei es in Form eines Liebeszaubers. Sklaven sind sowohl als Ausführende solcher Praktiken wie auch als Opfer von magischen Handlungen belegt, wie etwa eine Bleitafel aus dem Athen des 4. Jh. v.Chr. zeigt, auf der - neben anderen Personen - ein gebrandmarkter (weil früher schon entlaufener) Sklave verflucht wird.

Quelle

Verfluchung mehrerer Personen

Ziebarth, *Neue Verfluchungstafeln aus Attika, Boiotien und Euboia*, 1934, 1032, Nr. 5; Übersetzung: K. Brodersen

(Ich binde hinab) Kittos, den gebrandmarkten Sklaven, der ein Netzmacher ist, und seine Arbeit und seine Werkstatt; Euphrosyne, die Netzmacherin, und ihre Arbeit und ihre Werkstatt; Philomelos, den Sohn des Philomelos, aus Melite, und Phil[…] aus Melite und Eugeiton, den Sohn des Eugeiton, aus Acharnai.

Widerstand der Sklaven

Aufmüpfige Sklaven

Die Sklaven hatten nicht das Recht, sich gegen Entscheidungen ihres Herrn zur Wehr zu setzen. Freilich leisteten sie im Rahmen ihrer Möglichkeiten häufig Widerstand, indem sie etwa Befehle nicht ausführten, schlecht oder langsam arbeiteten, ihre Herren beschimpften und verfluchten, belogen, verrieten und mit Geheimnissen, die sie erfahren hatten, erpressten, betrogen und bestohlen. Die Figur des faulen, betrügerischen und widerspenstigen Sklaven gehört zum Standardrepertoire der Komödie, wie etwa die beiden Unfreien Aiakos und Xanthias in den *Fröschen* des Aristophanes.

Quelle

Gespräch zweier Sklaven über ihr aufsässiges Benehmen

Aristophanes, *Frösche* 738–757; Übersetzung: B. Zimmermann

AIAKOS: So wahr ich leb', ein wahrhaft edler Mann
Ist doch dein Herr –
XANTHIAS: Ein Edler? Das versteht sich:
Im Zechen und im Schwächen ist er ein Meister!
AIAKOS: – Dass er dich nicht gepeitscht, wie du ihm unter
die Nase logst, du, Sklave seist der Herr!
XANTHIAS: Das wär' ihm schlecht bekommen!
AIAKOS: Ehre machst
Du unserm Stand; ich treib' es ebenso!
XANTHIAS: Auch du?
AIAKOS: Mir ist's 'ne wahre Seligkeit,
So in den Bart auf meinen Herrn zu fluchen.
XANTHIAS: Und im Hinausgeh'n nach empfang'nen Prügeln
Nachbrummen? Gelt?
AIAKOS: Auch das ist süßer Trost!
XANTHIAS: Und naseweis –
AIAKOS: Das geht mir über alles!
XANTHIAS: O Sympathie! – Zu horchen, was die Herrschaft
Bespricht?
AIAKOS: Da bin ich außer mir vor Wonne!
XANTHIAS: Und auf der Gass' es auszuplaudern?
AIAKOS: Sieh,
Nichts ist köstlicher! Das schmeckt mir wie 'ne Dirne!
XANTHIAS: Komm, Bruderherz, gib mir die Hand, schlag ein
Und lass dich küssen, küsse mich und sprich,
Bei Zeus, dem Gott der Prügelbruderschaft –

Sklavenflucht

Eine Form des Widerstandes war die Flucht. Wir wissen nicht, wie häufig solche Sklavenfluchten vorkamen. Die Existenz einer Komödie mit dem Titel *Der Sklavenjäger* aus der Feder des Aristophanes scheint darauf hinzudeuten, dass sie nicht so selten waren, auch wenn sie in den Quellen nur gelegentlich erwähnt werden, vor allem im Zusammenhang mit kriegerischen Ereignissen. Thukydides (ca. 460-400 v. Chr.) berichtet etwa, dass während des Peloponnesischen Krieges mehr als 20000 Unfreie zu den Spartanern übergelaufen seien (Thukydides 7, 27). Eine weitere Massenflucht überliefern die Quellen für die Insel Chios. Dort floh eine große Anzahl von Unfreien in die Berge und konnte von den Chiern nicht wieder eingefangen oder besiegt werden. Unter ihrem Anführer Drimakos, der mit harter Hand über seine Gefolgsleute herrschte, errichteten sie angeblich eine Art von unabhängigem Sklavenstaat, wie der Geschichtsschreiber Nymphodoros (bei Athenaios, *Gelehrtenmahl* 6, 88-90) kolportiert.

Sklavenasyle

Für Sklaven, die von ihren Herren missbraucht und gepeinigt wurden, bestand vielerorts die Möglichkeit, in den Schutz von Heiligtümern zu fliehen.

Solche Sklavenasyle existierten in Athen etwa im Theseion sowie am Altar der Eumeniden. In einem Fragment des Aristophanes (Fragment 567) meint etwa eine Sklavin: „Für mich ist es das Beste, zum Theseion zu laufen und dort zu bleiben, bis es mir gelingt, verkauft zu werden.“ Im Asyl fand dann ein Prozess statt, in welchem über die Asylwürdigkeit der Schutzflehenden entschieden wurde. War diese gegeben, wurden die Unfreien aus der Gewalt ihres Herrn entlassen (aber nicht freigelassen), andernfalls an ihre Besitzer zurückgegeben. Ziel der Unfreien, die in dieses sakrale Asyl flüchteten, war es, an einen anderen Herrn verkauft zu werden. Die Flucht in das Theseion (und wohl auch in andere Asyle) war für die Unfreien straffrei.

Gewalttätiger Widerstand

Zu größeren Sklavenerhebungen ist es im klassischen Griechenland nicht gekommen, sieht man von den Aufständen der messenischen Heloten (s. Abschnitt III. 3. „Sparta“) ab. In einzelnen Haushalten kam es dagegen durchaus zu gewalttätigen Ausschreitungen von Unfreien. Dass die Sklavenbesitzer bisweilen in Angst vor ihren Unfreien leben mussten, verdeutlicht folgendes Gleichnis des Platon.

Quelle

Von Sklaven geht potentielle Gefahr für den Herrn aus

Platon, Staat 578e; Übersetzung: R. Rufener

Wie wäre es aber, wenn ein Gott einen einzelnen Mann, der fünfzig oder mehr Sklaven besitzt, aus der Stadt forttrüge und ihn samt seinem Weib, seinen Kindern, seiner übrigen Habe und seinen Sklaven in eine einsame Gegend versetzte, wo ihm kein Freier zu Hilfe kommen könnte? In welche großer Furcht, glaubst du, würde er um sich selbst, um seine Kinder und um sein Weib schweben, dass sie von seinen Sklaven umgebracht werden könnten?
„Ich glaube, sie müssten alles befürchten“, sagte er.

In den Quellen sind einige Attacken von Sklaven auf ihre Herren überliefert. Der Redner Antiphon erwähnt in seiner Rede Über den *Mord an Herodes* etwa den Fall eines zwölfjährigen Sklavenjungen, der seinen Herrn töten wollte. Hätte er bei seiner Tat nicht die Nerven verloren und wäre nicht geflohen, hätten, wie Antiphon ausführt, alle Sklaven, die sich im Haushalt befanden, ihr Leben verloren. Das lässt darauf schließen, dass es ein entsprechendes Gesetz bei Angriffen auf den Herrn gab, vergleichbar dem *Senatus consultum Silanianum* im römischen Recht (vgl. Abschnitt VI. 8.).

Freilassung

Gründe für eine Freilassung

Freilassungen kamen im klassischen Griechenland – anders als oft vermutet – gar nicht so selten vor. Gründe für eine Freilassung konnte es viele geben, seien es ökonomische Überlegungen, Dankbarkeit für die geleistete Arbeit oder Zuneigung zu dem jeweiligen Unfreien. Auf alle Fälle wurden Freilassungen auch als Mittel der Sklavenbeherrschung angewandt. Das Inaussichtstellen einer Freilassung sollte Sklaven zu besserer Arbeit und wohlgefälligem Verhalten motivieren. Dass Freilassungen keinesfalls immer als Wohltaten zu werten sind, zeigt allerdings das Beispiel alter und kranker Unfreier, die bis zur Erschöpfung ihrer Kräfte ausgenutzt und dann sich selbst überlassen werden konnten. Ein Rechtsanspruch auf eine Freilassung bestand nicht.

Private Freilassung

Die übliche Form der Freilassung im klassischen Athen war eine formlose, mündliche Erklärung des Herrn und Freilassers. Die Ausstellung einer Urkunde, welche die Freilassung dokumentierte, war weder obligatorisch noch üblich. Das brachte für den Freigelassenen (*apeleutheros*) die Gefahr mit sich, erneut in der Sklaverei zu landen, wenn seine Freiheit bezweifelt wurde. Auch wenn für Falschaussagen und falsche Anklagen, die den Status einer Person betrafen, hohe Strafen verhängt wurden, kam es immer wieder zu Fällen, dass Freie unrechtmäßig für Sklaven und Sklaven fälschlicherweise für Freie gehalten wurden. Daher wurde die Freilassung vor Zeugen vollzogen, welche im Zweifelsfall zugunsten des Freigelassenen aussagen konnten - vor der Familie, vor Freunden oder anlässlich öffentlicher Ereignisse oder Versammlungen und an öffentlichen Plätzen wie etwa im Theater (hier wurde es allerdings später verboten) oder in Heiligtümern. Die Autorität des jeweiligen Gottes sollte wohl zusätzliche Sicherheit für den neuen Status des Freigelassenen gewährleisten bzw. als Garant für die von diesem noch zu erbringenden Leistungen dienen. Üblich war es auch, Sklaven testamentarisch freizulassen (Fischer, Quellenreader Nr. 107). Dabei diente das Testament als Beleg und Sicherheit.

Freikauf

Vielfach wurden Sklaven nicht ohne Gegenleistung freigelassen, sondern sie mussten sich freikaufen. Die Höhe dieser Freikaufsumme war Verhandlungsache. Die Summe konnte entweder von Dritten, welche die Sklaven nach dem Freikauf dann freiließen, oder von den Sklaven selbst aufgebracht werden - teilweise erhielten sie dabei Unterstützung von Sklavenvereinen (*eranoi*). Es kam auch vor, dass die Herren ihren eigenen Sklaven ein Darlehen für den Freikauf gaben, welches sie dann abarbeiten mussten. Der Vorteil des Freikaufes war, dass der Kaufvertrag die Freilassung bestätigte. Gelegentlich kam es vor, dass Sklaven rekrutiert und zur Belohnung für ihre Dienste freigelassen wurden. Für andere besondere Leistungen oder als Anzeigenprämie wurden Unfreie ebenfalls von Staatsseite freigelassen.

Apostasieprozesse und sakrale Freilassung

In der 2. Hälfte des 4. Jh. v. Chr. wurde die Freilassung immer komplexer und formalisierter. Nun kam es zur Herausbildung der (oben bereits erwähnten) Apostasieprozesse, nach denen die Freigelassenen jeweils eine Silberschale im Wert von 100 Drachmen spenden mussten. Diese Prozesse scheinen aber nur eine kurze Zeit abgehalten worden zu sein. Immer häufiger kam es nun auch vor, dass Freilassungen in großen Heiligtümern vollzogen wurden, indem die Sklaven fiktiv den Göttern geweiht oder diesen verkauft wurden.

Status der Freigelassenen

Die freigelassenen Sklaven wurden nicht zu Bürgern, sondern sie erhielten einen Status, der mit jenem der Metoiken vergleichbar war, was etwa bedeutete, dass sie keinen Grundbesitz erwerben durften, eine spezielle Steuer entrichten und sich vor Gericht und bei Rechtsgeschäften durch einen Bürger als ihren Patron vertreten lassen mussten. Der Unterschied bestand darin, dass sie zwar nicht mehr der Besitz ihres ehemaligen Herren waren, trotzdem aber auf bestimmte Zeit weiterhin bei ihm bleiben und bestimmte Dienste leisten mussten (sog. *paramone*). Kamen die Freigelassenen diesen Verpflichtungen nicht nach, drohte ihnen die erneute Versklavung oder andere Strafen. Zusätzlich mussten die Freigelassenen ihren ehemaligen Herren als ihren gesetzlichen Vertreter (*prostates*) in Rechtsangelegenheiten registrieren lassen. Falls sie kinderlos starben, war ihr Freilasser ihr Erbe. Auch die Kinder der Freigelassenen behielten den Metoikenstatus und wurden nicht zu Bürgern. Der soziale und wirtschaftliche Aufstieg von Freigelassenenfamilien war daher in Athen - anders als in Rom - sehr schwierig.

Sklavereidiskurse

So verbreitet und alltäglich die Sklaverei im klassischen Griechenland auch war, sie scheint, obwohl es keinerlei ernsthaften Bestrebungen zu ihrer Abschaffung gab, durchaus Gegenstand von Diskussionen gewesen zu sein. Dies wird etwa in den platonischen *Gesetzen*, einem staatsutopischen Werk, deutlich (Fischer, Quellenreader Nr. 5).

Quelle

Über die Natur der Sklaven gibt es widersprüchliche Ansichten

Platon, *Gesetze* 776bf.; Übersetzung: F. Susemihl

Was ich nun schon im Vorbeigehen sagte, und worüber du mich mit Recht fragtest, was ich meine, ist dies: Wir wissen, dass niemand in Abrede stellen wird, man müsse möglichst treue und gute Sklaven besitzen. Denn schon mancher hat an vielen seiner Sklaven Leute von einer in allen Stücken bewährteren Tugend gefunden als Brüder und Söhne, und sie haben ihre Herren und deren Besitztümer und ganze Häuser gerettet. So etwa, wissen wir, pflegt man sich über die Sklaven zu äußern.

MEGILLOS: Gewiss.

ATHENER: Aber auch wiederum in ganz entgegengesetzter Weise, nämlich dass nichts Gesundes in einer Sklavenseele zu finden sei, und dass kein Verständiger jemals dieser Art in irgendeinem Stücke trauen werde. Und dies hat uns ja auch der weiseste der Dichter verkündet, indem er vom Zeus sagt:

„Halb schon nimmt die Tugend ja des Zeus allwaltende
Vorsicht jeglichem Manne den immer der Tag der Knechtschaft ereilet."

So sehr gehen die verschiedenen Leute in ihren Ansichten über die Sklaven auseinander, und so trauen denn die einen allem, was Sklave heißt, in nichts, sondern behandeln ihre Diener wie das Vieh mit Stachel und Peitsche, und wie man dadurch jenes immer wilder macht, so machen sie auf diese Weise auch die Seelen

ihres Gesindes nicht bloß dreifach, sondern zehnfach zu Sklavenseelen, die andern aber handeln dem gerade entgegengesetzt.
MEGILLOS: Freilich.

Platon vermeidet es, im Folgenden auf die von ihm erwähnte Debatte einzugehen, ob denn die Sklaven, von Grunde auf minderwertiger und weniger tugendhaft als die Freien seien. Er beschränkt sich auf die Hinweise, dass die Griechen nicht andere Griechen als Sklaven halten und ihre Unfreien gerecht behandeln sollen. Die Sklaverei wird von Platon nicht in Frage gestellt, die Unterteilung von Menschen in Freie und Unfreie ist für ihn normal und notwendig, er bemüht sich aber auch nicht, die Sklaverei besonders zu rechtfertigen. An anderer Stelle wird aber etwa deutlich, dass Platon die Sklaven im Vergleich mit den Freien für intellektuell minderwertig hält.

Diese Auffassung war schon vor Platons Lebzeiten umstritten. In einer Passage aus dem Stück *Ion* des Dramatikers Euripides heißt es etwa (854ff.): „Denn was dem Sklaven Schande bringt, ist einzig nur der Name: Sonst in allem ist ein Sklave ja nicht schlechter als die Freien, wenn er wacker ist.“ Euripides sieht also zwischen Freien und Unfreien keine grundlegenden qualitativen Unterschiede, sondern einzig die Standesbezeichnung unterscheide die beiden Gruppen. Ein weiteres, scheinbar deutliches Statement ist vom Redner Alkidamas überliefert. In einer Rede, welche dieser anlässlich der Befreiung der Messenier nach der Schlacht von Leuktra 371 v. Chr. hielt, sagte er: „Der Gott hat alle frei geschaffen, und keinen hat die Natur zum Sklaven bestimmt.“ Leider ist aus dieser Rede nur dieser eine Satz überliefert, und daher ist nicht zu klären, ob Alkidamas wirklich von allen Menschen oder vielleicht nur von den Griechen gesprochen hat.

Eine systematische Theorie der Sklaverei hat als erster griechischer Philosoph Aristoteles, ein Schüler Platons, entwickelt. Er ist der Ansicht, dass es zwei Arten von Menschen gebe: diejenigen, die von Natur zum Herrschen geboren sind, und diejenigen, die zum Sklaven geboren sind und beherrscht werden müssen. Dies ist auch zu ihrem Besten (Fischer, Quellenreader Nr. 6).

Quelle

Manche Menschen sind von Natur aus Sklaven

Aristoteles, *Politik* 1, 1254bff.; Übersetzung: F. F. Schwarz

Alle die freilich, die so weit voneinander entfernt sind wie die Seele vom Körper und der Mensch vom wilden Tier – in dieser Situation befinden sich alle, deren Arbeit im Umgang mit dem Körper besteht, und das ist denn auch die von ihnen am besten geleistete Arbeit –, alle diese sind von Natur aus Sklaven, für die es besser ist, unter dieser genannten Herrschaft zu stehen, so wie das bei den eben abgehandelten Beispielen der Fall war. Es ist nämlich von Natur aus der ein Sklave, der einem anderen gehören kann – deshalb gehört er ja auch einem anderen –, und der nur soweit Anteil an der Vernunft hat, als er sie wahrnimmt, ohne aber über sie zu verfügen. [...] Demnach hat nun auch die Natur den Willen, die Körper der

Freien und die der Sklaven unterschiedlich zu schaffen, die einen kräftig im Hinblick auf den Umgang mit dem Notwendigen, die anderen aber hochaufgerichtet und unbrauchbar für derartige Arbeitsleistungen, doch nützlich für ein staatsbürgerliches Leben; dieses jedoch teilt sich einerseits auf den kriegerischen und andererseits auf den friedlichen Nutzen auf. Es kommt aber auch des Öfteren das Gegenteil vor, dass nämlich die einen bloß über die Körper von Freien verfügen, die anderen aber lediglich über deren Seelen. [...]. Dass aber auch diejenigen, die gegenteilige Behauptungen aufstellen, in gewisser Hinsicht richtig sprechen, ist unschwer zu sehen. In zweifacher Weise spricht man nämlich vom Sklavensein und vom Sklaven. Denn es gibt auch dem Gesetz nach einen Sklaven und einen, der als Sklave dient. Das Gesetz bedeutet nämlich eine Übereinkunft, wonach das im Kriege siegreich Überwundene dem Sieger gehört. [...] Dass nun dieser Streit über eine gewisse Vernunftüberlegung zwar verfügt und nicht so gemeinhin die einen von Natur aus Sklaven sind und die anderen Freie, ist klar, aber auch, dass bei gewissen Menschen ein derartiger Unterschied bestimmt ist, bei denen es für den einen zuträglich ist und gerecht, ein Sklave zu sein, beim anderen aber, zu gebieten.

Der Sklave von Natur sei dadurch gekennzeichnet, dass ihm das Vermögen zu selbständiger Überlegung abgehe. Er ist minderwertig, kein vollwertiger Mensch – an anderer Stelle spricht der Philosoph im Bezug auf die Sklaven von einer „beseelten Sache“ bzw. einem „beseelten Werkzeug“. Nach Ansicht des Aristoteles unterscheiden sich die Sklaven von den Freien aber auch im Hinblick auf ihre physische Erscheinung. Sklaven seien von Natur aus kräftiger zum Verrichten schwerer Arbeiten. Dass diese Ansicht eine Umkehrung von Ursache und Wirkung darstellt, hat freilich bereits ein Schüler des Aristoteles, Herakleides Pontikos, gesehen, der schrieb: „Genießen und Wohlleben ist Sache der Freien, denn dies erhebt und steigert die Seelen. Hartes Arbeiten ist dagegen Sache der Sklaven und kleinen Leute, und daher verkümmern diese auch in ihrer Natur.“ Freilich kommt Aristoteles in die Zwickmühle, wenn er einräumt, dass aufgrund kriegerischer Ereignisse auch Menschen in die Unfreiheit geraten können, die eigentlich von edler Natur sind, und so muss er diese ausnehmen bzw. sucht seinen Ausweg darin, dass Griechen keine Sklaven von Natur sein können, sondern nur Barbaren.

3. Besondere Formen der Unfreiheit im archaischen und klassischen Griechenland

Die für Athen skizzierten Verhältnisse waren für viele Regionen Griechenlands typisch. Es gab allerdings auch Gegenden, in denen andere Formen von Unfreiheit anzutreffen waren. Einige dieser Regionen sollen im folgenden Abschnitt betrachtet werden. Dabei kann festgestellt werden, dass es zwischen diesen Regionen wichtige Parallelen gibt.

Sparta

Die im Staat der Spartaner übliche Form der Unfreiheit, die sog. Helotie, ist seit der Antike berühmt und berüchtigt und Gegenstand von Diskussionen. Dies macht bereits Platon in seinen *Gesetzen* deutlich.

Quelle

Platon äußert sich über verschiedene versklavte Bevölkerungsgruppen
Platon, *Gesetze* 776; Übersetzung: F. Susemihl

Es ist nämlich wohl über nichts unter allen Griechen so viel Zweifel und Streit wie über die Heloten der Lakedaimonier, indem die einen sie für das Gemeinwohl nützlich, die andern für verderblich halten. Geringeren Streit dürfte die Leibeigenschaft der Mariandyner bei den Herakleoten in Folge ihrer Unterjochung durch dieselben und die der Penesten bei den Thessalern erregen.

Die unfreiesten Sklaven?

Warum erregte die Helotie aber so viel Zweifel und Streit? Bereits der klassische Politiker und Philosoph Kritias soll gesagt haben, dass im Staat der Lakedaimonier gleichzeitig die unfreiesten und die freiesten Menschen anzutreffen seien (Fragment 37), und Plutarch stellt fest, „dass die Leute, welche sagen, in Lakedaimon sei der Freie im vollsten Sinne frei und der Knecht im vollsten Sinne Knecht gewesen, den Unterschied recht wohl erkannt haben“ (Plutarch, *Lykurg* 28; Fischer, Quellenreader Nr. 127).

Name

Woher die Bezeichnung „Heloten“ kam, war bereits in der Antike unklar. Viele antiken Quellen bringen den Terminus mit der Stadt Helos in Verbindung, die einst von den Lakedaimoniern unterworfen und deren Einwohner zu den ersten Sklaven der Spartaner gemacht wurden (vgl. Pausanias 3, 20, 6; Fischer, Quellenreader Nr. 128). Inzwischen geht man aber eher davon aus, dass der Begriff vom griechischen Verb *helein* „gefangen nehmen, in seine Gewalt bringen“ abgeleitet ist.

Quelle

Strabon beschreibt die Ursprünge und Charakteristika der Helotie
Strabon 8, 5, 4; Übersetzung: St. Radt

Obwohl alle Umwohner den Spartiaten untertan waren, hatten sie trotzdem die gleichen Privilegien besessen – sich hatten sowohl das Bürgerrecht als den Zugang zu Ämtern gehabt –, doch Agis, der Sohn des Eurysthenes, habe die Gleichberechtigung abgeschafft und Abgaben an Sparta auferlegt. Die Übrigen hatten gehorcht, die Heleer dagegen, die Einwohner von Helos – sie seien Heloten genannt worden –, hatten aufbegehrt, seien mit Gewalt in einem Krieg unterworfen und unter festgelegten Bedingungen zu Sklaven erklärt worden; es war ihrem Besitzer verboten, ihnen die Freiheit zu geben und sie außer Landes zu verkaufen; dies sei als der Krieg gegen die Heloten bezeichnet worden. Und man kann sagen, dass auch das spätere Helotenwesen, das sich bis zur Römerherrschaft gehalten hat, auf Agis als Urheber zurückgeht, denn in gewissem Sinne hatten die Spartaner in ihnen Staatssklaven, denen sie bestimmte Wohnsitze und spezielle Leistungen zuwiesen.

Entstehung

Die Anfänge der Helotie verlieren sich in den Wirren der sog. „Dunklen Jahrhunderte". Sie entstand wohl nach der Einwanderung dorischer Griechen in die Landschaft Lakonien in einem lang andauernden Prozess, durch den bestimmte Bevölkerungsgruppen auf einen unfreien Status herabgedrückt wurden. Diese ursprünglichen Heloten in Lakonien sind allerdings von den Heloten in Messenien zu unterscheiden. Denn die Messenier wurden von den Spartanern erst im Laufe des 7. Jh. v. Chr. erobert und ebenfalls helotisiert. Das Besondere an den Heloten im Gegensatz zu gewöhnlichen Sklaven, etwa in Athen, war, dass hier eine große Bevölkerungsgruppe kollektiv versklavt wurde, und dass es sich bei dieser Bevölkerungsgruppe um Griechen handelte, wie auch der Geschichtsschreiber Theopomp betont (*Fragmente der griechischen Historiker* 115 F 122).

Staatssklaven

Aufgrund dieses grundsätzlichen Unterschieds zur Sklavenpopulation in anderen griechischen Staaten haben sich bereits antike Autoren mit der Charakterisierung der Heloten schwergetan. Pausanias (ca. 115–180 n. Chr.) und Strabon (ca. 63 v. Chr.–23 n. Chr.) bezeichneten sie etwa als „Staatssklaven" (*douloi tou koinou* bzw. *demosioi douloi*). Auch in der modernen Forschung war entsprechend von „Kollektivsklaven" (Lotze) oder „Gemeinschaftssklaven" (Garlan) die Rede. Ein genauerer Blick auf die Quellen zeigt jedoch, dass die Heloten durchaus einzelnen Besitzern gehörten und somit eindeutig Privatsklaven darstellten. Allerdings waren die Herrenrechte in einigen wesentlichen Aspekten eingeschränkt. Ein interessanter Aspekt ist etwa, dass Spartiaten sich bei Bedarf die Heloten anderer Herren einfach ausborgen konnten. Dies entspricht der allgemeinen spartanischen Auffassung von der gemeinsamen Nutzung von Privatbesitz, wie sie auch in anderen Bereichen bekannt ist (vgl. Aristoteles, *Politik* 1263a). Auch konnten die Heloten eines Herrn von jedem anderen Spartiaten diszipliniert und geschlagen werden – ein Aspekt, den der oben erwähnte „alte Oligarch" in Athen vermisste.

Verkauf

Eine weitere Einschränkung betraf etwa den Verkauf der Heloten. Ob ein solcher überhaupt möglich war, ist in der Forschung durchaus umstritten. Während ein Teil der Forscher davon ausgeht, dass die Heloten fest mit einem bestimmten Stück Land verbunden waren, vermuten andere Gelehrte (wohl zu Recht), dass lediglich der Verkauf über die Grenzen des spartanischen Staates hinaus verboten war, wie in der obigen Quelle von Strabon, der seine Informationen vom klassischen Historiker Ephoros hat, ausgeführt wird.

Freilassung

Wie der Passage bei Strabon ebenfalls zu entnehmen ist, durften die jeweiligen Herren der Heloten diese auch nicht freilassen. Eine Freilassung konnte nur auf Beschluss der Gemeinschaft der Bürger geschehen. In der Regel wurde diese wohl als Belohnung für militärische Dienste der Heloten gewährt. Wie der hellenistische Historiker Myron von Priene (bei Athenaios, *Gelehrtenmahl* 2, 88) berichtet, kam dies auch durchaus des Öfteren vor.

Heloten im Heer

In der Ausnahmesituation des Peloponnesischen Krieges kam es wohl zum ersten Mal zur Bildung von Kampfverbänden aus Heloten und Neodamoden (d.h. freigelassenen Heloten). Im Jahr 424 v. Chr. wurde eine aus 1000 Söldnern und 700 Heloten gebildete Einheit unter dem Befehl des Brasidas nach Thrakien geschickt (Thukydides 4, 80, 5). Da sich dieser Kampfverband bewährte, wurden seine überlebenden Mitglieder freigelassen; später wurde die Truppe als Grenzschutz in Lepreon stationiert. Im Jahr 413 v. Chr. wurden 600 Heloten und Neodamoden unter der Führung des Ekkritos zur Unterstützung der Syrakusaner nach Sizilien geschickt (Thukydides 7, 19, 3; 7, 58, 3). Zwischen 420 und 370 v. Chr. kamen Neodamoden auf vielen, vorwiegend auswärtigen Kriegsschauplätzen zum Einsatz und wurden zu einem bewährten Instrument spartanischer Machtpolitik. Diese Praxis endete mit der spartanischen Niederlage in der Schlacht von Leuktra im Jahr 371 v. Chr. Als im folgenden Jahr Epameinondas nach Lakonien vorstieß, meldeten sich angeblich über 6000 Heloten freiwillig zum Waffendienst (Xenophon, *Hellenika* 6, 5, 28f.). Die hohe Zahl führte erneut zu Befürchtungen, die Unfreien könnten sich erheben, und tatsächlich sollen viele Heloten zum Feind übergelaufen sein (Plutarch, Agelsilaos 32, 7); zahlreiche Heloten haben sich aber im Kampf bewährt und wurden mit ihrer Freilassung belohnt (Diodor 15, 65, 6). Nicht unbedeutend erscheint beim Kampfeinsatz von Heloten, dass es sich bei den bewaffneten Unfreien stets um lakonische Heloten handelte, die ihr Schicksal im Gegensatz zu ihren messenischen Schicksalsgenossen offenbar widerstandsloser ertrugen. Darüber hinaus dienten in der spartanischen Flotte neben freien Perioiken auch Heloten (z.B. bei Xenophon, *Hellenika* 7, 1, 12). Zudem wurden Heloten im spartanischen Heer als Waffenburschen und Trossknechte zu militärischen Hilfsdiensten herangezogen (Thukydides 4, 8, 9; Xenophon, *Hellenika* 4, 5, 14). Für die Schlacht von Plataiai (479 v. Chr.) überliefert etwa Herodot (9, 29), dass jeder Spartiat von sieben Heloten begleitet worden sei.

Aufgabe der Heloten

Abgesehen von dieser militärischen Verwendung und der gelegentlichen Tätigkeit als Diener in den Haushalten der Spartiaten war es Hauptaufgabe der Heloten, durch landwirtschaftliche Arbeit die Existenzgrundlage ihrer Herren zu erwirtschaften. Die Heloten bewirtschafteten das Landlos ihres Herren und hatten einen bestimmten Anteil ihres Ernteertrages, wohl die Hälfte (vgl. Tyrtaios, Fragment 5; Fischer, Quellenreader Nr. 129) an diesen abzuliefern. Den Rest durften sie offensichtlich behalten; auch sonst konnten sie auf ihrem jeweiligen Grundstück mit ihren Familien anscheinend recht eigenständig leben.

Behandlung

Allerdings waren sie ständig der grausamsten Behandlung durch die Spartiaten ausgesetzt. Bereits der Historiker Theopomp hatte hervorgehoben, dass die Heloten unter ganz grausamen und harten Bedingungen zu leben hatten. Myron von Priene gibt in seinem Geschichtswerk einen Eindruck davon (Fragment 2 bei Athenaios, *Gelehrtenmahl* 14, 74). Er schildert, dass die Spartaner die Heloten zwangen, entehrende Kleidung aus Tierhäuten zu tragen, dass sie die Heloten jährlich auspeitschen ließen, auch wenn sich diese nichts zu Schulden hatten kommen lassen, und dass es den Beamten gestattet war, alle Heloten hinzurichten, deren Größe und Stärke für einen Sklaven unangemessen waren – und den Besitzer zu bestrafen, weil er es so weit hatte kommen lassen. Diese Schilderung passt zu einem Bericht im Geschichtswerk des Thukydides, der ein besonders erschütterndes Ereignis kolportiert.

Quelle

Die Spartaner töten Tausende Heloten

Thukydides 4, 80,1–4; Übersetzung: M. Weißenberger

Da nämlich die Athener die Peloponnes und nicht zuletzt Spartas eigenes Territorium hart bedrängten, hoffte man dort, den Feind am ehesten anderswohin ablenken zu können, wenn man ihm durch Entsendung eines Heeres zu seinen Verbündeten im Gegenzug Ärger mache, zumal diese bereit waren, für den Unterhalt aufzukommen und ein Eingreifen erbaten, um sich von Athen lossagen zu können. Auch fand man es in Sparta sehr wünschenswert, von den Heloten einige unter einem Vorwand aus dem Land zu schicken, um vor dem Hintergrund der gegenwärtigen Lage – Pylos in Feindeshand – zu befürchtenden Aufständen vorzubauen. Ja, aus Angst vor deren Draufgängertum und großen Zahl (überhaupt war in Sparta so ziemlich alles darauf ausgerichtet, die Heloten unter Kontrolle zu halten) hatte man sogar folgende Maßnahme ergriffen: Es wurde bekanntgegeben, dass von den Heloten diejenigen, die für sich beanspruchten, sich im Krieg für Sparta am besten bewährt zu haben, ausgesondert werden sollten, um mit der Freiheit belohnt zu werden; damit sollten die Heloten aber nur auf die Probe gestellt werden, die Spartaner meinten nämlich, wer jeweils für sich als Ersten die Freilassung beanspruche, werde wohl in seinem Selbstwertgefühl am ehesten auch eine Rebellion wagen. Nachdem also etwa zweitausend ausgewählt worden waren, setzten diese sich schon Kränze auf und zogen im Glauben, jetzt frei zu sein, um die Heiligtümer, die Spartaner aber ließen sie wenig später verschwinden, und niemand konnte sagen, wie jeder umgekommen war.

Eine berühmt-berüchtigte Maßnahme der Spartaner war die sog. *krypteia*, die etwa Plutarch schildert: Von Zeit zu Zeit wurden junge Spartiaten aufs Land geschickt, die sich untertags versteckt hielten und in der Nacht jeden Heloten töteten, auf den sie trafen. Oft seien die Spartiaten auch einfach so über die Felder gegangen und hätten willkürlich Heloten getötet – freilich muss man hier skeptisch sein, denn die ständige willkürliche Ermordung der besten Arbeitskräfte war natürlich ökonomischer Unsinn. Plutarch zitiert überdies ein verlorenes Werk des Aristoteles, in dem dieser schrieb, dass die Ephoren alljährlich den Heloten den Krieg erklärt hätten, damit ihre Ermordung nicht wider göttliches Recht verstoße. Die *krypteia* wurde bereits in der Antike unterschiedlich interpretiert, z.B. als militärisches Abhärtungstraining oder als Initiationsritus. Vor allem war sie aber wohl ein Mittel, unter den Heloten Angst und Schrecken zu verbreiten. Dieser Terror hatte das Ziel, den Heloten jede gesellschaftliche und rechtliche Integration zu verwehren. Sie waren, wie die jährliche Kriegserklärung zeigt, ein Feind, der im eigenen Land wohnte und der gegenüber den Spartiaten deutlich in der Überzahl war. Geographische Faktoren trugen zu einer Verschärfung der Situation bei: Sparta hatte das größte Territorium aller Poleis, und der spartanische Lebensstil erforderte die Anwesenheit der Spartiaten im städtischen Zentrum. Die Kontrolle der über das teils unwegsame Land verstreut lebenden Heloten war somit schwierig. Die Angst der Spartaner vor den Heloten wurde bereits in der Antike als Antriebskraft aller Maßnahmen der Spartaner gesehen.

Widerstand

Und diese Angst war durchaus berechtigt. Die Heloten hassten ihre Herren. Wie Xenophon berichtet, wollten sie diese „roh auffressen“ (Xenophon, *Hellenika* 3, 3, 6). Der von den Spartanern verbreitete Schrecken und die Furcht vor den berüchtigten Kriegern verhinderte allerdings größere Erhebungen – mit einer Ausnahme: Nach einem verheerenden Erdbeben im Jahr 465 v. Chr. kam es zu einem Aufstand der messenischen und lakonischen Heloten (vgl. dazu Thuk. 1,101–103).

Quelle

Nach einem Erdbeben wagten die Heloten einen großen Aufstand
Diodor 11, 63–64; Übersetzung: O. Veh

Während dieses Jahres traf die Lakedaimonier eine gewaltige und unvorhergesehene Heimsuchung: große Erdbeben in Sparta führten nämlich dazu, dass die Häuser von Grund auf einstürzten und mehr als zwanzigtausend Lakedaimonier den Tod fanden. Und da der Einsturz der Stadt und der Zusammenbruch der Häuser ununterbrochen über lange Zeit hin währten, wurden von den berstenden Mauern viele Personen erfasst und getötet, und richtete das Erdbeben unter den Haushaltsgeräten nicht geringen Schaden an. Und dieses Unheil kam über sie, wie wenn eine Gottheit ihnen grollte, doch andere Gefahren sollten ihnen auch von Menschenseiten drohen, und zwar aus folgenden Gründen: Die Heloten und Messenier hatten sich zuvor, obschon den Lakedaimoniern feindlich gesinnt, ruhig verhalten, da sie die Überlegenheit und Macht Spartas fürchteten. Als sie nun sahen, dass infolge des Erdbebens die Mehrzahl der Spartaner ums Leben gekommen war, begannen sie, die Übriggebliebenen, eine kleine Zahl, gering zu achten, setzten sich daher gegenseitig in Verbindung und schlossen sich zum gemeinsamen Krieg gegen die Lakedaimonier zusammen. Der Lakedaimonierkönig Archidamos indes versuchte dank seiner eigenen Voraussicht nicht nur während des Erdbebens die Bürger zu retten, sondern leistete auch im Laufe der kriegerischen Auseinandersetzungen den Angreifern tapferen Widerstand. Er riss, während die Stadt vom schrecklichen Wüten des Erdbebens erfasst war, als erster Spartaner seine gesamte Rüstung an sich und eilte damit aus der Stadt aufs Land, wobei er die übrigen Bürger aufforderte, seinem Beispiel zu folgen. Und die Spartaner hörten auf ihn, und so vermochten sich auf diese Weise die restlichen Bürger in Sicherheit zu bringen, die dann König Archidamos in einen Heeresverband ordnete und zum Krieg gegen die Abtrünnigen vorbereitete.

Die Messenier vereinigten sich mit den Heloten und rückten zunächst gegen Sparta in der Erwartung, sie könnten die Stadt infolge des Fehlens von Verteidigern einnehmen; als sie aber hören mussten, dass sich die restlichen Lakedaimonier unter der Führung ihres Königs Archidamos zusammengetan hätten und zum Kampf für ihr Vaterland entschlossen seien, gaben sie diesen Plan auf, besetzten einen festen Platz in Messenien und unternahmen von diesem Ausgangspunkt her Angriffe auf Lakonien. Die Spartaner wandten sich daraufhin um Hilfe an die Athener und erhielten von ihnen eine Streitmacht; ebenso sammelten sie auch bei ihren anderen Bundesgenossen Streitkräfte und wurden damit ihren Feinden gewachsen. Und zuerst fühlten sie sich ihren Gegnern weit überlegen, doch kam später der Verdacht auf, als wollten sich die Athener auf die Seite der Messenier schlagen, worauf die Spartaner die Bundesgenossenschaft mit ihnen aufkündigten und erklärten, sie hätten an den übrigen Verbündeten genug Hilfe gegenüber der drohenden Gefahr. Obwohl sich die Athener dadurch missachtet fühlten, zogen sie damals ab; doch späterhin gestaltete sich das Verhältnis zu den Lakedaimoniern unfreundlich und Athen ließ mehr und mehr die Flammen der Feindschaft auflodern. Dementsprechend betrachteten die Athener dieses Ereignis auch als den Anfang der Entfremdung, späterhin gerieten beide Staaten gar in Streit und bürdeten sich gewaltige Kriege auf, welche ganz Griechenland mit schweren Heimsuchungen erfüllten. Doch darüber wollen wir im einzelnen zu den gegebenen Zeitpunkten berichten. Damals nun zogen die Lakedaimonier mit ihren Bundesgenossen gegen Ithome und legten einen Belagerungsring um den Platz. Die Heloten aber sagten sich insgesamt von den Lakedaimoniern los und verbanden sich mit den Messeniern, und bald waren sie siegreich, bald wieder unterlegen. Zehn Jahre lang konnte keine Kriegsentscheidung erreicht werden, und so fügten sie die ganze Zeit übereinander bitteres Leid zu.

Nach zehn Jahren endete der Widerstand der aufständischen Messenier mit einem Waffenstillstandsvertrag, in welchem die Spartaner den Aufständischen den unbehelligten Abzug und das Verlassen der Peloponnes gestatteten. Die Athener siedelten sie anschließend in Naupaktos an. Für die Spartaner war dieser Aufstand ein Warnsignal. Es ist durchaus wahrscheinlich, dass die besonders harte Behandlung der Heloten und der Terror der *krypteia* erst nach diesem Ereignis ihre volle Ausprägung erfuhren.

Befreiung der Messenier

Das Ende der Helotie in Messenien kam im 4. Jh. v. Chr. Nachdem der boiotische Feldherr Epameinondas das Heer der Spartaner in der Schlacht von Leuktra 371 v. Chr. vernichtend besiegt hatte, zog er auf die Peloponnes und befreite Messenien. Er rief exilierte Messenier zurück in ihre Heimat und gründete die Stadt Messene als Hauptstadt des neuen, unabhängigen Staates. In Lakonien existierte die Helotie weiter bis in römische Zeit, verlor aber zunehmend ihre Bedeutung.

Thessalien

In den antiken Quellen werden die spartanischen Heloten oft mit den Penesten im nordgriechischen Thessalien verglichen. Ihr Name, der in der Antike auch von einem mythischen Stammvater namens Penestes abgeleitet wurde, ist etymologisch wahrscheinlich mit dem griechischen Begriff *penes* „arm“ zu verbinden. Archemachos, ein euboiischer Lokalhistoriker wohl des 3. Jh. v. Chr., kolportiert, dass sich diese Menschen einst freiwillig den Thessalern unterworfen und sich zu Arbeitsleistungen und Abgaben verpflichtet hätten, unter der Bedingung, dass man sie weder töten noch von ihrem Land vertreiben dürfe:

Quelle

Die Penesten haben sich einst freiwillig in Abhängigkeit begeben

Fragmente der griechischen Historiker 424 F 1 (bei Athenaios, *Gelehrtenmahl* 6, 86); Übersetzung: C. Friedrich

Archemachos schreibt im dritten Buch seiner *Geschichte Euboias*: Von den Boiotern, die Arne besiedelt hatten, lieferten sich diejenigen, die nicht nach Boiotien abgewandert waren, sondern lieber im Land bleiben wollten, den Thessalern freiwillig zu Sklavendiensten aus, unter der Bedingung, dass man sie weder aus dem Lande trieb noch tötete, dass sie aber ihrerseits für jene arbeiteten und Abgaben entrichteten. Diese blieben nun gemäß den Vereinbarungen dort und unterwarfen sich. Damals wurden sie *menestai* („Bleibende") genannt, jetzt heißen sie *penestai*. Viele sind wohlhabender als ihre Herren.

Unklare Entstehung

Freilich sind die antiken Überlieferungen vom Ursprung der Penestie problematisch. Wie genau dieses Institut entstanden ist, kann nicht mehr mit Sicherheit nachvollzogen werden. Es ist anzunehmen, dass ein länger andauernder Prozess zur kollektiven Abhängigkeit dieser Bevölkerungsgruppe geführt hat. Wann genau dies zeitlich anzusetzen ist, bleibt unklar. Eindeutig belegt ist die Penestie jedenfalls erst in klassischer Zeit. Auch das genaue Ende dieser Institution ist nicht bekannt; ab hellenistischer Zeit sind Penesten jedenfalls nicht mehr nachgewiesen. Wie die Heloten gehörten die Penesten einzelnen thessalischen Aristokraten. Diese waren offensichtlich dazu verpflichtet, ihre Penesten mit Nahrung zu versorgen (vgl. Theokrit, *Idyllen* 16, 34f.; Fischer, Quellenreader Nr. 132).

Penesten im Kriegsdienst

Dafür, dass die Penesten als reguläre Kombattanten im thessalischen Heer Kriegsdienst zu leisten hatten, wie von manchen Forschern vermutet wurde, gibt es dagegen keine überzeugenden Beweise. Auf alle Fälle kamen sie aber als Waffendiener und Trossknechte zum Einsatz. Der Tyrann Jason von Pherai soll allerdings im Jahr 373 v. Chr. geplant haben, eine große thessalische Flotte zu bauen und die Ruderbänke mit Penesten zu besetzen, doch kam es dazu nicht mehr. Durchaus kamen Penesten auch in Privatheeren thessalischer Aristokraten als Kämpfer zum Einsatz. So unterstützte etwa der Magnat Menon von Pharsalos im Jahr 476/75 v. Chr. eine athenische Expedition gegen die Polis Eion mit 300 eigenen Penesten. Aufstände

Ansonsten wissen wir wenig über die Situation dieser abhängigen Bevölkerung. Einer kurzen Nachricht des Aristoteles (*Politik* 1269a; Fischer, Quellenreader Nr. 133) ist allerdings zu entnehmen, dass diese mit ihrer Lage durchaus nicht zufrieden waren und wiederholt Aufstände gegen ihre Herren unternommen haben.

Mariandyner

Quelle

Strabon berichtet über das Volk der Mariandyner

Strabon 12, 3, 4; Übersetzung: St. Radt

Über die Mariandyner und die Kaukonen dagegen berichten nicht sämtliche Autoren in der gleichen Weise. Sie sagen nämlich zwar, Herakleia, eine Gründung der Milesier, liege im Gebiet der Mariandyner, aber was für Landsleute dies sind und woher sie stammen, das sagt keiner; und es zeigt sich auch weder in ihrer Sprache noch sonst irgendein ethnischer Unterschied bei ihnen, sondern sie sind den Bithynern ganz ähnlich. Es sieht also danach aus, dass auch dieser Stamm thrakisch gewesen ist. Theopompos sagt (FGrHist 115 F 388), Mariandynos, der die Herrschaft über einen Teil Paphlagoniens hatte, das von vielen beherrscht wurde, habe das Land der Bebryker in Besitz genommen und das Gebiet, aus dem er weggezogen war, mit seinem Namen benannt zurückgelassen. Auch wird berichtet, die Milesier hätten, als sie zuerst Herakleia gegründet hatten, die Mariandyner, die vorher im Besitz des Ortes gewesen waren, zum Knechtsdienst gezwungen – so dass sie sogar von ihnen verkauft wurden, aber nicht über die Grenze, denn das sei bei dem Abkommen bedungen worden –, ebenso wie bei den Kretern die Mnoia genannte Genossenschaft Knechtsdienste leistete und bei den Thessalern die Penesten.

Die Mariandyner waren eine antike Bevölkerung, die an der Südküste des Schwarzen Meeres zwischen den kleinasiatischen Landschaften Bithynien und Paphlagonien siedelte. Als um 560 v. Chr. die Megarer (und nicht die Milesier, wie Strabon kolportiert) die Stadt Herakleia Pontike im Gebiet der Mariandyner gründeten, unterwarfen sie offensichtlich die dort ansässigen Menschen und brachten diese in einen abhängigen Status, der dem der Heloten und Penesten vergleichbar war. Offenbar mussten die Mariandyner wie Sklaven für ihre neuen Herren das Land bearbeiten, durften aber, wie die Heloten, nicht außerhalb der Landesgrenzen verkauft werden. Wie die Thessaler bei den Penesten hatten die Herakleoten offenbar die Verpflichtung, die Mariandyner zu versorgen und zu beschützen, wie der Stoiker Poseidonios berichtet. Dieser überliefert auch ein weiteres, ganz bemerkenswertes Detail: Die Mariandyner hätten sich nämlich freiwillig und per Vertrag in diese Abhängigkeit begeben.

Quelle

Die Mariandyner begaben sich freiwillig in die Abhängigkeit

Fragmente der griechischen Historiker 87 F 8 (bei Athenaios 6, 48); Übersetzung: C. Friedrich

Poseidonios von der Stoa erzählt im elften Buch seiner „Geschichte“: „Ziemlich viele Menschen sind wegen ihrer schwachen geistigen Veranlagung nicht in der Lage, ihr Leben selbst in die Hand zu nehmen und überlassen sich daher dem Dienst bei denjenigen, die mehr Verstand haben, um mit deren Hilfe die Versorgung mit dem, was für sie notwendig ist, sicherzustellen. Sie selbst geben ihrerseits nun wieder jenen durch sich selbst das, womit sie ihnen zu Diensten sein können. Auf diese Weise ordneten sich die Mariandyner den Bewohnern von Herakleia unter und versprachen, ohne Unterlass für dies zu arbeiten, solange sie ihnen das Lebensnotwendige garantierten. Sie dehnten das noch auf die Forderung aus, dass keiner von ihnen außerhalb des Gebietes von Herakleia verkauft werde, sondern nur innerhalb ihres eigenen Landes." Vielleicht hat deswegen der Epiker Euphorion die Mariandyner „Gabenbringer" genannt: „Sie sollen Gabenbringer heißen, da sie insgeheim die Herren fürchteten." Ebenso berichtet Kallistratos, der Schüler des Aristophanes, dass man die Mariandyner „Gabenbringer" nannte. Damit nahm man dem Ausdruck „Sklave" den bitteren Beigeschmack, wie es die Spartaner mit den Heloten, die Thessaler mit den Penesten und die Kreter mit den Klaroten gemacht haben.

Kreta

Auch die unfreie Bevölkerung Kretas wurde bereits in der Antike häufig mit den spartanischen Heloten verglichen. So schrieb etwa Aristoteles in seiner *Politik* (1272a; Fischer, Quellenreader Nr. 130): „Die kretische Staatsordnung verhält sich analog zur lakedaimonischen. Bei jenen bestellten die Heloten das Land, bei den Kretern die Perioiken." Neben der Bezeichnung Perioiken („Umwohner") finden sich in der antiken Literatur aber noch zahlreiche weitere Termini zur Bezeichnung der unfreien Bevölkerung der Insel.

Quelle

Athenaios überliefert verschiedene Begriffe zu Bezeichnung von Sklaven auf Kreta

Athenaios, *Gelehrtenmahl* 6, 84; Übersetzung: C. Friedrich

Die Kreter aber nennen die Sklaven innerhalb einer Stadt *chrysonetoi* („für Gold gekauft") und die auf dem Land *amphamiotai*; diese sind einheimisch, allerdings im Krieg versklavt. *klarotai* („Ausgeloste") haben ihren Namen davon, dass über sie das Los geworfen wird. Ephoros berichtet im dritten Buch seiner „Geschichte": „Die Kreter nennen ihre Sklaven *klarotai*, weil man das Los (*kleros*) über sie geworfen hat. Diesen sind in Kydonia einige Feste bestimmt, zu denen keine freien Männer in die Stadt gehen, sondern die Sklaven alles beherrschen und berechtigt sind, die Freien auszupeitschen." Sosikrates schreibt im zweiten Buch seiner „Geschichte Kretas": „Die Kreter nennen die öffentliche Sklavenschaft *mnoia*, die private *aphamiotai*, die dienstbare Urbevölkerung *perioikoi*." Ähnliches berichtet auch Dosiades im vierten Buch seiner „Geschichte Kretas".

In der modernen Forschung hat sich vor allem der Begriff der Klaroten durchgesetzt. Ihr Name kommt vom *klaros*, dem Landlos, das zu einem nicht näher bekannten Zeitpunkt den jeweiligen Bürgerfamilien zugeteilt worden war. Sie sind wohl identisch mit jenen Menschen, die Aristoteles Perioiken nennt. Natürlich darf man nicht vergessen, dass Namen und Bezeichnungen Terminologie im Laufe der Zeit ihre Bedeutung ändern bzw. dass bestimmte Dinge mit der Zeit auch ihren Namen wechseln können. Außerdem muss in den zahlreichen kretischen Poleis auch mit einer regional unterschiedlichen Terminologie gerechnet werden. Denn literarische Quellen sprechen zwar meist von den „kretischen“ Sklaven, doch *de facto* existierten auf Kreta etwa fünfzig unabhängige Poleis, von denen jede ihre eigene Sklavenpopulation hatte, die mit eigenen Begriffen bezeichnet wurde und die selbstverständlich auch einer eigenen Gesetzgebung unterlag. Dies muss stets im Hinterkopf behalten werden, wenn wir etwa bei Aristoteles lesen, dass die Kreter den Sklaven dasselbe wie den Freien gestatteten, mit Ausnahme der Körperübungen im Gymnasium und des Besitzes von Waffen (*Politik* 1264a). Aus dem Vergleich bei Aristoteles kann geschlossen werden, dass die Klaroten wie die Heloten Abgaben leisten mussten. Über die Höhe dieses Tributes verraten die Quellen freilich nichts. Wie und wann der Stand der Klaroten entstand, ist unbekannt. Ähnlich wie in Thessalien ist hier mit länger andauernden Entwicklungen in archaischer Zeit zu rechnen.

Gesetzesinschrift aus Gortyn

Die wichtigste Informationsquelle für die Lebensbedingungen der unfreien Bevölkerung auf Kreta sind inschriftlich tradierte Gesetzestexte, allen voran die große Rechtsinschrift von Gortyn. Dieser Text, der in die erste Hälfte des 5. Jh. v. Chr. datiert, behandelt eine Vielfalt von Fragen des Vermögens-, Privat-, Familien- und Strafrechts. Dabei gelten die aufgezeichneten Rechtssätze zwar nur für die Stadt Gortyn, doch kann man von diesen auf die Verhältnisse in anderen Poleis schließen, wenngleich mit regionalen Unterschieden gerechnet werden muss.

dolos und woikos

Dabei bereiten die Gortyner Inschriften ein neues terminologisches Problem, denn sie verwenden zur Bezeichnung der unfreien Bevölkerung wiederum zwei andere Termini: *dolos* bzw. *dola* und *woikeus* bzw. *woikea*. Einige Forscher gehen davon aus, dass mit diesen Begriffen zwei Kategorien von Unfreien bezeichnet werden. Als *woikeus* bzw. *woikea* würden demzufolge die auf dem Lande lebenden Klaroten bezeichnen, während *dolos* bzw. *dola* einerseits ein Überbegriff für alle Unfreien wäre und andererseits den Kaufsklaven im Speziellen bezeichne. Diese Forscher gehen auch davon aus, dass die *woikeis* im Vergleich zu den *doloi* rechtlich bevorzugt gewesen wären. Andere Forscher nehmen dagegen (wohl zurecht) an, dass *dolos* bzw. *dola* und *woikeus* bzw. *woikea* in den Rechtstexten völlig synonym gebraucht wird.

Den Inschriften ist etwa zu entnehmen, dass der Besitzer eines Sklaven für Schäden, welche der Unfreie verursachte, haftete. Allerdings gab es offenbar eine sechzigtägige Schutzfrist, während welcher der Käufer eines Unfreien einen Sklaven, der straffällig geworden ist, seinem Vorbesitzer zurückverkaufen konnte (*Inscriptiones Creticae* IV 72 Kol. VII Z. 10 ff.). Tat er dies nicht, musste der Herr die Verantwortung für die Taten seines Unfreien übernehmen, auch wenn diese vor dem Kauf begangen worden waren. Eine Ausnahme gab es freilich: Wenn ein Sklave gerade verpfändet war und auf Anweisung seines zwischenzeitlichen Besitzers ein Vergehen beging, war der Herr nicht verantwortlich. Eine solche Verpfändung war durchaus üblich. Wenn jemand Schulden hatte, konnte er seinem Gläubiger einen Sklaven als Pfand überlassen, bis dieser die Schulden abgearbeitet hatte. In dieser Zeit durfte der zeitweilige Besitzer den Sklaven in seinem Besitz nicht veräußern, freilassen oder töten. Wenn ein verpfändeter Sklave verschwand, musste der Gläubiger überzeugend glaubhaft machen, dass er damit nichts zu tun hatte. Andererseits konnte der Besitzer seinen Gläubiger auch nicht ohne Beweise des Gegenteils bezichtigen, wenn er nicht eine hohe Strafe riskieren wollte.

Die Sklaven konnten in das heilige Asyl eines Tempels fliehen, und wenn sie dies taten, dann durften sie nicht innerhalb eines Jahres verkauft werden (*Inscriptiones Creticae* IV 41 Kol. IV Z. 6ff.). Floh ein Sklave in einen Tempel, musste jeder, wer davon Kenntnis hatte, den Herrn darüber informieren. War jemand in Besitz eines entflohenen Sklaven, musste er ihn seinem rechtmäßigen Herrn retournieren.

Quelle

Strafen bei Vergewaltigung und Ehebruch

Inscriptiones Creticae IV 72 Kol. II Z. 2–45; Übersetzung: R. Koerner

Wenn einer einen Freien oder eine Freie vergewaltigt, soll er 100 Statere erlegen; wenn aber (die Angehörigen) eines *apetairos*, 10 Statere; wenn aber der Sklave (*dolos*) den Freien oder die Freie, soll er das Doppelte erlegen; wenn aber ein Freier einen *woikeus* oder eine *woikea*, 5 Drachmen; wenn aber ein *woikeus* einen *woikeus* oder eine *woikea*, 5 Statere. Wenn einer eine zum Haushalt gehörige Sklavin (*dola*) mit Gewalt verführt, soll er 2 Statere entrichten; wenn einer eine schon Vergewaltigte (vergewaltigt), bei Tage 1 Obolen, wenn es aber in der Nacht geschieht, 2 Obolen, die Sklavin soll als erste unter Eid aussagen. Wenn einer versucht, eine Freie zu verführen, während ein Verwandter über sie Schutz ausübt, soll er 10 Statere entrichten, wenn ein Zeuge es bestätigt. Wenn einer ergriffen wird beim Ehebruch mit einer Freien im Hause ihres Vaters oder Bruders oder Mannes, soll er 100 Statere entrichten; wenn im Hause eines anderen, 50 Statere; wenn mit der Frau eines *apetairos*, 10 Statere. Wenn aber der Sklave (*dolos*) mit der Freien, soll er das Doppelte entrichten; wenn aber ein Sklave (*dolos*) mit der Frau eines Sklaven (*dolos*), 5 Statere. Es soll aber (der, der den Täter ergreift), in Gegenwart von drei Zeugen die Verwandten des Ergriffenen auffordern, ihn innerhalb von fünf Tagen auszulösen; aber den Herrn des Sklaven in Gegenwart von zwei Zeugen. Wenn der (Ehebrecher) aber nicht ausgelöst wird, soll es in der Macht der Ergreifenden sein, (mit ihm) zu verfahren, wie sie wollen. Wenn einer behauptet, dass er das Opfer eines Betrugs sei, dann soll der Ergreifende einen Eid ablegen, in dem in einer Angelegenheit von 50 Stateren oder mehr er selbst und vier andere ein jeder sich selbst feierlich verflucht, in der Sache eines *apetairos* er selbst und zwei andere, in der Sache eines *woikeus* der Herr und ein anderer, nämlich dass er ihn ergriffen habe beim Ehebruch, dass jener aber nicht Opfer eines Betruges sei.

Eine der gesetzlichen Regelungen legt Bußen für Vergewaltigung und Ehebruch fest, die sich nach dem Stand der geschädigten Person genauso wie nach dem des Täters richten. Es fand also eine Strafdifferenzierung nach dem Personenstatus statt. Dabei ergibt sich ein festes Verhältnis: War ein Sklave oder eine Sklavin das Opfer, betrug die Strafe nur ein Vierzigstel der Summe, die für das gleiche Delikt zu entrichten war, wenn das Opfer ein Freier oder eine Freie war. Umgekehrt musste ein Sklave als Täter das Doppelte der Strafe entrichten, die ein Freier für dasselbe Delikt erhielt. Aber auch Tatzeit (Tag oder Nacht) und Tatort (ob im Haus des Vaters, Bruders oder Mannes oder anderswo) wirken sich in bestimmten Fällen auf das Strafmaß aus. Mit den in diesem Text erwähnten Freien sind stets Vollbürger gemeint. Das macht nicht zuletzt die Erwähnung *apetairoi* deutlich. Bei diesen handelt es sich nämlich auch um Freie, die aber zu keiner Hetairie gehören und deshalb nicht über die Bürgerrechte verfügen, etwa die ortsansässigen Fremden. Der Text ist auch immer wieder als Hauptargument für eine Differenzierung zwischen *doloi* und *woikeis* herangezogen worden. Insbesondere der Umstand, dass auf die Vergewaltigung einer *dola* im Haus des Herrn anders bestraft wird als die Vergewaltigung einer *woikea*, wurde in diesem Zusammenhang betont, doch sehen wir in diesem Text, dass gerade der Tatort auch in anderen Fällen das Strafmaß beeinflusst.

Sklavenbeziehungen

Besonders interessant ist, dass die Gesetzestexte eine Ehe von Sklaven kennt (*Inscriptiones Creticae* IV 72 Kol. III Z. 40ff.), während in allen anderen antiken Gesellschaften Sklaven keine rechtlich anerkannte Ehe schließen konnten. Leider verraten die Texte wenig Details über die Ehen der *woikeis* und ihre Rechtsfolgen. Überliefert sind jedoch Regelungen zu nach- und unehelich geborene Kindern von Unfreien.

Quelle

Sklavenkinder gehören dem Herrn

Inscriptiones Creticae IV 72 Kol. III Z. 52ff.; Übersetzung: R. Koerner

Wenn eine geschiedene *woikea* ein Kind bekommt, soll man es zu dem Herrn des Mannes, der sie geheiratet hat, bringen in Gegenwart von zwei Zeugen. Wenn er es aber nicht annimmt, soll das Kind unter der Gewalt des Herrn der *woikea* sein. Wenn sie sich aber mit demselben (Mann) wieder verheiratet vor (Ende) des Jahres, soll das Kind unter der Gewalt des Herrn des *woikeus* sein. Zum Eid verpflichtet soll der sein, der das Kind gebracht hat, und die Zeugen. Eine geschiedene Frau, wenn sie aussetzt ein Kind, bevor sie es gebracht hat gemäß dem, was geschrieben ist, soll (im Fall) einer Freien 50 Statere, (im Fall) einer *dola* 25 Statere erlegen, wenn sie im Prozess besiegt worden ist. Wenn der Mann aber kein Haus besitzt, wohin sie (das Kind) bringen könnte, oder sie ihn nicht antrifft, soll sie straflos sein, wenn sie das Kind aussetzt. Wenn eine *woikea*, die nicht verheiratet ist, schwanger wird und gebiert, dann soll das Kind unter der Gewalt des Herrn ihres Vaters sein; wenn aber der Vater nicht mehr lebt, soll es unter der Gewalt der Herren der Brüder sein.

Klar ist, dass die Kinder von Unfreien immer einem der Herren eines Elternteils gehören. In der Regel ist das der Herr des Vaters, nimmt dieser das Kind nicht an, gehört es dem Herrn der Mutter. Heiraten die beiden Unfreien allerdings erneut, gehört das Kind automatisch wieder dem Herrn des Vaters (auch wenn er es vorher nicht angenommen hat). Die Möglichkeit, dass beide Partner demselben Herrn gehörten, wird hier gar nicht angedacht. Das muss auch nicht sein, denn in diesem Fall gibt es ja auch keine rechtlichen Fragen bezüglich des Besitzrechtes am Kind. Andererseits kann man den Regeln auch entnehmen, dass Verbindungen zwischen Unfreien verschiedener Herren offenbar nichts Ungewöhnliches waren. Hielt sich eine Frau nicht an die genannten Bestimmungen und setzte ihr Kind aus, ohne es den Herren zuzutragen, verletzte sie deren Rechte und musste dafür Entschädigung zahlen. Durch diese Bestimmung wird wahrscheinlich gemacht, dass auch eine *woikea* ihr eigenes Vermögen besitzen konnte, und auch, dass diese prozessfähig war, wobei natürlich offenbleiben muss, ob sie einer Vertretung durch ihren Herrn bedurfte.

Wie eine weitere Bestimmung (*Inscriptiones Creticae* IV 72 Kol. VI Z. 55 ff.) zeigt, richtete sich der Status der Kinder bei einer Partnerschaft zwischen einer Freien und einem Unfreien danach, wohin ein Ehepartner dem anderen zum Vollzug der Ehe folgte: Blieb der Sklave im Haus der Freien, war die Ehe also matrilokal, folgten die Kinder dem Stand der Mutter und waren frei; zog die freie Frau zum Sklaven, wurden die Kinder unfrei. Aufschlussreich ist, dass unfreie Kinder nicht erbberechtigt waren. Hinterließ eine Frau sowohl freie als auch unfreie Kinder (wohl aus zwei verschiedenen Ehen), dann waren nur die freien Kinder erbberechtigt. Hinterließ sie nur unfreie Kinder, so ging das Erbe an andere Verwandte. Interessant ist auch, dass der umgekehrte Fall, also die Verbindung zwischen einem freien Mann und einer Sklavin mit keinem Wort erwähnt wird. Eine derartige Verbindung wäre wohl nicht als rechtsgültige Ehe, sondern als ein Konkubinat betrachtet worden.

Zwischen frei und unfrei?

Der Lexikograph Iulius Pollux (2. Jh. n. Chr.) nennt in seinem Werk *Onomastikon* (3, 83) die eben behandelten Bevölkerungsgruppen der Heloten, Penesten, Mariandyner und Klaroten (und noch weitere Gruppen) als Beispiele für Menschen, die „zwischen Freien und Sklaven“ stehen, d. h., die weder völlig frei noch völlig unfrei waren. Ausgehend von dieser Charakterisierung wurden diese Personengruppen auch in der modernen Forschung als „halbfrei“ o. Ä. angesprochen. Ohne Zweifel unterschieden sich die Lebensbedingungen und der Rechtsstatus dieser Personen von den Sklaven, die etwa in Athen anzutreffen waren. Sie waren insofern eine Besonderheit, als es sich um größere, relativ homogene Bevölkerungsgruppen handelte, die kollektiv auf einen unfreien Status herabgedrückt wurden. Bei den Heloten, Penesten und Klaroten war außerdem bemerkenswert, dass es sich um Griechen handelte, die von anderen Griechen als unfreie Arbeitskräfte ausgebeutet wurden. Wie gezeigt wurde, entsprechen Vorstellungen, dass diese Personen kollektiv dem Staat gehörten, nicht den Tatsachen. Sie waren keine Staatssklaven, und sie waren auch nicht an die Scholle gebunden, sondern konnten durchaus innerhalb der jeweiligen Staatsgrenzen verkauft werden. Wichtig ist es festzuhalten, dass es eine „Halbfreiheit" im griechischen Denken nicht gab. Man war entweder frei oder unfrei. Und was diese Menschen betrifft, lassen die antiken Quellen keine Zweifel aufkommen: Sie werden in den Zeugnissen durchweg als Sklaven angesprochen und waren für ihre Zeitgenossen eindeutig unfrei. Ihre Lebensbedingungen gestalteten sich im Einzelfall durchaus unterschiedlich. Freilich hat es m. E. wenig Sinn, ihre jeweiligen Lebensumstände mit denen eines „normalen" Sklaven zu kontrastieren. Den „normalen" Sklaven gibt es nicht. Unter dem Oberbegriff „Unfreiheit" sind in der Antike vielmehr zahlreiche verschiedene Phänomene subsumiert. ■

Auf einen Blick

Im klassischen Athen machten Sklaven einen wesentlichen Teil der Bevölkerung aus. Der Großteil von ihnen waren Nichtgriechen, doch konnten auch Griechen ihre Freiheit verlieren. Sie waren der Besitz ihres Herrn, dessen Rechte fast uneingeschränkt waren und der alle Lebensbereiche der Unfreien kontrollierte. Die einzelnen Sklavenschicksale konnten sich höchst unterschiedlich gestalten – von den zahlreichen Bergwerkssklaven, die in den Silberminen von Laureion unter härtesten Bedingungen schufteten, bis zu einzelnen Sklaven von Händlern oder Bankiers, die es sogar zu Reichtum und Wohlstand bringen konnten. Das Bild der Sklaverei war aber nicht nur innerhalb von Athen sehr heterogen, es unterschied sich auch überregional. In Lakonien, Thessalien und auf Kreta waren große Teile der Landbevölkerung auf einen unfreien Status herabgedrückt worden. Insbesondere die Helotie in Sparta scheint sich durch große Grausamkeit ausgezeichnet haben, da die zahlenmäßig deutlich unterlegenen Spartaner durch Terror die große Zahl der von ihnen ausgebeuteten Heloten unter Kontrolle zu halten versuchten.

Literaturhinweise

Zum klassischen Athen:

Fisher N. R. E.: *Slavery in Classical Greece*. London ^{2}2001.

Garlan Y.: *Les esclaves en Grèce ancienne*. Paris 1982.

Klees H.: *Sklavenleben im klassischen Griechenland*. Stuttgart 1998.

Lauffer S.: *Die Bergwerkssklaven von Laureion*. Stuttgart ^{2}1979.

Zu den besonderen Formen der Unfreiheit:

Ducat J.: *Les Hilotes.* Athen 1990.

Ducat J., *Les Pénestes de Thessalie.* Besançon 1994.

Link S.: *„Dolos" und „woikeus" im Recht von Gortyn.* In: Dike 4 (2001) 87–112.

Welwei K.-W.: *Ursprung, Verbreitung und Formen der Unfreiheit abhängiger Landbewohner im antiken Griechenland.* In: E. Herrmann-Otto (Hrsg.): Unfreie und abhängige Landbevölkerung. Hildesheim 2008, 1–52.

IV. Hellenismus

Überblick

Die gesellschaftlichen Strukturen der hellenistischen Welt, die sich vom westlichen Mittelmeerraum bis nach Afghanistan und Indien erstreckte, waren außerordentlich vielfältig. Das gilt auch für die unterschiedlichen Formen der Unfreiheit. Neben gewöhnlichen Sklaven, deren Lebensbedingungen und Rechte in den einzelnen hellenistischen Reichen durchaus unterschiedlich sein konnten, begegnen Sonderformen der Unfreiheit wie etwa abhängige Landbevölkerungen, deren Status an den der Penesten im griechischen Mutterland erinnert, oder unfreie Tempeldiener, die in großen Heiligtümern Dienste zu leisten hatten. Aufgrund der oft verstreuten und heterogenen Quellen ist die hellenistische Sklaverei insgesamt nur ungenügend erforscht. Eine Ausnahme bildet das ptolemäische Ägypten: Dank der papyrologischen Zeugnisse können die Lebensumstände und Arbeitsbedingungen der dortigen Sklaven besonders gut studiert werden.

Zeittafel	
336–323 v. Chr.	Herrschaft Alexanders des Großen
321–281 v. Chr.	Auseinandersetzungen der Diadochen
168 v. Chr.	Schlacht von Pydna, Ende der makedonischen Monarchie
133 v. Chr.	Das pergamenische Reich wird den Römern vermacht.
63 v. Chr.	Das Seleukidenreich wird dem römischen Reich einverleibt.
30 v. Chr.	Das Ptolemäerreich wird Teil des Imperium Romanum.

1. Historischer Hintergrund

Mit der Eroberung des persischen Achaimenidenreiches durch Alexander den Großen von Makedonien erreichte die griechische Kultur weite Verbreitung. Nach dem Tod Alexanders versuchten dessen Generäle (die sog. Diadochen) die Vorherrschaft an sich zu reißen. Das Alexanderreich zerfiel in einer Reihe von Kriegen, und es bildeten sich drei hellenistische Großreiche heraus: das Reich der Antigoniden, das Makedonien und weite Teile Griechenlands umfasste, das Reich der Ptolemäer in Ägypten, der Kyrenaika und der Levante sowie das Reich der Seleukiden, das ursprünglich aus Kleinasien, Syrien, Mesopotamien und Persien bestand, beim Vorrücken der Parther unter der Dynastie der Arsakiden, der Entstehung des griechischbaktrischen Königreiches sowie der Loslösung kleinerer Königreiche in Kleinasien - Pergamon, Bithynien, Pontos - aber bald Auflösungserscheinungen zeigte. Ab 200 v. Chr. geriet die hellenistische Staatenwelt immer mehr in den Fokus und den Einflussbereich der Römer, die den östlichen Mittelmeerraum sukzessive ihrem Imperium einverleibten. Mit dem Reich der Ptolemäer fiel 30 v. Chr. das letzte hellenistische Königreich an die Römer.

Die hellenistische Kultur hatte umgekehrt die Römer und viele andere Völker schon viel früher erobert. Die griechische Sprache, die zur internationalen Verkehrssprache wurde, die griechische Bildung und die griechische Lebensart erlebten einen einzigartigen Siegeszug. Griechische Identität war dabei nicht länger eine Frage der ethnischen Herkunft, sondern vielmehr eine bewusste kulturelle Entscheidung. Machtpolitisch war der Hellenismus ein Zeitalter der großen Königreiche, gleichzeitig war er aber auch eine Periode des blühenden Polislebens. Durch das Mäzenatentum der hellenistischen Herrscher blühten Literatur, Kunst und Wissenschaften. Die Religiosität der hellenistischen Epoche war geprägt vom Aufschwung der aus dem Osten stammenden Mysterienreligionen, welche den Nährboden für das Christentum bereiteten.

2. Grundzüge der hellenistischen Sklaverei

Mit der Ausbreitung der Griechen im Nahen und Mittleren Osten bis nach Afghanistan verbreitete sich auch das griechische System der Sklaverei. Gleichzeitig bewahrten viele Regionen auch eigene, vorhellenistische Traditionen von Unfreiheit und Abhängigkeit (z. B. in Babylonien). Die Sklaverei im Hellenismus ist daher sehr facettenreich. Sie weist nicht nur regionale Unterschiede auf, sondern ist im Verlauf von 300 Jahren natürlich auch chronologischen Veränderungen und Entwicklungen unterworfen.

Quellen der Sklaven

Alexander der Große und seine unmittelbaren Nachfolger sollen sich bei der Massenversklavung der Einwohner eroberter Städte zurückgehalten haben (vgl. Polybios 8, 3), wenngleich solche Maßnahmen nicht völlig unterblieben, wie etwa bei der Zerstörung des aufständigen Theben (vgl. Polybios 5, 10; Plutarch, *Alexander* 11) oder bei der Einnahme von der phönikischen Stadt Tyros (vgl. Arrian, *Alexandergeschichte (Anabasis)* 2, 24, 5; Diod. 17, 46, 4). Im Falle der Thebaner spielte auch keine Rolle, dass es sich um Griechen handelte. Der Umstand, dass sich die Thebaner gegen die Makedonen erhoben hatten, führte zu dieser harten Behandlung.

Quelle

Alexander versklavt die Einwohner der Stadt Theben

Ailianos, Vermischte Forschung 13, 7; Übersetzung: K. Brodersen

Als Alexandros (d. Gr.) die Stadt Theben eingenommen hatte, verkaufte er alle Freien außer den Priestern. Er nahm auch die Gastfreunde seines Vaters vom Verkauf aus – Philippos (II.) war nämlich als Kind als Geisel bei ihnen gewesen – und ebenso deren Verwandte. Auch die Nachkommen des Pindar ehrte er und ließ dessen Haus als einziges stehen. Er ließ von den Thebanern an die 6000 töten und macht 30000 zu Kriegsgefangenen.

Im Laufe des 3. Jh. v. Chr. ist die Versklavung der Einwohner eroberter Städte dann wieder allgemein üblich geworden. Ebenso war es üblich, die in einer Schlacht gefangen genommenen Gegner als Sklaven abzuführen. Ptolemaios I. Soter führte z. B. im Jahr 312 v. Chr. nach seinem Sieg gegen Demetrios bei Gaza 8000 Gefangene nach Ägypten (Diodor 19, 85, 3). Daneben blieb auch die Piraterie als Quelle von Sklaven in hellenistischer Zeit bedeutend. Menschen wurden oft systematisch zu Lande und zu Wasser geraubt und in die Sklaverei verkauft, eine andere, schon in früheren Epochen praktizierte Variante war die Freilassung von geraubten Menschen gegen Lösegeld. Dies geschah etwa gegen 200 v. Chr., als eine große Anzahl von Einwohnern der Stadt Teos versklavt und gegen eine immense Summe wieder freigelassen wurde (Supplementum Epigraphicum Graecum XLIV 949). Wenn weder die eigene Familie noch seine Heimatstadt einem Gefangenen half, hing das Schicksal des Versklavten von Geldverleihern ab, in deren Abhängigkeit er nun geriet.

Menschenraub und die Erpressung von Lösegeld wurden nicht nur von Piraten praktiziert, auch Staaten wandten diese Vorgehensweisen an, wobei die Grenze zwischen Kriegszügen und staatlich organisiertem Menschenraub fließend war. So verlangten etwa die Epiroten 189 v. Chr. zunächst fünf Talente für jeden der vier von ihnen gefangenen aiolischen Gesandten, ehe in weiteren Verhandlungen die Summe auf drei Talente pro Kopf gedrückt wurde (Polybios. 21, 26). Zwischen einzelnen Städten bestanden teilweise Verträge, in denen sie versicherten, sich gegenseitig nicht zu plündern, darüber hinaus bestanden Beteuerungen einzelner Städte, dass sie die Bewohner der jeweiligen anderen Stadt nicht kaufen würden (vgl. *Inschriften von Milet* I 3 Nr. 140) Von der entsprechenden Seemacht wurde erwartet, die Piraten zu bekämpfen bzw. zu beseitigen. Zuweilen kam es zu Kooperationen zwischen den Seeräubern und der Schutzmacht, die sie eigentlich hätte bekämpfen sollen, manchmal fanden sich Piratenkontingente etwa in den Truppen hellenistischer Könige. Der Hegemon ließ sich seinen Schutz auch bezahlen, so musste z. B. 298 v. Chr. Delos – wohl an die Rhodier – mindestens 5000 Drachmen für den Schutz gegen tyrrhenische Piraten entrichten (*Inscriptiones Graecae* XI 2, 148, Z. 73), ebenso sind Zahlungen direkt an die Piraten belegt, damit diese ein bestimmtes Gebiet verschonten (vgl. Supplementum Epigraphicum Graecum XXIV 1095). Wurde der Kampf gegen die Seeräuber tatsächlich aufgenommen, brachte er vor allem der Schutzmacht Gewinne: Die Piraten und deren Opfer fielen in deren Hände.

Außerhalb Griechenlands war es mancherorts auch üblich, Kinder in die Sklaverei zu verkaufen. In Babylonien war es Brauch, bei Schulden Frauen und Kinder als Pfand zu geben, und bei Nichtbezahlen der Schulden wurden diese zu Sklaven. Auch in Ägypten war es üblich, Kinder zu verpfänden. Außerdem existierte hier - und in manchen anderen Regionen - noch die Schuldknechtschaft, die in Athen schon in archaischer Zeit abgeschafft worden war. Allgemein verbreitet war auch weiterhin der Brauch, ausgesetzte Kinder, die aufgefunden wurden, als Sklaven zu verkaufen. Von Bedeutung war überdies die natürliche Reproduktion der Sklaven: Sehr viele Sklaven waren auch in hellenistischer Zeit hausgeboren.

Sklavenmärkte

Der Sklavenhandel florierte in hellenistischer Zeit. Sklavenmärkte gab es in praktisch jedem Hafen, größere Umschlagplätze für Unfreie existierten etwa in Athen, Side, Ephesos, Alexandria, Rhodos, auf Kreta, in Tanais und Olbia in der Schwarzmeerregion oder in Rom im Westen. Die Insel Delos erfuhr nach der Zerstörung Korinths 146 v. Chr. aufgrund ihrer günstigen Lage zwischen Griechenland bzw. Italien und Asien einen besonderen Aufschwung und wurde zu einem der bedeutendsten Sklavenumschlagplätze. Die Blütezeit von Delos dauerte freilich nur gut 50 Jahre und endete 88 v. Chr., als die Insel von Truppen des pontischen Königs Mithradates VI. Eupator geplündert wurde, bzw. 69 v. Chr., als Delos von Piraten verwüstet wurde, welche die Bevölkerung in die Sklaverei wegführten.

Quelle

Delos war ein bedeutender Sklavenumschlagplatz

Strabon 14, 5, 2; Übersetzung: St. Radt

Und der Export von Sklaven lockte besonders zu Übeltaten, da er überaus gewinnbringend geworden war; sie waren ja leicht zu fangen, und gar nicht weit gab es einen großen und geldreichen Handelsplatz: Delos, das imstande war, an ein und demselben Tag Zehntausende von Sklaven zu empfangen und zu verschicken, so dass deswegen auch das Sprichwort aufkam: „Kaufmann, fahr ein, lad aus: alles ist verkauft". Die Ursache war, dass die Römer, die nach der Zerstörung von Karthago und Korinth reich geworden waren, viel Sklavenpersonal hielten; als die Räuber diese günstige Konstellation sahen, traten sie auf einmal hervor, wobei sie selber die Menschen nicht nur raubten, sondern auch verhandelten. Dazu wirkten auch die Könige von Zypern und die von Ägypten mit, die mit den Syrern verfeindet waren; und auch die Rhodier waren nicht mit ihnen befreundet, so dass sie in keiner Weise zu Hilfe kamen. Außerdem hatten die Räuber dadurch, dass sie sich als Sklavenhandler ausgaben, ihre üble Tätigkeit unangreifbar gemacht.

Man hat versucht, den Sklavenmarkt von Delos archäologisch genauer zu lokalisieren und hat dabei vor allem an die sog. *Agora der Italiker* gedacht. Dabei handelt es sich um einen großen, relativ schlicht ausgestatteten, von Mauern umgebenen Innenhof, der gut gesichert und relativ nahe am Hafen gelegen war. Dies hat zur Vermutung Anlass gegeben, dass hier Sklaven kaserniert und verkauft wurden. Eindeutige Beweise für diese Hypothese fehlen jedoch, und eine Reihe von Forschern hat sich gegen diese Annahme ausgesprochen und andere Funktionen dieses Baukomplexes vorgeschlagen.

Sklavenpreise

Die Preise, die für Sklaven bezahlt wurden, waren nicht nur regional sehr unterschiedlich, sie waren zudem von den verschiedensten Faktoren – wie Herkunft, Alter, Aussehen, körperlicher Verfassung, Fähigkeiten und Ausbildung – bestimmt. In der Regel waren im Haus geborene Sklaven teurer als Sklaven, die erst später ihre Freiheit verloren hatten. Zudem waren Sklavenpreise einem zeitlichen Wandel unterworfen. Das zeigen etwa die Angaben auf delphischen Freilassungsurkunden, wobei natürlich zu beachten ist, dass dies keine Preisangaben aus dem freien Handel sind. So betrug in der 1. Hälfte des 2. Jh. v. Chr. der durchschnittliche Wert eines männlichen Sklaven 400 Drachmen, einer Sklavin 376 Drachmen, eines Sklavenjungen 235 Drachmen und eines Sklavenmädchens 160 Drachmen. In der 2. Hälfte des 2. Jh. v. Chr. betrug der durchschnittliche Wert eines männlichen Sklaven 510 Drachmen, einer Sklavin 428 Drachmen, eines Sklavenjungen 276 Drachmen und eines Sklavenmädchens 244 Drachmen. In der 1. Hälfte des 1. Jh. v. Chr. schließlich war ein männlicher Sklave durchschnittlich 566 Drachmen wert, eine Sklavin 470 Drachmen, ein Sklavenjunge 319 Drachmen und ein Sklavenmädchen 287 Drachmen. In den literarischen Quellen finden sich nur wenige Preisangaben. Zahlreiche Preisangaben bieten die Papyri aus dem ptolemäischen Ägypten: Im sog. Zenon-Archiv (s. u.) sind für das 3. Jh. v. Chr. Sklavenpreise bis zu 300 Drachmen genannt, es werden aber auch teils sehr niedrige Preise genannt, wie etwa 20 Drachmen für eine Sklavin. Dabei ist zu berücksichtigen, dass zu dieser Zeit ein durchschnittlicher Tageslohn von einem halben Obol bis 2 Obolen üblich war. Im 2. Jh v. Chr. sind die Preise in den Dokumenten nicht mehr in der Silberwährung, sondern in Kupfer bzw. Bronze angegeben. Hier findet sich etwa in einem Ehevertrag des Jahres 173 v. Chr. die Wertangabe einer Sklavin von fünf Kupfertalenten (*Giessener Papyri (Papri Gissensis)* 2 = Scholl Nr. 55), und im Jahr 132 v. Chr. wird in einem weiteren Dokument der Preis einer Sklavin mit ihrer Tochter in Höhe von 8 Bronzetalenten angegeben (Papyri des jüdischen Politeuma von Herakleopolis 9). Diese enorme Summe von 48 000 Drachmen ist wiederum mit den damals durchschnittlichen Tageslöhnen von 40 bis 80 Drachmen zu korrelieren. Daraus ergibt sich deutlich, dass der Kauf von Sklaven im ptolemäischen Ägypten nur der Elite vorbehalten war.

Behandlung

Die Rechte waren in der Regel genauso wenig eingeschränkt wie in der klassischen Epoche. Sklaven waren das Eigentum ihrer Herren. Sie konnten nach Belieben gekauft und verkauft, verpfändet, vererbt, verschenkt, aber auch freigelassen werden. Sie waren der Gewalt ihrer Herren ausgesetzt und konnten von diesen nach Gutdünken zu Arbeiten eingesetzt, belohnt oder bestraft, respektvoll oder mit roher Gewalt behandelt werden. Die Herren hatten in der Regel wohl nicht das Recht über Leben und Tod der Sklaven. Im Strafrecht wurden sie anders behandelt als Freie, wie etwa die sog. Astynomeninschrift aus Pergamon zeigt.

Quelle

Freie und Sklaven erhielten unterschiedliche Strafen

Dittenberger, *Orientis Graeci Inscriptiones selectae* 483 Z. 180ff.; Übersetzung: K. Brodersen – W. Günther – H.H. Schmitt

Niemandem soll gestattet sein, in den öffentlichen Brunnen Vieh zu tränken oder Kleidungsstücke zu waschen oder ein Gerät oder schlechthin irgendetwas. Wer so etwas tut, soll, wenn es sich um einen Freien handelt, seiner Tiere, Kleidungsstücke und Gerätschaften verlustig gehen und selbst bestraft werden mit fünfzig Drachmen; wenn es sich um einen Unfreien handelt und er mit Zustimmung seines Herren etwas Derartiges tut, soll er ebenfalls der betreffenden Gegenstände verlustig gehen und selbst ausgepeitscht werden im Halseisen mit fünfzig Hieben; wenn er es aber ohne Zustimmung seines Herrn tut, soll er dessen verlustig gehen, was er bei sich hat, und ausgepeitscht werden im Halseisen mit hundert Hieben, dann gefesselt sein im Block zehn Tage lang und vor seiner Freilassung ausgepeitscht werden mit mindestens fünfzig Hieben.

Widerstand

Die Quellen berichten auch vom Widerstand der Sklaven gegen ihre Herren. Die Sklavenflucht scheint ein verbreitetes Problem gewesen zu sein. Ein Zufluchtsort für geflohene Unfreie waren die großen Heiligtümer, wie etwa das Artemision von Ephesos, eines der sieben Weltwunder, die als Sklavenasyle fungierten. Auch gewalttätige Erhebungen gegen Herren kamen vor. In Amyzon wurde etwa der angesehene Bürger Demetrios von seinem Sklaven ermordet, der auch sein Haus in Brand setzte. Der Übeltäter wurde jedoch gefasst und hart bestraft: Man kreuzigte ihn und überließ ihn den Vögeln und wilden Tieren (Merkelbach - Stauber, *Steinepigramme aus dem griechischen Osten*, Nr. 02/03/01). Auf Sizilien kam es in hellenistischer Zeit zu den größten Sklavenaufständen der Antike (s.u.). Gleichzeitig kam es angeblich auch zu kleineren Aufständen im griechischen Osten. 108/107 v. Chr. führte dann der skythische Sklave Saumakos einen Sklavenaufstand im Bosporanischen Reich an, der schließlich von Mithridates VI. von Pontos niedergeschlagen wurde.

Tätigkeit der Sklaven

Weiterhin wurden Sklaven in den unterschiedlichsten Bereichen eingesetzt. Viele Unfreie leisteten ihren Dienst in Haushalten, andere nahmen als öffentliche Sklaven Verwaltungstätigkeiten in den Städten oder an den königlichen Höfen wahr, wieder andere arbeiteten in Handwerksbetrieben. Im Reich der Attaliden existierten auch große königliche Werkstätten, in denen Sklaven etwa Textilien anfertigten. Besonders harte Arbeitsbedingungen hatten wiederum jene Sklaven, die zur Arbeit in Bergwerken abkommandiert wurden, wie Diodor (3, 12, 1-4) etwa bei seiner Beschreibung der Verhältnisse in den nubischen Goldminen anschaulich schildert.

laoi

Etliche Unfreie kamen sicherlich auch in der Landwirtschaft zum Einsatz, doch scheinen sie dort keine dominierende Rolle gespielt zu haben. Viele Ländereien wurden von Kleinbauern bestellt, bei denen es sich häufig um freie Pächter handelte. Auch freie Lohnarbeiter wurden für landwirtschaftliche Tätigkeiten eingesetzt. Besonders in Kleinasien begegnet eine abhängige Landbevölkerung, deren Angehörige meist als *laoi* bezeichnet und gelegentlich mit den Penesten oder Klaroten verglichen werden. Die *laoi* waren verpflichtet, einen bestimmten Anteil ihres Ernteertrages an die Grundbesitzer abzuliefern, und sie mussten auch bestimmte Frondienste leisten. Obwohl sie rein rechtlich frei gewesen zu sein scheinen, waren sie offenbar an das Land, welches sie bearbeiteten, gebunden. Dies zeigt sich etwa in Fällen, in denen die *laoi* gemeinsam mit dem Land, auf dem sie wohnten und arbeiteten, weitergegeben wurden.

Sklaven im Kriegsdienst

Das Heranziehen von wehrfähigen Sklaven zur Verstärkung des Wehrpotentials ist in hellenistischer Zeit öfters überliefert. Insbesondere bei kleineren Gemeinwesen ergab sich die Notwendigkeit dazu aus der geringen Rekrutierungsbasis. Der Einsatz von Sklaven als Kombattanten in den Landstreitkräften war jedoch nach Abschluss der Diadochenkämpfe nicht allgemein üblich. Erst als die hellenistischen Machthaber sich gegen die Römer zur Wehr setzen mussten, griff man vermehrt auf diese Maßnahme zurück. So hören wir im Jahr 143 v. Chr. von Unfreien im Heeresdienst, als ein Pseudo-Philipp ein Sklavenheer von 16000 Mann gegen die Römer aufstellte und schließlich geschlagen wurde (Eutropius 4, 15). Auch der Achäische Bund mobilisierte für seinen letzten Widerstand gegen Rom unter Diaios 12000 Sklaven, die aber von Mummius besiegt wurden (Polybios 38, 15, 3-4; Pausanias 7, 15, 7); ebenso kämpften im Heer des Mithradates VI. von Pontos in der Schlacht von Chaironeia 15000 Sklaven (Plutarch, Sulla 18, 5f.). Häufiger als in klassischer Zeit begegnet in der hellenistischen Periode die Rekrutierung von Sklaven als Notmaßnahme in belagerten Städten. In Megalopolis wurden etwa, als Polyperchon 318 v. Chr. vor den Toren der Stadt stand, 15000 Bürger, Fremde und Sklaven mobilisiert (Diodor 18, 70). Bei der Belagerung von Rhodos durch Demetrios Poliorketes wurden alle kampftauglichen Sklaven zu Waffen- und Hilfsdiensten herangezogen, und man stellte ihnen als Belohnung für ihren Einsatz nicht nur die Freiheit, sondern sogar das Bürgerrecht in Aussicht, worauf diese entscheidenden Anteil am Abwehrerfolg hatten (Diodor 20, 84, 2-3).

In hellenistischen Flotten spielten Sklaven nur eine untergeordnete Rolle. Kleinere Staaten griffen öfters auf unfreie Ruderer zurück, die normalerweise auch nicht emanzipiert wurden, während die Freilassung von Sklaven, die im Landheer kämpften, durchaus üblich war. Freilich wurden auch diese normalerweise nicht in die Bürgerschaft aufgenommen. Recht üblich waren weiterhin unfreie Trossknechte, Waffenburschen, Handwerker und Ordonanzen; gelegentlich rekrutierte man auch Freie, etwa junge Verwandte oder gemietete Diener, in der Regel aber handelte es sich beim militärischen Hilfspersonal um Sklaven. Auch hier lassen sich aber Unterschiede zwischen den einzelnen hellenistischen Staaten greifen; so mussten in der ptolemäischen Armee etwa auch für Hilfsdienste kaum Sklaven rekrutiert werden, da ausreichend einheimische Freie zur Verfügung standen.

Tempelsklaven

Sklaven begegnen in hellenistischer Zeit im Besitz von Privatpersonen genauso wie im Besitz von Herrschern, Beamten oder als öffentliche Sklaven im Besitz von Städten und anderen Gemeinwesen. Eine besondere Rolle spielten die Tempelsklaven als Besitz von Gottheiten. Besonders im Reich der Seleukiden, aber auch im ptolemäischen Ägypten standen große Territorien unter der Kontrolle von Heiligtümern, die mitunter über Tausende von Unfreien geboten, die als *Hierodouloi* bezeichnet wurden und für die Gottheit arbeiten mussten. Im Heiligtum der Ma in Komana lebten etwa 6000 Tempeldiener unter der Herrschaft eines Priesters (Strabon 12,3,3). Die *Hierodouloi* bzw. *Hieroi*, die auch in zahlreichen Inschriften oder Papyrustexten auftauchen, waren freilich keine einheitliche Gruppe. Viele von ihnen waren vermutlich nicht einmal Sklaven im eigentlichen Sinne. Der Terminus *Hierodoulos* muss nämlich nicht unbedingt auf eine rechtliche Unfreiheit hindeuten. In vielen Fällen mag er sich auf andere Formen der Abhängigkeit, wie etwa die religiöse Bindung an eine Gottheit oder die juristische Zugehörigkeit zu einem Heiligtum, bezogen haben. Bei etlichen *Hierodouloi* mag es sich auch um ehemalige Sklaven handeln, die durch die Weihung an eine Gottheit freigelassen wurden (s.u.). Zahlreiche der überlieferten *Hierodouloi* waren aber sicher tatsächlich unfrei. Diese Tempelsklaven konnten die unterschiedlichsten Funktionen haben und den verschiedensten Tätigkeiten nachgehen. Festzuhalten ist, dass der Status als Tempelsklave nicht nur Abhängigkeit bedeutete, sondern durch die Heiligkeit des Herrn gleichzeitig auch einen besonderen Schutz der Unfreien mit sich brachte. Die Quellen berichten überdies, dass in vielen Heiligtümern auch Prostituierte tätig waren. Diese sog. sakrale Prostitution ist für viele Regionen der hellenistischen Welt überliefert, so etwa im pontischen Komana.

Quelle

Im Heiligtum von Komana sollen Prostituierte gearbeitet haben

Strabon 12, 3, 36; Übersetzung: St. Radt

Komana ist gut bevölkert und ein bedeutendes Handelszentrum für die Leute aus Armenien. Bei den Ausfahrten der Göttin kommen von überallher aus den Städten und vom Lande Männer zusammen mit Frauen zu dem Fest, und auch sonst halten sich immer irgendwelche Besucher aufgrund eines Gelübdes dort auf, die der Göttin Opfer bringen. Die Einwohner führen ein üppiges Leben: ihre Besitzungen sind alle mit Wein bepflanzt und es gibt eine Menge Frauen die von ihrem Körper leben, von denen die meisten eingeweiht sind. Gewissermaßen nämlich ist die Stadt ein kleines Korinth, denn auch dort waren wegen der Menge der Hetären, die der Aphrodite gewöhnt waren, die Leute die den Ort besuchten und dort Feste feierten zahlreich, und Kaufleute und Soldaten pflegten sich dort völlig zu verausgaben, so dass auf sie auch folgendes Sprichwort umlief: „Nicht jedermanns Sache ist die Reise nach Korinth." So ist Komana.

Zahlreiche Forscher sehen diese Überlieferung jedoch kritisch und zweifeln an der Historizität der Tempelprostitution in der hellenistischen Welt.

Freilassung

Freilassungen nahmen im Vergleich zur klassischen Epoche insgesamt zu. Sie konnten auf private Initiative genauso stattfinden wie auf staatliche. Immer üblicher wurde der Scheinverkauf der Sklaven an eine Gottheit zur Erlangung der Freiheit. Dieses Vorgehen ist uns besonders aus dem Heiligtum von Delphi bekannt. Sklaven konnten mit oder ohne weitere Auflagen freigelassen werden. Die Freigelassenen waren häufig dazu verpflichtet, noch eine bestimmte Zeit oder sogar bis zu dessen Tod bei ihrem Freilasser zu bleiben und diesem weiter zu Diensten zu sein. Sie hatten die Pflicht, diesen zu bestatten und ihm die Totenehre zu erweisen, in manchen Fällen waren sie zur Zahlung von Unterhalt verpflichtet. Der Freilasser hatte in der Regel das Erbrecht am Eigentum des Freigelassenen. Er verzichtete seinerseits in der Regel auf das Recht, den Freigelassenen anderweitig zu verkaufen. Oft waren die Unfreien aber weiterhin der gewalttätigen Behandlung durch den ehemaligen Herrn ausgesetzt. Dieser hatte zudem das Recht, deren Schutzherr zu werden.

Quelle

Freilassungsinschrift aus Delphi aus dem 2. Jh. v. Chr.
*Sylloge Inscriptionum Graecarum*² 845; Übersetzung: W. Janell

Geschehen, als Damokritos aus Kalydon Stratege der Ätoler war (im Monat Dios), in Delphi Mantias Archon war und Priester Eukles und Xenon (im Monat Pötropios), in Amphissa Lamprias Archon (im Monat Panagyrios). Der Pythische Apollo kaufte von Sosibios aus Amphissa zum Zwecke der Freilassung eine Frauensperson mit Namen Nikaia, aus Rom gebürtig, für den Preis von 3 1/2 Silberminen. Bürge des Verkäufers nach dem Gesetz war Eumnastos aus Amphissa. Die ihm gebührende Summe hat er erhalten, das Kaufgeld aber überwies Nikäa für ihre Freilassung Apollo.

Sklavereidiskurse

Die hellenistischen Denker rieten allgemein zu einem humanen Umgang mit den Sklaven. Dies kommt etwa in den Lehren des Philosophen Epikur (341-270 v. Chr.) zum Ausdruck, der empfahl, die Sklaven nicht zu bestrafen, sondern vielmehr Mitleid mit ihnen zu haben (vgl. Diog. Laert 10, 118). Parallel zu Epikur entwickelte die philosophische Schule der *Stoa* eine differenzierte Sicht auf die Sklaverei. Diese Schule wurde von Zenon von Kition (334-262 v. Chr.) begründet. Die *Stoa* kennt keine Sklaverei von Natur aus. Alle Menschen sind prinzipiell gleichwertig, das sie vereinende Band ist die alles durchdringende Vernunft. Die Stoiker akzeptierten allerdings durchaus die Unterschiede des sozialen Standes. Eine aktive Veränderung dieser Zustände kam für sie nicht in Betracht - nicht nur, weil sie glaubten, dass alles Geschehen in der Welt in eine göttliche Vorsehung eingebunden sei, die der Mensch nicht verändern könne, sondern auch, weil sie diesen Dingen keine Bedeutung beimaßen. Die Stoiker gingen davon aus, dass das Glück eines Menschen in der Erreichung der selbst gesteckten Ziele liegt und das Unglück im Verfehlen derselben. Bei diesen Zielen handelt es sich freilich nicht um Äußerlichkeiten wie Reichtum oder Ehre, sondern um einen angestrebten inneren Zustand. Freiheit ist in diesem Zusammenhang kein sozialer Status, sondern ein intellektueller Habitus, der allen Menschen gleichzeitig zusteht.

Quelle

Diogenes Laertios berichtet über die Ansichten der Stoiker

Diogenes Laertios, *Leben und Lehren berühmter Philosophen* 7, 121f.; Übersetzung: F. Jürß

(Der Weise) allein sei frei, die Schlechten aber Sklaven. Freiheit sei nämlich, selbstständig handeln zu können, Sklaverei die Privation des selbständigen Handelns. Eine andere Form der Sklaverei bestehe in der Unterordnung und eine dritte darin, als Eigentum einem anderen untergeordnet zu sein. Dem steht die Despotie gegenüber, die auch schlecht ist. Die Weisen seien nicht nur frei, sondern auch Könige, denn das Königreich sei eine nicht rechenschaftspflichtige Herrschaftsform, die nur, wenn sie von eisen ausgeübt würde, bestehen könne.

Am besten lässt sich die stoische Auffassung der Sklaverei dann bei römischen Autoren greifen, die dieser Philosophie folgten (s. Abschnitt VI. 10.). Stark von stoischem Gedankengut beeinflusst war auch der jüdische Philosoph Philon von Alexandria (ca. 40 v. chr.-20 v. Chr.), von dem ein Traktat mit dem Titel *Jeder Tugendhafte ist frei* überliefert ist. Darin stellt er fest, dass es zwei Arten von Sklaverei gebe: die körperliche Sklaverei und die seelische. Die körperliche ist vom unberechenbaren Schicksal abhängig. Sie ist daher nicht von Bedeutung. Wichtiger ist dagegen die innere Unfreiheit, die Abhängigkeit von Begierden, Lüsten und Ängsten. Diese innere Sklaverei muss, wie Philon dann weiter ausführt bekämpft werden (Fischer, Quellenreader Nr 10). Interessant ist, dass Philon in anderen Werken aber auch eine Sklaverei von Natur erwähnt, die er theologisch begründet. In seiner Schrift zur allegorischen Erklärung der Gesetze (3, 88f.) schreibt er nämlich: „Denn es ist Gottes Ratschluss, dass das, was niedrig und töricht ist, von Natur her Sklave ist, und das, was einen guten Charakter hat und Verstand und Vernunft besitzt, Leiter ist und frei."

3. Fallstudie: Ptolemäisches Ägypten

Die Papyri aus dem ptolemäischen Ägypten gewähren einzigartige Einblicke in das System der dortigen Sklaverei. Aufgrund dieser Quellen wissen wir über Aspekte der Sklaverei Bescheid, für die wir in anderen Regionen keine aussagekräftigen Quellen besitzen.

Quelle

Verkaufsurkunde eines Sklavenmädchens aus dem Jahr 259 v. Chr.
Scholl Nr. 37; Übersetzung: R. Scholl

Im 27. Jahr der Königsherrschaft des Ptolemaios, Sohn des Ptolemaios, und des Sohnes Ptolemaios, unter dem Priester des Alexander und der Geschwistergötter, unter der Kanephore der Bruderliebenden Arsinoe, derjenigen in Alexandrien, im Monat Xandikos, in Birta im Ammoniterland.
Es verkaufte Nikanor, Sohn des Xenikles, aus Knidos, einer der Leute bei Toubias, dem Zenon, Sohn des Agreophon, aus Kaunos, einem der Leute bei Apollonios, dem Dioiketen, eine sidonische Sklavin mit Namen Sphragis, ungefähr sieben Jahre alt, für fünfzig Drachmen.
Gewährsmann ist X, Sohn des Ananias, Perser, einer der Leute des Toubias, Kleruch.
Zeugen sind: der Richter X; Polemon, Sohn des Straton, Makedone, einer von den Reitern des Toubias, Kleruch; Timopolis, Sohn des Botes, aus Milet; Herakleitos, Sohn des Philippos, aus Athen; Zenon, Sohn des Timarchos, aus Kolophon; Demostratos, Sohn des Dionysios, aus Aspendos; alle vier von den Leuten bei Apollonios, dem Dioiketen.

Herkunft der Sklaven

Als Quellen der Sklaverei sind für das ptolemäische Ägypten die Kriegsgefangenschaft, die unfreie Geburt als Kind einer Sklavin, Menschenraub, der Import von Kaufsklaven sowie der Verkauf in die Sklaverei aufgrund von Steuerschulden belegt. Sehr viele der Sklaven im ptolemäischen Ägypten stammten aus Syrien, so auch das Mädchen in dieser Verkaufsurkunde. Sie wurden über unterschiedliche Häfen nach Ägypten verschifft sowie über Tyros oder Gaza. Etliche Sklaven kamen aber auch aus dem südlicheren Afrika, worauf ihre Namen hindeuten, wenn sie etwa Melas bzw. Melainis („der/die Schwarze"), Kandake (der Name einer bekannten äthiopischen Königin) oder Tekysis („die Nubierin") hießen. Sowohl Kriegsgefangene als auch im Ausland gekaufte Sklaven, die importiert wurden, mussten registriert und versteuert werden.

Sklavenflucht

Wir erfahren aus den Papyrusdokumenten häufig von der Flucht von Unfreien. Wenn ein Sklave entfloh (Fischer, Quellenreader Nr. 94, 95), dann wurde dies bei den zuständigen Gendarmen angezeigt, und es wurden offenbar Steckbriefe der flüchtigen Unfreien verbreitet (Fischer, Quellenreader Nr. 96).

Zusammensetzung der Sklavenschaft

Einen Eindruck von der Zusammensetzung der Sklavenschaft einzelner Haushalte bieten Steuerdokumente zur sog. Salzsteuer (*Halike*). Bei dieser Salzsteuer handelte es sich um eine Kopfsteuer, die sowohl für freie als auch für unfreie Mitglieder einer Familie erbracht werden musste. Eine Meldung stammt etwa vom Pisidier Leptines, der sich für doppelten Lohn im ptolemäischen Heer verdingt hat.

Quelle

Steuererklärung des Leptines

Scholl Nr. 87; Übersetzung: R. Scholl

Leptines, Pisidier, einer der Leute des Krateros, Doppelsöldner, und seine Frau Hedyle und die Söhne Glaukias, Moirikon, Nikandros, Theophilos und die Tochter Baia: ergibt 6 Drachmen und die Sklaven Leukon, Chrysippos, Styppax, Drimakos, Aparton, Pyrrhias, Artemidoros, [...]abdaios, ..., Daphnis, Emporion, Abron, (insgesamt) 13: ergibt 6 (Drachmen) 3 (Obolen) und in dem Heroon bei der Stadt die Sklaven Totoes, Semptheus, ein weiterer Semptheus ...

Leptines deklariert hier sich selbst, seine Frau Hedyle, vier Söhne, seine Tochter Baia, für die 6 Drachmen zu bezahlen waren, sowie mindestens 16 Sklaven, die in zwei Gruppen aufgeführt werden. Zunächst dreizehn Sklaven, davon mindestens drei Frauen; außerdem mindestens drei Sklaven mit ägyptischen Namen (die anderen Sklaven hatten überwiegend griechische Namen), die sich in einem Heroon bei der Stadt, wohl Krokodilopolis, befinden. Warum diese extra aufgeführt sind, ist unklar. Die Höhe der Salzsteuer variierte im Lauf der Zeit. Es lassen sich zwei Phasen unterscheiden, eine vor 254 v. Chr. und eine danach. Bezeugt ist die Steuer bis ins 2. Jh. v. Chr. Die Sklaven und Sklavinnen zahlten in der Regel die Hälfte des für freie Männer vorgesehenen Betrages, der auch dem für freie Frauen entspricht, nämlich 3 Obolen statt 6 Obolen bzw. bei privilegierten Personen 1 $^{1}/_{2}$ Obolen anstelle von 3 Obolen. Sklavenbesitzer im ptolemäischen Ägypten hatten auch eine Meldepflicht ihrer Sklaven bei den zuständigen Behörden bis zu deren 15. Lebensjahr. Überschritt der Herr diese Frist, wurde ein Bußgeld fällig. In diesem Zusammenhang musste den Behörden auch eine genaue Personenbeschreibung der Unfreien vorgelegt.

Freilassung

Freigelassene wurden auch im ptolemäischen Ägypten nicht automatisch zu Bürgern, vielmehr wurde das Bürgerrecht nur selten verliehen. Es gibt die testamentarische Freilassung, die an bestimmte Bedingungen geknüpft ist, ebenso ist der Freikauf belegt. Staatliche Freilassungen wurden gelegentlich Sklaven versprochen, die Verbrecher denunzierten. Ein Beispiel für eine testamentarische Freilassung bietet der letzte Wille des Dion aus dem Jahr 237 v. Chr.:

Quelle

Testament des Dion

Scholl Nr. 28; Übersetzung: R. Scholl

Unter der Königsherrschaft des Ptolemaios, Sohn des Ptolemaios und der Arsinoe, der göttlichen Geschwister, im Jahr 10, unter dem Priester Apollonides, Sohn des Moschion, im 2. Jahr des Alexander, der göttlichen Geschwister und der göttlichen Wohltäter, unter der Kanephore der bruderliebenden Arsinoe, Menekrateia, der Tochter des Philammon, im 2. Jahr, im Monat Audnaios, am 30., in Krokodilopolis im Arsinoites, hat Folgendes testamentarisch angeordnet bei Verstand und freiwillig:

> Dion aus Herakleia, einer der Leute des Damon, Fünfhundertschaftsführer, Kleruche, ungefähr 65 Jahre, von gedrungener Gestalt, von gelbbrauner Hautfarbe, glatzköpfig, rundgesichtig, Narbe auf der Wange bei der linken Augenbraue und eine andere mitten auf der Stirn und eine andere auf der Stirn über der rechten Augenbraue. Möge es mir vergönnt sein, in Gesundheit mein Vermögen zu verwalten. Wenn ich aber etwas Menschliches erleide, dann sollen meine Söhne und meine Frau den Besitz, den sie haben, behalten, den Rest hinterlasse ich für mein Grabmal. Melainis aber und ihren Sohn Ammonios, der von mir stammt, die ich aufgezogen habe, lasse ich frei, wenn sie bei mir bleiben, solange ich lebe, und mir Gehorsam erweisen. Ich erlasse ihnen die Unterhaltszahlung, und sie sollen frei sein wie bei einem Verkauf an einen Gott. Es soll niemandem erlaubt sein, sich ihrer bemächtigen, unter keinem Vorwand.
> Als Testamentspatrone aber wähle ich den König Ptolemaios, den Sohn des Königs Ptolemaios und der Arsinoe, der göttlichen Geschwister, und die Königin Berenike, die Tochter des Königs Ptolemaios, die Schwester und Gattin, und ihr Kinder. Zeugen: [...]

Rechte und Pflichten der Herren

Die Herren hatten volle rechtliche Gewalt über ihre Sklaven; sie konnten sie vererben, verschenken, verpfänden oder vermieten. Es ist auch bekannt, dass die Sklaven eine Art „Lohnzahlung“ (*opsonion*) erhielten. Der Herr war auch dazu verpflichtet, für die Kleidung des Sklaven aufzukommen (*himatismos*).

Sklavenrecht

Besonders wertvolle Aufschlüsse erlauben die Papyrusurkunden auch über das ptolemäische Prozessrecht. Aus einem besonders interessantem Zeugnis (Scholl Nr. 1) geht etwa hervor, Sklaven vor Gericht gefoltert wurden, wenn aus den vorgelegten Urkunden- und Zeugenbeweisen kein eindeutiges Urteil gefällt werden konnte. Wer einen Sklaven verklagen wollte, hatte zuerst die Pflicht, den Herrn des Sklaven davon in Kenntnis zu setzen, da dieser ja der Eigentümer und der Verantwortliche des Unfreien war. War der Sklave geständig, musste der Herr nun die einfache Strafe zahlen. Stritt der Sklave seine Schuld ab, kam es zum Prozess. Entschied der Richter, dass der Sklave kein Unrecht begangen hatte, musste der Kläger Buße zahlen. War der Sklave schuldig und der Sklavenbesitzer Mitwisser oder Anstifter der Straftat, so musste der Besitzer eine zusätzliche Buße von 20 Prozent der Strafe zahlen. Auch wenn der Herr unbeteiligt war, musste er dennoch für den verursachten Schaden haften, er konnte aber den Sklaven an den Kläger herausgeben, der den Sklaven mit nicht weniger als 100 Schlägen auspeitschen, auf der Stirn brandmarken und/oder in die Fremde verkaufen sollte. Der Verkaufserlös war wohl als Wiedergutmachung gedacht, wobei die harten Strafbestimmungen möglicherweise deshalb geschaffen wurden, um ein Zusammengehen von Kläger und Unfreien zur Hintergehung des alten Besitzers zu verhindern. Typisch war auch das bereits andernorts festgestellte Phänomen, dass Sklaven für das gleiche Verbrechen anders bestraft wurden als Freie (*Papyrus aus Halle* (PHal) 1). Charakteristisch war dabei, dass Freie zu einer Geldstrafe verurteilt werden, während Sklaven mit ihrem Körper für ihre Verbrechen büßen müssen. ■

Auf einen Blick

Mit dem Hellenismus verbreitete sich das griechische System der Sklaverei über ein weites Gebiet, in dem es teilweise auch von bereits vorher existierenden Sklavereisystemen beeinflusst wurde. Neben den gewöhnlichen Sklaven gab es abhängige Landarbeiter (*laoi*), die zwar persönlich frei, aber offenbar an das Land gebunden waren, das sie bearbeiteten. Eine Besonderheit stellen die zahlreichen Sklaven riesiger Heiligtümer dar. Einen besonders guten Einblick in viele Aspekte der Sklaverei ermöglichen die Papyrusurkunden, die im ptolemäischen Ägypten erhalten blieben.

Literaturhinweise

Bussi S.: *Economia e demografia della schiavitù in Asia minore ellenistico-romana* Mailand 2001.

Blavatskaja T.V. – Golubcova E.S. – Pavlovskaja A.I.: *Die Sklaverei in hellenistischen Staaten im 3.–1. Jh. v. Chr.* Stuttgart 1972.

Gabrielsen V.: *Piracy and the Slave-Trade.* in: A. Erskine (Hrsg.): A companion to the Hellenistic World. Oxford 2003, 389–404.

V. Die Anfänge der römischen Sklaverei

Überblick

In der Frühzeit der Stadt Rom spielte die Sklaverei nur eine untergeordnete Rolle. Neben Schuldknechten dienten vor allem die kriegsgefangenen Bewohner der eroberten Gemeinden im Umland als unfreie Arbeitskräfte. Mit der Ausbreitung der römischen Macht gewann die Sklaverei zunehmend an Bedeutung. Massen an Unfreien kamen nun nach Italien. Drei große Aufstände von Sklaven im 2. und 1. Jh. v. Chr. erschütterten die römische Republik in ihren Grundfesten.

Zeittafel

753 v. Chr.	traditionelles Gründungsdatum der Stadt Rom
ca. 450 v. Chr.	Kodifizierung des Rechts (sog. Zwölftafelgesetze)
264–241 v. Chr.	Erster Punischer Krieg
218–201 v. Chr.	Zweiter Punischer Krieg
146 v. Chr.	Zerstörung von Karthago und Korinth
136–132 v. Chr.	1. Sklavenkrieg auf Sizilien
104–100 v. Chr.	2. Sklavenkrieg auf Sizilien
73–70 v. Chr.	Spartacus-Aufstand

1. Historischer Hintergrund

Der antiken Tradition zufolge waren in Rom zunächst einheimische, später etruskische Könige an der Macht, deren letzter, Tarquinius Superbus, im späten 6. Jh. v. Chr. vertrieben wurde. Zu dieser Zeit hatte sich Rom, das auch kulturell stark von den Etruskern beeinflusst worden war, bereits zu einer regional bedeutenden Stadt entwickelt, die fortan von gewählten Oberbeamten regiert wurde. Im 4. Jh. vergrößerte Rom seinen Einflussbereich erst in Mittelitalien, breitete seine Macht dann sukzessive über die Apenninenhalbinsel aus und setzte sich erfolgreich gegen Samniten, Etrusker, Gallier und Griechen durch. Mit dem Sieg über Karthago wurde Rom zur Herrin über den westlichen Mittelmeerraum und richtete in Spanien Provinzen ein (auch wenn es noch länger dauern sollte, bis Rom die Iberische Halbinsel tatsächlich kontrollierte). 168 v. Chr. zerschlugen die Römer die makedonische Monarchie.

Zwanzig Jahre später wurde Makedonien eine römische Provinz, der 146 v. Chr. auch Griechenland zugeschlagen wurde. Eine weitere Provinz entstand in Kleinasien, nachdem der 133 v. Chr. verstorbene pergamenische König Attalos III. sein Reich den Römern vererbt hatte. Mit den Samnitenkriegen des 4. Jh. v. Chr., den ersten beiden sog. Punischen Kriegen des 3. Jh. Chr. gegen die Karthager und dem zunehmenden Ausgreifen Roms in den östlichen Mittelmeerraum kamen immense Sklavenmassen nach Italien und veränderten das römische Wirtschaftsleben und auch das Sozialgefüge nachhaltig. Dies legte den Grundstein für die großen Sklavenerhebungen im späten 2. und frühen 1. Jh. v. Chr. auf Sizilien und in Italien.

2. Frühe und mittlere Republik

Sklaven begegnen bereits in den römischen Gründungsmythen. Der Überlieferung zufolge sollen die Stadtgründer Romulus und Remus nämlich ihre neugegründete Stadt zum Asyl erklärt haben, damit Siedler kämen. Und tatsächlich ließen sich dann angeblich zahlreiche entflohene Sklaven, Verbrecher und Menschen mit hohen Schulden hier nieder.

Quelle

Das frühe Rom bot den Sklaven Asyl

Plutarch, Romulus 9; Übersetzung: R. Ziegler

Sobald dann die erste Stadtsiedlung geschaffen war, errichteten sie eine Zufluchtsstätte für Flüchtlinge, dem Asylgott geweiht, und nahmen alle auf, lieferten weder den Herren einen Sklaven noch den Gläubigern einen Schuldner noch den Behörden einen Totschläger aus, sondern erklärten, dass sie gemäß einer Weisung des pythischen Orakels das Asylrecht heilig hielten. Daher füllte sich die Stadt schnell mit Menschen.

Bekannt ist auch die Überlieferung, dass es sich bei dem römischen König Servius Tullius um einen ehemaligen Kriegsgefangenen gehandelt habe (Dionysius von Halikarnass, *Römische Frühgeschichte* 4, 1, 1). Freilich ist das genauso ein Mythos wie bei der Geschichte vom Sklavenasyl des Romulus. Die Frühgeschichte der römischen Sklaverei liegt für uns weitgehend im Dunkeln. Wann sich die Sklaverei in Rom etabliert hat, kann nicht mit Sicherheit festgestellt werden, sicher war dies bereits in der Königszeit der Fall. Die Zahl der Sklaven im frühen Rom war wohl nicht sehr hoch. Im 5. Jh. v. Chr. war der Besitz einiger Sklaven für etliche Adelige, Bauern Handwerker und Händler einzelne Unfreie zwar schon üblich, viele Römer hatten aber wohl noch gar keine Sklaven.

Zwölftafelgesetze

Eine der wichtigsten Quellen zur frührömischen Sklaverei sind die sog. Zwölftafelgesetze (*leges duodecim tabularum*), die in den Jahren 452 bis 450 v. Chr. in zwei Etappen von einem Zehnmännerkollegium zusammengestellt wurden. Ihren Namen hat diese Gesetzessammlung von den zwölf hölzernen Tafeln, auf denen sie geschrieben und auf dem Forum aufgestellt war. Von Sklaven ist nur wenig die Rede, doch erfahren wir etwa, dass es im Strafrecht einen Unterschied machte, ob eine Straftat an einem Sklaven oder an einem Freien begangen wurde. Wenn nämlich jemand einem Freien einen Knochen brach, musste er eine Strafe von 300 Sesterzen zahlen, wenn aber einem Sklaven, so bloß 150 Sesterzen. Jemand, der sich an einem Sklaven verging, wurde also weniger hart bestraft als jemand, der das gleiche Delikt an einem Freien verübte, da im Fall eines Verbrechens an einem Sklaven bloß Sachschaden entstand. In gleicher Weise machte es im auf den zwölf Tafeln aufgezeichneten Recht einen Unterschied, ob eine Straftat durch einen Freien oder einen Sklaven verübt wurde. Wurde etwa ein Dieb auf frischer Tat ertappt und handelte es sich um einen Freien, so wurde dieser gegeißelt und dem Opfer zugesprochen, d.h., er wurde zu dessen Sklaven. Dies galt nicht für jene Diebe, die in der Nacht auf frischer Tat ertappt wurden, oder die sich bei ihrer Ergreifung mit Waffen wehrten. Diese durften nämlich auf der Stelle straflos getötet werden. Ein Sklave wurde gegeißelt und dann vom tarpejischen Felsen in den Tod gestürzt. Diese strengen Strafen wurden allerdings schon bald ein wenig abgemildert.

Schuldknechtschaft

Von besonderem Interesse sind die Zwölftafelgesetze auch, weil sie neben der gewöhnlichen Sklaverei noch eine andere Form der Unfreiheit, nämlich die Schuldknechtschaft (*nexum*) aufführen (*Zwölftafelgesetze* III): Wenn ein Schuldner zahlungsunfähig war, wurde ihm vom Gericht eine Rückzahlungsfrist von 30 Tagen zugestanden. Danach wurde er nochmals vor Gericht geführt, und wenn er immer noch nicht zahlen konnte bzw. auch niemand für ihn einsprang, dann kam er in die Gewalt seines Gläubigers, wurde in Ketten gelegt und musste seine Schuld abarbeiten. Der Gläubiger musste den Schuldknecht dreimal auf dem Markt vorführen und wenn sich niemand fand, der ihn auslöste, dann heißt es, dass der Gläubiger „Teile abschlagen“ dürfe und wenn zu viel oder zu wenig abgeschlagen würde, dann solle es straffrei sein. Bereits in der Antike wurde die Ansicht vertreten, dass damit gemeint sei, Teile des Schuldners abzuhauen, ihn also zu töten, wie etwa Aulus Gellius (*Attische Nächte* 20,1,46) kolportiert. Diese Passage bedeutet aber vielmehr, dass die Schuldner als Sklaven ins Ausland verkauft wurden (dass ehemalige Bürger im Inland zu Sklaven wurden, war nämlich verboten). Als Bezahlung erhielt der Verkäufer, da es in Rom noch kein Münzgeld gab, altrömisches Brockengeld (*aes rude*). Von einem solchen Kupfererzbrocken konnte dann jener Teil des Verkaufserlöses abgeschlagen werden, welcher der Schuld entsprach. Die Schuldknechtschaft existierte in Rom freilich nur eine bestimmte Zeit lang. Sie wurde im Jahr 326 v. Chr. durch eine *Lex Poetelia Papiria de nexis* abgeschafft, über deren Zustandekommen Livius (59 v. Chr.–17 n. Chr.) in seinem Geschichtswerk *Ab urbe condita* („von der Gründung der Stadt an“) eine anekdotenhafte Geschichte überliefert (Livius 8, 28).

Kriegsgefangene als Sklaven

Die meisten Sklaven im frühen Rom waren durch kriegerische Aktionen erworben wurden. Die Anzahl der gemachten Kriegsgefangenen war anfangs recht bescheiden. Erst ab dem 4. Jh. v. Chr. berichten die Quellen zunehmend von der Versklavung größerer Menschenmassen. Ein Wendepunkt war wohl die Eroberung der Nachbarstadt Veji, auch wenn keine Angaben über die exakte Zahl der Kriegsgefangenen vorliegen. Erste konkrete Angaben über Massenversklavungen besitzen wir aus der Zeit der Samnitenkriege. Einen Hinweis auf die wachsenden Sklavenzahlen im 4. Jh. v. Chr. in Rom gibt auch der Umstand, dass eine Freilassungssteuer eingeführt wurde, die Livius auf das Jahr 357 v. Chr. datiert (Livius 7, 16, 7), ebenso die politische Debatte über die Tribuszugehörigkeit der Freiglassenen im Jahr 312 v. Chr. oder die Schadenersatzbestimmungen der *lex Aquilia* des Jahres 287 v. Chr., die sich ebenfalls auf Sklaven beziehen. Mit den sog. Punischen Kriegen zwischen Rom und Karthago wurden immer mehr Menschen durch die Römer versklavt. Als diese im Jahr 209 v. Chr. etwa die mit den Puniern verbündeten Stadt Tarent. einnahmen, versklavten sie 30 000 Menschen (Livius 27, 16). Insgesamt ist berechnet worden, dass im Ersten Punischen Krieg 84 000 Menschen gefangen und versklavt wurden, und im Zweiten Punischen Krieg mehr als 60 000 Menschen. Noch mehr Menschen verloren anscheinend die Freiheit, als der römische Feldherr Aemilius Paullus im Jahr 167 v. Chr. 70 epirotische Städte zerstörte, die vor allem den Molossern gehörten, und 150 000 Personen in die Sklaverei verkaufte (Polybios 30, 16).

Selbst wenn bei den überlieferten Zahlenangaben immer eine gewisse Skepsis angebracht ist, so ist ohne Zweifel von gewaltigen Menschenmasse auszugehen, welche in die Hände der Römer fielen. Die ungeheuren Massen an Sklaven, die nach Italien kamen, führten zu tiefgreifenden Umwälzungen der sozialen und wirtschaftlichen Verhältnisse. Vor allem in der römischen Landwirtschaft ist ein grundlegender Strukturwandel zu beobachten. Auch wenn das typische Kleinbauerntum nicht vollständig verschwand, so ist doch der Trend zu beobachten, dass Großgrundbesitzer riesige Ländereien, die über das ganze Land verstreut sein konnten, in ihre Hände bekamen. Häufig spezialisierten sich diese Großagrarier auf den profitablen Anbau von Oliven und Wein. Als Arbeitskräfte setzten sie Skaven ein. Diesen Trend, der auch durch die Verwüstungen und die Verluste an Menschenleben im Hannibalkrieg forciert wurde, beschreibt der Historiker Appian (ca. 95–170 n. Chr.).

Quelle

Appian schildert die Entwicklung der römischen Landwirtschaft

Appian, *Römische Bürgerkriege* 1,7; Übersetzung: O. Veh

Denn die Reichen, die den größten Teil des noch unaufgeteilten Landes in Besitz nehmen konnten und mit der Zeit darin ermutigt wurden, dass sie es nie wieder verlieren würden, erwarben zusätzlich alle angrenzenden Gebiete, auch die ihrer armen Nachbarn, teils durch Kauf unter gütlichem Zureden, teils durch gewaltsame Annexion. So begannen sie nun riesige Domänen statt einzelner Landgüter zu bewirtschaften, wofür sie Sklaven als Arbeiter und Hirten einsetzten, während die freien Arbeiter vom Ackerbau weg in das Heer eingezogen wurden. Gleichzeitig brachte auch dieser Besitz an Sklaven den Herren großen Gewinn, da jene zahlreiche Kinder hatten und sich wegen der Befreiung vom Kriegsdienst ständig vermehrten. Auf diese Weise wurden einige reiche Leute noch reicher und die Anzahl der Sklaven vervielfachte sich im ganzen Land, während die Zahl der italischen Bevölkerung sank und kraftlos wurde durch Armut, Steuern und Militärdienst.

Cato und die Sklaven

Einblicke in die Lebens- und Arbeitsverhältnisse der Sklaven in der römischen Landwirtschaft im 2. Jh. v. Chr. ermöglicht das Werk des römischen Politikers und Schriftstellers Marcus Porcius Cato (234–149 v. Chr.) der selbst fünf mittelgroße Güter besaß: ein Weingut in der Größe von 100 *iugera* (1 *iugerum* entspricht etwa 2529 m^2 und damit einem ¼ Hektar), das er mit 16 Sklaven bewirtschaftete, ein Ölgut in der Größe von 240 *iugera*, auf dem 13 Sklaven Oliven anbauten und Öl pressten, außerdem einen Getreideacker, den er verpachtet hatte, und ein Stück Weideland, auf dem er seine Herden weiden ließ sowie einen Obst- und Gemüsegarten in der Nähe der Stadt Rom, dessen Erträge auf dem Markt verkauft wurden. Wir erfahren nicht nur von seinem Biographen Plutarch, wie Cato mit seinen Sklaven umging (Plutarch, Cato 20–21; Fischer, Quellenreader Nr. 57), sondern Cato beschäftigt sich auch in seinen eigenen Schriften mit der richtigen Behandlung von Sklaven. So beschreibt er in seinem Werk *Über die Landwirtschaft* (5; 142 f.; Fischer, Quellenreader Nr. 79) die Pflichten des unfreien Verwalters eines Landgutes, des *vilicus*, der die Arbeit der anderen Sklaven zu überwachen hatte und der wichtigste Ansprechpartner des Grundbesitzers war. Der Verwalter und seine Frau sollen ehrlich sein, sollen sich nicht herumtreiben, sollen keinen schlechten Umgang haben, sollen dafür sorgen, dass alle notwendigen Arbeiten erledigt werden; vor allem soll er die anderen Sklaven führen, er soll die guten belohnen und die schlechten bestrafen, wobei er beides in einem angemessenen Rahmen tun soll. Auch was die Versorgung des Gesindes mit den lebensnotwendigen Dingen betrifft, gibt Cato genaue Anweisungen (*Über die Landwirtschaft* 56 f.): Sie erhalten Nahrung und Kleidung, wobei genau nach der Arbeit, welche die Unfreien erledigen, und der Jahreszeit unterschieden wird. Wenig human erscheint es jedoch, wenn an einer anderen Stelle davon die Rede ist, dass kranke Sklaven geringere Rationen erhalten sollen, da sie ja nicht arbeiten, oder dass auch von angeketteten Sklaven die Rede ist.

Sklaventätigkeiten

Neben dem Einsatz der Unfreien als Arbeiter in der Landwirtschaft, wie sie bei Cato beschrieben wird, wurden Unfreie auch als Diener im Haushalt eingesetzt. Dazu kam ihre Verwendung im Handwerk. Die zunehmende Spezialisierung des Handwerks erhöhte den Bedarf an qualifizierten Handwerkssklaven aus den hellenistischen Ländern. Teilweise agierten diese Sklaven relativ selbstständig und betrieben selbständige Werkstätten (wobei sie einen Teil ihrer Einkünfte ihrem Herrn abliefern mussten). Eine besondere Stellung nahmen hochgebildete Unfreie ein, die aus den hellenistischen Ländern kamen und in anspruchsvollen Positionen eingesetzt wurden.

Sklaven im Kriegsdienst

Der Einsatz von Sklaven im Militär war bei den Römern zu allen Zeiten grundsätzlich untersagt. Selbst Freigelassene (*liberti*) waren bis 217 v. Chr. vom Waffendienst ausgeschlossen (und auch später wurden sie nur in die Marine aufgenommen), und sogar Fremde (*peregrini*), die ins Heer aufgenommen wurden, mussten frei sein. Zur offiziellen Rekrutierung von Sklaven in den römischen Landstreitkräften kam es nur in ausgesprochenen Notsituationen. Erstmals geschah dies nach der Niederlage der Römer in der Schlacht von Cannae im Jahr 216 v. Chr. (Livius 22, 57, 11 f.). Aus Mangel an Soldaten kam es damals zur Rekrutierung von 8000 Sklaven, die sich freiwillig zum Waffendienst meldeten und daher als *volones* bezeichnet wurden. Ihre Herren erhielten einen vom Senat festgesetzten Kaufpreis aus öffentlichen Mitteln als Entschädigung. Nachdem sich diese Sklaven in der Schlacht von Benevent (214 v. Chr.) bewährt hatten, wurden sie freigelassen.

Quelle

Der römische Prokonsul Tiberius Sempronius Gracchus setzte in der Schlacht von Benevent unfreie Kombattanten ein

Livius 24, 14; Übersetzung: J. Feix

Seine Legionen bestanden nämlich großenteils aus freiwilligen Sklaven, die schon im zweiten Jahr die Freiheit lieber schweigend verdienen als ganz offen hatten fordern wollen. Trotzdem hatte er beim Verlassen der Winterquartiere ein Murren im Heereszug gespürt; sie fragten nämlich, ob sie wohl jemals als freie Männer dienen würden. Darauf hatte er dem Senat schriftlich Mitteilung gemacht, was sie verdient hätten, nicht so sehr, was sie erwarteten; denn er habe ihre gute und tapfere Hilfe bisher immer in Anspruch genommen; ihnen fehle zu wirklichen Soldaten nur die Freiheit. Hierzu hatte er selbst die Vollmacht erhalten, darüber zu verfügen, wie er es für den Staat am besten befände. Bevor er sich also mit dem Feind in einen Kampf einließ, erklärte er öffentlich, für sie sei nun die Zeit gekommen, die lang erhoffte Freiheit zu erhalten; morgen werde er eine Schlacht auf freiem und offenem Felde liefern, wo ohne alle Furcht vor Hinterhalt nur echte Tapferkeit bestimmend sein könne. Wer den Kopf eines Feindes zurückbrächte, den werde er auf der Stelle für frei erklären; wer aber von seinem Platz weiche, den werde er mit dem Sklaventod bestrafen; jeder trage also sein Schicksal in seiner Hand. Als Garant ihrer Freiheit würde nicht nur er, sondern der Konsul Marcus Marcellus und alle Senatoren gelten, die ihm auf seine Anfrage ihre Freilassung gestattet hätten.

Auch in der römischen Flotte stellte die Rekrutierung von Sklaven eine Ausnahmeerscheinung in ausgesprochenen Notzeiten dar. Wie bei den Landstreitkräften kam es bei der Flotte erstmals während des Zweiten Punischen Krieges aufgrund hohen Mannschaftsbedarfs zur Aushebung von zahlreichen unfreien Ruderern, und zwar in den Jahren 214 v. Chr. und 210 v. Chr. (Livius 24, 11; 26, 35). Von größerer Bedeutung war der Einsatz unfreier Personen im

Tross, der bereits im 3. Jh. v. Chr. belegt ist. Auch wenn es Nachrichten über die Flucht dieser Unfreien gibt (Livius 38, 11, 4; 38, 38, 7), so hat sich ihr Einsatz doch bewährt, und sie begegnen auf nahezu allen Schlachtplätzen.

3. Die großen Sklavenkriege

In Anbetracht der Rolle, welche die Sklaverei während der gesamten Antike gespielt hat, ist es erstaunlich, dass es nicht öfter zu großen Erhebungen der Unfreien gekommen ist. Denn die großen Sklavenaufstände (Fischer, Quellenreader Nr. 101) waren sowohl zeitlich als auch regional ein sehr eingeschränktes Phänomen - sie fanden im späten 2. Jh. und frühen 1. Jh. v. Chr. auf Sizilien und in Süditalien statt. Mehrere Faktoren trugen dazu bei. Ein Grund war die besonders große Zahl an Unfreien, die im 2. Jh. v. Chr. aus dem griechischen Osten hierhergekommen war. Die meisten dieser Sklaven waren in Freiheit geboren. Solche Personen sind immer schwieriger in Zaum zu halten als Sklaven, die bereits in Unfreiheit geboren werden. Ein weiterer Faktor war der einheitliche kulturelle und sprachliche Hintergrund, den diese Menschen besaßen. Die meisten der Unfreien waren in der Landwirtschaft tätig, viele in der Weidewirtschaft, die auf Sizilien eine große Rolle spielte. Die unfreien Viehhirten weideten ihre Herden oft relativ autark und außerhalb der Aufsicht ihrer Herren. Es war ihnen daher leichter möglich, sich zu verschwören. Um ihre Herden vor Tieren und Viehdieben zu schützen, waren die Hirtensklaven in der Regel auch bewaffnet. Unter diesen Bedingungen bargen gerade die unfreien Hirten natürlich ein besonderes Gefahrenpotential für ihre Herren.

Quelle

Diodor über die Ursachen der Sklavenaufstände

Diodor 34/35, 2, 1–3; Übersetzung: G. Wirth

Ungefähr 60 Jahre nach dem Zusammenbruch Karthagos, als die Einwohner Siziliens Zeiten erlebten, die in jeder Hinsicht glücklich waren, begann für sie der Sklavenkrieg, und zwar aus folgenden Gründen: Da das Leben sich sprunghaft verbesserte und man große Reichtümer sammeln konnte, kaufte man eine Menge Sklaven zusammen, die man herdenweise aus den Sklavenkasernen wegholte, mit Markierungen versah und ihren Körpern die Zeichen eintätowierte. Man verwendete die Jüngeren von ihnen als Hirten, die anderen so, wie sie gerade nützlich waren. Bei der Verrichtung ihrer Tätigkeit behandelte man sie hart, und hielt sie, was Nahrung und Kleidung betrifft, nur ganz geringer Fürsorge für würdig. So kam es, dass die meisten von ihnen sich ihren Unterhalt durch Räubereien beschafften und Morde überall an der Tagesordnung waren, denn die Banden waren so wie ein Besatzungsheer über das ganze Land verstreut.

Erster Sklavenkrieg

Der erste Sklavenkrieg auf Sizilien (Fischer, Quellenreader Nr. 102) brach im Jahr 136 v. Chr. aus. Anführer der Erhebung soll ein aus Apameia stammender Syrer namens Eunus gewesen sein, ein charismatischer Wundertäter, der etwa vorgab, Feuer speien zu können, wenn eine Gottheit von ihm Besitz ergriff. Eunus wurde zum König gemacht, er ernannte eine Königin und berief einen Kronrat ein. Er nahm den Thronnamen Antiochos an, womit er an die Tradition der Seleukiden, der Herrscher seiner syrischen Heimat, anknüpfte. Er prägte auch Münzen, womit er seine Anerkennung als legitim gewählter König zum Ausdruck brachte. Das Vorbild des Eunus führte zu weiteren Erhebungen, so etwa eine in der Gegend von Agrigent unter der Führung eines gewissen Kleon, eines Kilikiers und damit ebenfalls eines Mannes aus dem griechischsprachigen Osten. Dieser verbündete sich mit Eunus und ordnete sich dem Sklavenkönig unter. Den Sklaven ging es dabei nur darum, innerhalb ihres eigenen Staates ihre eigene persönliche Freiheit wiederzuerlangen. Darüberhinausgehende Ziele, etwa eine generelle Abschaffung der Sklaverei, lag diesen Männern fern. Rom unterschätzte diese Aufstände zunächst; die römische Regierung sah hier anfangs nur eine der schon früher immer wieder vorgekommenen Erhebungen von Sklaven gegen ihre Herren, deren Niederschlagung eine Sache der lokalen Behörden war. Freilich waren diese lokalen Behörden mit der Angelegenheit überfordert, und die Armeen der Praetoren wurden von den Sklaven besiegt. Erst nach insgesamt vier Jahren konnte die Erhebung niedergeschlagen werden, als man die Aufstände zur „Chefsache" machte und ein Heer unter der Führung des Konsuls losschickte. Und sogar dieser, Publius Rupilius, konnte seine Erfolge zunächst nur durch Verrat erringen.

Zweiter Sklavenkrieg

Nach dem ersten großen Sklavenaufstand im Jahr 132 v. Chr. herrschte auf Sizilien zunächst Ruhe. Doch bereits eine Generation später erhoben sich in Süditalien erneut Unfreie. Zunächst kam es in Kampanien zu einem Aufstand unter der Führung des Titus Vettius, eines römischen Bürgers, der sich aus Liebe an die Spitze einer Truppe von Sklaven gesetzt haben soll. Wie Eunus versuchte auch Vettius, mit Hilfe der Unfreien einen eigenen Staat innerhalb des römischen Reiches zu erschaffen, er ließ sich zum König ausrufen, setzte sich ein Diadem auf und legte sich einen purpurnen Umhang um. Als dann der römische Praetor Lucullus mit einer kleinen Armee anrückte, konnte sich Vettius nicht lange halten – freilich soll auch im Fall dieses römischen Sieges Verrat mit im Spiel gewesen sein.

Kurz darauf kam es zum zweiten großen Sklavenkrieg auf Sizilien. Dieser hatte seine Ursache im weit entfernten Bithynien am Schwarzen Meer. Der römische Feldherr Gaius Marius, der für den Kampf gegen germanische Stämme zusätzliche Truppen benötigte, bat nämlich den mit Rom verbündeten König von Bithynien am Schwarzen Meer um die Stellung von Hilfstruppen. Dieser lehnte aber mit der Begründung ab, dass viele seiner Landsleute Opfer von Menschenraub geworden seien und jetzt im Römischen Reich als Sklaven dienten. Der römische Senat beschloss daraufhin, dass kein Freigeborener aus den Gebieten römischer Verbündeter in einer römischen Provinz Sklave sein dürfe. Das nährte die Hoffnung vieler Männer, insbesondere auch auf Sizilien, die durch Kriegsgefangenschaft oder Menschenhandel in die Unfreiheit geraten waren, dass sie ihre Unabhängigkeit wieder erlangen könnten. Als sich diese Hoffnungen dann als unerfüllt herausstellten, waren der Frust darüber und die Unzufriedenheit natürlich umso größer. Zunächst kam es zu einem kleineren Aufstand, der unter der Führung eines gewissen Varius in Westsizilien ausbrach. Dieser konnte vom Praetor der Insel mithilfe eines Verräters rasch niedergeschlagen werden. Doch kurz darauf erhoben sich erneut Sklaven, und weil die römischen Behörden diesem Aufstand nicht vehement genug entgegentraten, konnte er sich immer weiter ausbreiten. Als Anführer wählten die Unfreien im zweiten Sklavenkrieg (Fischer, Quellenreader Nr. 104) den Wahrsager Salvius, der seine Untergebenen klug und maßvoll führte.

Wie schon im ersten großen Sklavenkrieg hatte der erste Aufstand einen zweiten zur Folge: Auch in Ostsizilien erhoben sich unfreie Landarbeiter. Ihr Anführer Athenion stammte - wie Kleon im ersten Sklavenkrieg - aus Kilikien; wie Eunus im ersten Sklavenkrieg und sein Zeitgenosse Salvius war auch Athenion ein Wahrsager, und auch er wurde von seinen Anhängern zum König gemacht. Die Römer hofften nun, dass sich die beiden Sklavenkönige gegeneinander wenden würden, doch ebenso wie es im ersten Sklavenkrieg zu keiner Auseinandersetzung zwischen Eunus und Kleon gekommen war, kam es nun zu keinem Konflikt zwischen Salvius, der bald den Namen Tryphon annahm, und Athenion. Es ist bemerkenswert, dass Salvius - wie bereits Eunus und Titus Vettius vor ihm - in seinem gesamten Erscheinungsbild nun einem hellenistischen König bzw. einem römischen Amtsinhaber gleichen wollte. Er trug eine purpurgesäumte Toga, was nur Senatoren durften, und er ließ sich von Liktoren begleiten, die Rutenbündel (*fasces*) trugen, was nur Amtsinhabern gebührte. Der Name Tryphon, den er annahm, stellt dagegen eine klare Bezugnahme auf den seleukidischen König Diodotos Tryphon dar, der von 142 bis 138 v. Chr. regierte. Wiederum war es also Plan der Sklaven, einen regulären Staat im Staate mit einem eigenen König an der Spitze zu gründen. Die Römer taten sich zunächst erneut schwer damit, diesen Aufstand unter Kontrolle zu bringen. Dann gelang es ihnen allerdings, einen Teil des Sklavenheeres unter der Führung des Athenion zu besiegen. Durch eigenes Unvermögen aber konnten sie den Aufstand vorerst nicht ganz unter Kontrolle bringen. Tryphon starb kurz danach, und sein Nachfolger wurde Athenion, der mit Glück den Römern hatte entkommen können. Dann aber wurde den Römern endlich der Ernst der ganzen Angelegenheit klar, und sie übertrugen die Leitung des Krieges einem der amtierenden Konsuln, Manius Aquilius. Dieser konnte den Sklavenaufstand schließlich niederschlagen, nachdem er Athenion selbst in einem Zweikampf bezwungen haben soll. Um weitere Erhebungen auf Sizilien zu unterbinden, setzte wenige Jahre nach dem zweiten Aufstand der Praetor Lucius Domitius Ahenobarbus die Entwaffnung der Hirten auf Sizilien durch.

Spartacus-Aufstand

Die von diesen ausgehende Gefahr war damit ein wenig gebannt, doch kam es wiederum eine Generation später, nämlich in den Jahren 73 bis 70 v. Chr., zu einer erneuten Erhebung von Sklaven (Fischer, Quellenreader Nr. 105, 106). Diesmal nahm sie allerdings nicht auf Sizilien ihren Ausgang, sondern in Capua auf dem italischen Festland. Dieser Sklavenaufstand brach auch nicht unter Unfreien, die in der Landwirtschaft tätig waren, aus, sondern in einem *ludus*, einer Gladiatorenschule. Als Anführer dieses Aufstandes ist ein Mann namens Spartacus bekannt. Der Aufstand begann mit der Flucht von etwa 70 Gladiatoren unter der Führung dieses Spartacus aus ihrer Kaserne, denen sich rasch eine große Zahl von Sklaven anschloss. An Spartacus‘ Seite standen als weitere Anführer die beiden Gallier Krixos und Oenomaos. Diese Sklavenarmee, die zu ihren erfolgreichsten Zeiten auf über 70000 Mann angewachsen war (manche Quellen sprechen sogar von 120000 Mann), konnte sich über lange Zeit und in zahlreichen Schlachten gegen die Heere römischer Praetoren und sogar Konsuln halten. Spartacus hatte die Sklaven zunächst nach Oberitalien geführt, vermutlich, um mit ihnen Italien zu verlassen und in ihre ursprünglichen Heimatländer zurückzukehren. Es ist nicht klar, warum dieser Plan kurz vor seiner Realisierung fallengelassen wurde. Vermutlich verweigerten seine Gefolgsleute Spartacus den Gehorsam. Das Heer von Unfreien setzte sich also wieder Richtung Süden in Marsch. Der Plan, auf den Schiffen von Piraten nach Sizilien überzusetzen scheiterte am Verrat der Seeräuber. Schließlich setzte Marcus Licinius Crassus der Erhebung ein Ende, wie der Geschichtsschreiber Appian in seiner Darstellung der römischen Bürgerkriege schildert.

Quelle

Crassus besiegt das Sklavenheer des Spartakus

Appian, Römische Bürgerkriege 1, 120; Übersetzung: O. Veh

Nun begrub Spartacus alle Hoffnungen und nahm mit seinen selbst damals noch starken Streitkräften den Kampf mit Crassus auf. Es wurde ein langes, schweres Ringen, wie es bei der verzweifelten Stimmung so vieler Tausender nicht anders zu erwarten war; dabei wurde Spartacus von einer Lanze am Schenkel verwundet, er sank aufs Knie, hielt aber auch dann noch seinen Schild den Angreifern entgegen und setzte den Kampf fort, bis er selbst und eine große Schar um ihn eingekreist wurden und den Tod fanden. Der Rest seines Heeres, nunmehr in Auflösung, wurde massenweise hingeschlachtet, sodass man bei den Feinden die Zahl der Gefallenen nicht einmal genau feststellen konnte, während sich die Verluste der Römer auf etwa 1000 Mann beliefen. Spartacus' Leiche blieb unauffindbar. Noch trieben sich aber viele seiner Leute, welche aus der Schlacht entkommen waren, in den Bergen umher. Ihnen rückte Crassus nach; dabei teilten sich seine Streitkräfte in vier Gruppen und setzen den Kampf fort, bis alle Gegner tot waren, außer 6.000. Diese waren in Gefangenschaft geraten und wurden nun der ganzen Straße von Capua bis Rom entlang ans Kreuz geschlagen.

Auf einen Blick

Am Anfang der römischen Republik gab es in Rom nur wenige Sklaven. Eine größere Rolle scheint die Schuldknechtschaft gespielt zu haben, die allerdings im späten 4. Jh. v. Chr. abgeschafft wurde. Mit der Ausbreitung der römischen Macht über den gesamten Mittelmeerraum kamen immer mehr Unfreie nach Italien. Die große Anzahl von Sklaven aus dem griechischen Osten auf Sizilien, deren schlechte Lebens- und Arbeitsbedingungen sowie die mangelnde Kontrolle, der die Unfreien unterworfen waren, führten Ende des 2. Jh. v. Chr. und im frühen 1. Jh. v. Chr. zu drei großen Sklavenerhebungen.

Literaturhinweise

Bradley K.: *Slavery in the Roman Republic.* In: K. Bradley – P. Cartledge (Hrsg.): The Cambridge World History of Slavery. Volume I: The Mediterranean World. Cambridge 2011, 241–264.

Brodersen K.: *Ich bin Spartacus. Aufstand der Sklaven gegen Rom.* Darmstadt 2010.

Bradley K.: *Slavery and Rebellion in the Roman World. 140 B.C.–70 B.C.* London 1989.

Urbainczyk T.: *Slave Revolts in Antiquity.* Berkeley 2008.

VI. Späte Republik und Kaiserzeit

Überblick

Sklaven waren ein grundlegender Teil der römischen Gesellschaft und spielten im wirtschaftlichen Leben des *Imperium Romanum* eine wichtige Rolle. Im häuslichen Bereich genauso wie in allen Sektoren der römischen Wirtschaft war der Einsatz von Unfreien üblich. Als Eigentum ihrer Herren waren sie oft deren Willkür ausgeliefert, doch traten im Laufe der Kaiserzeit auch Regelungen zum Schutz der Unfreien in Kraft. Häufiger als in der griechischen Staatenwelt konnten römische Sklaven mit ihrer Freilassung rechnen, und den Freigelassenen und ihren Familien war ein Aufstieg zu Macht und Reichtum möglich.

Zeittafel	
133 und 123/22 v. Chr.	Reformversuche von Tiberius und Gaius Gracchus
46–44 v. Chr.	Alleinherrschaft von Iulius Caesar
27 v. Chr.–68 n. Chr.	Julisch-Claudische Dynastie
69–96 n. Chr.	Flavische Dynastie
96–180 n. Chr.	sog. Adoptivkaiser
193–235 n. Chr.	Severische Dynastie

1. Historischer Hintergrund

Der Aufstieg Roms zur Weltmacht veränderte die sozialen und politischen Verhältnisse und ließ die Republik ab dem späten 2. Jh. v. Chr. immer mehr in die Krise geraten, ehe sie im Bürgerkrieg endete. Herausragende Feldherren wie Sulla, Pompeius oder Caesar strebten nach der Vorherrschaft, doch es gelang erst Augustus, das erbitterte Ringen um die Macht endgültig für sich zu entscheiden und seine Herrschaft zu institutionalisieren. Fortan sollten nicht mehr die (allerdings weiterexistierenden) gewählten Beamten an der Spitze des Staates stehen, sondern Kaiser, die ihre Macht erbten oder mit Gewalt an sich rissen. Mit Augustus begann das Zeitalter des Prinzipats (von lat. *princeps* „der Erste"), in welchem das *Imperium Romanum* im 2. Jh. n. Chr. unter Kaiser Trajan seine größte Ausdehnung und Entfaltung erreichte. Das römische Staatsgebiet reichte von Schottland im Norden bis Nubien im Süden und von Portugal im Westen bis Mesopotamien im Osten. Eine tiefgreifende politische, militärische und wirtschaftliche Krise im 3. Jh. n. Chr. beendete diese Blütezeit und setzte eine erneute Transformation von Staat und Gesellschaft in Gang.

2. Anzahl der Sklaven

Sklaven machten einen beträchtlichen Teil der römischen Bevölkerung aus. Ihr Anteil von Sklaven an der Gesamtbevölkerung erreichte im Italien der späten Republik mit 15 bis 25 Prozent einen Spitzenwert (das sind etwa 2 Millionen Unfreie). Die Anzahl der Sklaven im Kaiserreich war ebenfalls hoch, auch wenn sie nicht sicher bestimmt werden kann. Die besten Daten stehen aufgrund der papyrologischen Quellen für das römische Ägypten zur Verfügung, doch können die dortigen Verhältnisse nicht vollständig auf das restliche Reich umgelegt werden. Realistischen Schätzungen zufolge machten Unfreie während der hohen Kaiserzeit reichsweit etwa 10 Prozent der Gesamtbevölkerung aus, die vor der sog. *antoninianischen Pest* der 2. Hälfte des 2. Jh. n. Chr. etwa 60 Millionen Menschen betragen haben mag. Allerdings variierte das Verhältnis zwischen Freien und Sklaven zeitlich und regional. Das Geschlechterverhältnis innerhalb der unfreien Bevölkerung scheint insgesamt ausgeglichen gewesen zu sein, allerdings gibt es zu wenige statistisch auswertbare Quellen, die diesbezüglich sichere Aussagen erlauben.

Zahl der Sklavenbesitzer

Die Zahl der Sklavenbesitzer im *Imperium Romanum* kann nicht mit Sicherheit eruiert werden. Auf alle Fälle konnten sich nicht alle Freien den Besitz von Sklaven leisten, da deren Kauf und Unterhalt für Arme zu teuer war. Somit war der Einsatz von Sklavenarbeit für viele Klein- und Mittelbetriebe nicht rentabel. Auch wenn wir also Sklavenbesitzer quer durch alle Schichten der römischen Gesellschaft antreffen, so waren die meisten Sklaven doch im Besitz der Oberschicht. Sklavenbesitzer konnten darüber hinaus nicht nur Einzelpersonen sein, sondern Gruppen von Personen oder Körperschaften; Unfreie waren etwa auch im Besitz von Tempeln, Gemeinden oder des römischen Staates.

Anzahl der Sklaven einzelner Besitzer

Die Anzahl der Sklaven einzelner Besitzer konnte stark variieren. Manche Herren besaßen nur einen oder zwei Sklaven. Doch während der Philosoph Seneca (1–65 n. Chr.) sich in seiner Schrift *Von der Seelenruhe* (8, 5–9; Fischer, Quellenreader Nr. 51) dafür aussprach, die Zahl der Unfreien gering zu halten, gehörte es für die senatorische Oberschicht zum „guten Ton", eine *familia* von mehreren hundert Unfreien zu besitzen. Verfügte ein Mitglied der Nobilität über (zu) wenige Sklaven, konnte das sogar als politisches Argument gegen ihn vorgebracht werden (Fischer, Quellenreader Nr. 50)! Für vereinzelte Herren werden sogar extrem hohe Sklavenzahlen überliefert, so etwa für den Freigelassenen Caius Caecilius Isidorus, der zu einem der reichsten Männer seiner Zeit aufstieg und bei seinem Tod im Jahre 8 v. Chr. 4 116 Sklaven besaß, wie Plinius der Ältere (23–79 n. Chr.) kolportiert.

Quelle

Plinius berichtet über den Besitz des Freigelassenen Caecilius Isidorus
Plinius der Ältere, *Naturgeschichte* 33, 134f.; Übersetzung: W. Eck/J. Heinrichs

In der Folgezeit haben wir viele Leute kennengelernt, die aus der Sklaverei entlassen noch reicher waren (als Crassus), gleich drei unter Claudius, noch nicht lange zurück: Callistus, Pallas und Narcissus. Lässt man diese beiseite, als seien sie immer noch übermächtig, so verfügte im Konsulatsjahr des Gaius Asinius Gallus und des Gaius Marcius Consorinus, am 27. Januar, Gaius Caecilius Isidorus, der Freigelassene des Gaius, in seinem Testament, ungeachtet seiner großen Verluste im Bürgerkrieg hinterlasse er an Sklaven 4116, an Ochsen 3600, an sonstigem Vieh 257000 Stück, an Bargeld 60 Millionen Sesterzen und für sein Begräbnis bestimmte er eine Million Sesterzen.

3. Wege in die Sklaverei

Kriegsgefangenschaft

Wie in den vorhergehenden Epochen war die Kriegsgefangenschaft eine wesentliche Quelle für neue Sklaven. So sollen etwa allein durch die Feldzüge von Gaius Iulius Caesar in Gallien mehr als eine Million Menschen ihre Freiheit verloren haben, wie der Geschichtsschreiber Appian überliefert (Appian, *Krieg gegen die Kelten* 1, 6). Zwar mag es in der Zeit nach Augustus zu einer geringfügigen Abnahme der Anzahl von Kriegsgefangenen gekommen sein, militärische Auseinandersetzungen wie die jüdische Revolte (66–70 n. Chr.), die dakischen Kriege (101/102, 105/106 n. Chr.) Kaiser Trajans, der Bar-Kochba-Aufstand (132–136 n. Chr.) unter Hadrian oder die Partherkriege (195, 197/8 n. Chr.) des Septimius Severus verursachten aber weiterhin unzählige Gefangene.

Quelle

Nach der Eroberung von Jerusalem 70 n. Chr. machten die Römer viele Kriegsgefangene
Flavius Josephus, *Jüdischer Krieg* 6, 414–420; Übersetzung: W. Eck/J. Heinrichs

Als die Soldaten vom Töten bereits ermüdeten, jedoch noch eine große Menge Überlebender zum Vorschein kam, befahl der Caesar (Titus), nur die Bewaffneten und die aktiv Widerstand Leistenden zu töten, die übrige Menge aber lebend gefangen zu nehmen. Über diese Befehle hinaus machten die Soldaten alte und schwache Leute nieder, brauchbare Leute im besten Alter aber trieben sie im Tempelbereich zusammen und sperrten sie in den ummauerten Vorhof der Frauen. Als Wächter setzte der Caesar einen Freigelassenen ein, ferner Fronto aus der Zahl seiner Freunde, der für jeden Gefangenen die angemessene Behandlung festlegen sollte. Dieser ließ sämtliche Rebellen und Räuber, die sich gegenseitig denunzierten, hinrichten, von den jungen Leuten sonderte er die körperlich größten und ansehnlichsten aus und sparte sie auf für den Triumphzug. Von der übrigen Menge schickte er die Gefangenen, die älter waren als 17 Jahre, in die ägyptischen Bergwerke und Steinbrüche, die meisten aber verteilte Titus als Geschenke auf die Provinzen, wo sie in den Amphitheatern durch das Schwert und wilde Tiere umkommen sollten. Gefangene unter 17 Jahren verkaufte er. Von ihnen verhungerten während der Tage, an denen Fronto seine Entscheidungen traf, 11 000 insgesamt, einige, weil sie von den Wächtern aus Hass keine Nahrung zugeteilt erhielten, andere, weil sie das Zugeteilte nicht annahmen. Zudem mangelte es an Getreide für eine solche Menschenmenge. Die Gesamtzahl der Gefangenen während der vollen Kriegsdauer betrug 97 000, die der Toten während der gesamten Belagerung 1,1 Millionen.

Piraterie

Neben den Kriegsgefangenen gerieten viele Menschen auch als Opfer von Banditen, Piraten und Menschenräubern in die Sklaverei, und sie waren wohl nur in den seltensten Fällen in der Lage, ihre Freiheit auf dem Rechtsweg geltend zu machen. Auch prominente Persönlichkeiten der Antike konnten so vorübergehend ihre Freiheit verlieren, so etwa Gaius Iulius Caesar, wie der Historiker Velleius Paterculus (2, 42 f.; Fischer, Quellenreader Nr. 28) berichtet. Dieses Problem scheint vor allem im 2. und frühen 1. Jh. v. Chr. virulent gewesen zu sein.

Sklavengeburt

Einen wichtigen Beitrag zur Sicherung des benötigten Sklavennachschubs leistete die Geburt von Sklavenkindern. Im Laufe der römischen Kaiserzeit wurde die Sklavengeburt zur wichtigsten Quelle von Unfreien. Diese hatten ihren unfreien Status grundsätzlich von ihrer Mutter, ganz egal, ob der Vater ein Sklave oder ein Freier war. Unter Einwirkung des sog. *favor libertatis*, also des Grundsatzes, dass im Zweifelsfall immer für die Freiheit eines Betroffenen zu entscheiden ist, wurde diese Regel dahingehend erweitert, dass eine Sklavin, die zu irgendeinem Zeitpunkt zwischen Empfängnis und Geburt eines Kindes frei gewesen ist, ein freies Kind zur Welt brachte (Fischer, Quellenreader Nr. 42, 44). Freilich wird eine derartige Konstellation nur selten vorgekommen sein.

Dass die natürliche Reproduktion der Sklavenschaft von den Herren gewünscht und gefördert wurde, zeigt etwa eine Passage aus dem Agrarhandbuch des Columella (1, 8, 19), in der er sich zu Vergünstigungen für Sklavenmütter äußert: Ein Sklavin, die drei Kinder hatte, wurde von der Arbeit freigestellt, wer mehr Nachwuchs hatte, wurde als Belohnung dafür sogar freigelassen.

Selbstverkauf in die Sklaverei

Die Wichtigkeit des Selbstverkaufs in die Sklaverei ist umstritten, war aber wohl untergeordnet. Da er in den Quellen aber immer wieder genannt wird, muss er eine gewisse Rolle gespielt haben. Obwohl freigeborene Menschen sich nicht selbst in die Sklaverei verkaufen durften, taten sie dies trotzdem, um durch den Verkaufspreis finanziell zu profitieren. Für dieses Vergehen wurden sie hart bestraft, nämlich paradoxerweise durch ihre Versklavung. Der Verkauf von eigenen Kindern in die Sklaverei spielte in der späten Republik und während des Prinzipats kaum bzw. nur bei der nicht-römischen Provinzialbevölkerung eine Rolle.

Versklavung von Findelkindern

Nicht zu unterschätzen ist in ihrer Bedeutung dagegen die Versklavung von Findelkindern (Fischer, Quellenreader Nr. 46). Aus den ausgesetzten Kindern (*expositi*) konnte der jeweilige Finder und Erzieher völlig rechtmäßig Sklaven machen. Freigeborene Kinder behielten jedoch theoretisch ihren freien Status und erhielten auch die Freiheit zurück, wenn diese später bewiesen werden konnte. Zudem endete mit der Aussetzung nicht die väterliche Gewalt über die Kinder. Auch wenn er sie selbst ausgesetzt hatte, konnte der leibliche Vater die ausgesetzten Kinder später vom Finder zurückfordern.

Versklavung als Strafe

Weniger bedeutend war die Strafversklavung, doch auch sie kam durchaus vor. Sie konnte an Stelle der Todesstrafe vor allem über die Angehörigen der Unterschichten verhängt werden. Die härteste Form war die in der Regel todbringende Verurteilung zur Zwangsarbeit in den Bergwerken (*ad metallum*). Daneben gab es auch die Verurteilung zu den Gladiatorenspielen (*ad ludos* bzw. *ad gladium*) oder zu den Tierhatzen (*ad bestias*). Hier bestand für den Verurteilten immerhin die Chance eines Sieges und damit die vage Hoffnung auf eine Freilassung, die freilich nur durch den Kaiser möglich war. Eine weitere Art der Versklavung existierte nach dem *Senatus consultum Claudianum*, einem Senatsbeschluss aus dem Jahr 52 n. Chr., in dem festgelegt wurde, dass eine freie Frau, die mit einem fremden Sklaven verkehrte und diese Beziehung auch nach dreimaliger Verwarnung durch dessen Herrn nicht beendete, ihre Freiheit, das Bürgerrecht und das Eherecht verlor. Sie wurde zur Sklavin des Herrn des fremden Sklaven. Sollte der Herr dieser Beziehung zustimmen, wurde sie zu seiner Freigelassenen, was bedeutete, dass sie ihm gegenüber zu bestimmten Leistungen verpflichtet war, das Kind, das aus der Beziehung mit dem Sklaven stammte, wurde dagegen zum Sklaven. Dies hob allerdings bereits Hadrian wieder auf, der solche Kinder frei geboren werden ließ (Fischer, Quellenreader Nr. 43, 44, 47).

Import von Sklaven

Neben den bisher aufgezählten Möglichkeiten einer Vergrößerung des Sklavenbestandes durch die Römer bzw. innerhalb des römischen Reiches, wurden zahlreiche Menschen bereits als Unfreie von außerhalb in das *Imperium Romanum* importiert. Diese konnten in ihren Heimatländern aus den unterschiedlichsten Gründen in die Sklaverei geraten sein – sei es infolge kriegerischer Konflikte, aufgrund von Menschenraub, aufgrund des Verkaufs durch die eigenen Eltern oder auch als Strafe.

Quelle

Grabstein des Freigelassen Gaius Iulius Mygdonius aus Ravenna aus dem 1. Jh. n. Chr.

CIL XI 137; Übersetzung: W. Eck/J. Heinrichs

Gaius Iulius Mygdonius, nach Herkunft ein Parther, als Freier geboren, im ersten Mannesalter in Gefangenschaft geraten und in römisches Gebiet verkauft: Als ich mit Hilfe des Schicksals römischer Bürger geworden war, ließ ich mir diesen Sarkophag aufstellen, als ich 50 Jahre alt war. Von meiner Kindheit an bemühte ich mich, mein Greisenalter noch zu erleben. Nun nimm mich willig auf, Stein. In dir werde ich von aller Sorge befreit sein.

Sklavenhandel

Der Sklavenhandel hatte eine enorme wirtschaftliche Bedeutung. Seine Ausmaße lassen sich etwa daran erkennen, dass Kaiser Augustus eine Steuer von 2 Prozent auf Sklavenverkäufe einführte, die genug Gewinn abwarf, um damit neben anderen Regierungsaufgaben die Löhne der ca. 7000 *vigiles* (eine Einheit von freigelassenen Sklaven, welche die Aufgaben von Feuerwehr und Polizei in der Stadt Rom übernahmen) abzudecken.

Mit Sklaven wurde überall im *Imperium Romanum* gehandelt. Selbst in kleinen Gemeinden fanden regelmäßig Märkte statt, auf denen Unfreie den Besitzer wechselten. Zu größeren Transaktionen kam es direkt am Schauplatz kriegerischer Ereignisse, bei denen Gefangene gemacht wurden, die sofort weiterveräußert wurden. Der Verkauf von Kriegsgefangenen wurde als *sub hasta vendere* („unter der Lanze verkaufen") oder als *sub corona vendere* („unter dem Kranz verkaufen") bezeichnet. In den Metropolen des Reiches spielte sich der Sklavenhandel ebenfalls im großen Umfang ab. Der größte Markt befand sich in Rom auf dem *Forum Romanum* beim Kastortempel, ein anderer stadtrömischer Verkaufsplatz für Sklaven war bei der *Saepta Iulia* auf dem Marsfeld. Wichtige Umschlagsorte waren z.B. auch Brundisium, Puteoli, Byzantion, Milet, Side oder Palmyra. Die wichtige Rolle, welche die kleinasiatische Metropole Ephesos im römischen Sklavenhandel spielte, zeigt sich etwa daran, dass der römische Gelehrte Varro sie als Beispiel nimmt, an dem er die übliche Praxis der Vergabe eines neuen Namens an einen Sklaven erläutert (Varro, *Über die lateinische Sprache* 8,9; Fischer, Quellenreader Nr. 41). Es ist auch sicher kein Zufall, dass gerade der in trajanischer Zeit wirkende ephesische Arzt Rufus eine leider nicht erhaltene Schrift über den Sklavenkauf (*de emptione servorum*) verfasst hat. Erwähnenswert sind in diesem Zusammenhang auch zwei Ehreninschriften (*Inschriften von Ephesos* 646, 3025), die von den ephesischen Sklavenhändlern gesetzt wurden. Nur in diesen beiden Inschriften kommt der lateinische Begriff *statarium* vor, die latinisierte Form des ebenfalls seltenen griechischen Terminus *statárion* „Sklavenmarkt". Ansonsten wird der Sklavenmarkt lateinisch als *venalicium* bezeichnet.

Beim Verkauf wurden die Unfreien gewöhnlich auf einem Gerüst (*catasta*), das in Einzelfällen auch gedreht werden konnte, angeboten. Zuweilen mussten sich die Sklaven ihren potentiellen Käufern auch nackt präsentieren.

Abb. 3 Das untere Relief einer römischen Grabstele aus Capua zeigt vermutlich einen Sklavenverkauf. Zwei Männer in Toga wenden sich einer dritten, unbekleideten Person zu, die auf einem Podium (sog. *catasta*) präsentiert und offenbar gerade verkauft wird.

Eine solche Präsentation eines Sklaven auf der *catasta* ist bildlich auf einem Grabstein aus Capua festgehalten (Abb. 3). Beim Verkauf von Sklaven wurden Kaufverträge abgeschlossen, die zum Teil auf Wachstafeln (Fischer, Quellenreader Nr. 36) oder (in größerer Zahl) auf Papyrus (Fischer, Quellenreader Nr. 35) erhalten sind.

Quelle

Vertrag über den Kauf eines Sklavenjungen aus dem Jahr 166 n. Chr., abgefasst in Seleukia (Syrien), gefunden im ägyptischen Fayum

Griechische Papyri im Britischen Museum 229; Übersetzung: W. Eck/J. Heinrichs

Gaius Fabullius Macer, *optio* der praetorischen Flotte von Misenum auf der Triere „Tigris", hat einen Knaben gekauft, seiner Herkunft nach von jenseits des Flusses (Euphrat), mit Namen Abbas, auch Eutyches oder mit welchem Namen er sonst noch gerufen wird, etwa sieben Jahre alt, für 200 Denare zuzüglich des Hafenzolls, von Q. Iulius Priscus, einem Soldaten derselben Flotte auf derselben Triere. Dass dieser Knabe gesund sei gemäß dem Edikt (der Ädilen) und dass, sofern jemand Ansprüche auf den Knaben oder einen Teil davon geltend mache (und durchsetze), der Kaufpreis in einfacher Höhe unter Verzicht auf eine Anzeige ordnungsgemäß erstattet werden solle, hat Fabullius Macer gefordert, Quintus Iulius Priscus versprochen: (den Kauf) hat durch seine Garantie und seine Bürgschaft Gaius Iulius Antiochus, Soldat auf der Triere „Virtus" veranlasst.
Und die vorstehend erwähnten 200 Denare unbeanstandet und korrekt abgezählt von Gaius Fabullius Macer, dem Käufer, empfangen zu haben und zu besitzen, hat Quintus Iulius Priscus, der Verkäufer, bestätigt, und er habe diesem den vorstehend erwähnten Sklaven Eutyches ohne Täuschungsabsicht übergeben.
Abgeschlossen in Seleukia in Pierien, im Winterlager der Abteilung der praetorischen Flotte von Misenum, am 24. Mai unter den Konsuln Quintus Servilius Pudens und Aulus Fufidius Pollio.
Quintus Iulius Priscus, Soldat auf der Triere „Tigris": Ich habe dem Gaius Fabullius Macer, *optio* auf derselben Triere, den mir gehörenden Knaben Abbas oder auch Eutyches verkauft und als Kaufpreis 200 Denare empfangen, wie vorstehend niedergeschrieben.
Gaius Iulius Titianus, *suboptio* auf der Triere „Liber Pater": Ich habe auf seine Bitte hin für Gaius Iulius Antiochus, Soldat auf der Triere „Virtus", der nach eigener Angabe nicht schreiben kann, schriftlich festgehalten, dass er bürgt und durch seine Garantie und Bürgschaft (den Verkauf) des Knaben Abbas oder auch Eutyches veranlasst und dass der Kaufpreis für ihn 200 Denare beträgt, wie vorstehend niedergeschrieben.

Sklavenpreise

Der in diesem Vertrag genannte Preis von 200 Denaren ist relativ günstig. Leider sind nur wenige konkrete Sklavenpreise aus der römischen Kaiserzeit überliefert. Daher ist es nicht möglich, ein klares Bild der Kosten eines Unfreien zu zeichnen. Besonders aussagekräftig sind die in den epigraphisch oder papyrologisch überlieferten Kaufverträgen tradierten Summen, während die gelegentlich in den literarischen Quellen genannten, manchmal extrem hohen Summen mit großer Skepsis betrachtet werden müssen. Der Preis für Sklaven konnte natürlich stark variieren, er richtete sich nach Alter, Geschlecht, Gesundheitszustand, Aussehen, Ausbildung und Kenntnissen des jeweiligen Unfreien. Die überlieferten Preise schwanken zwischen 800 und 4000 Sesterzen bzw. 200 bis 1000 Denaren (in Ägypten zwischen 500 und 2800 Denaren). Vergleicht man das mit durchschnittlichen Tageslöhnen von etwa einem Denar (oder zwei Drachmen in Ägypten), dann wird deutlich, dass Sklaven im römischen Reich verhältnismäßig teuer waren und sich nicht jeder einen Unfreien leisten konnte.

Sklavenhändler

Sklavenhändler sind in den Quellen nur schwer zu fassen. Das liegt zum einen wohl daran, dass die Angehörigen dieses Berufsstandes meist nicht besonders angesehen waren, und zum anderen daran, dass sie auch häufig mit anderen Waren handelten. Einige Sklavenhändler, die als *(mercator) venalicius* bzw. *mango* bezeichnet wurden, sind aber dennoch literarisch oder epigraphisch belegt. Eines der bekanntesten Denkmäler ist das Grabmal des Aulos Kapreilios Timotheos aus Amphipolis am Strymon (Makedonien), der in seiner Grabinschrift (Supplementum Epigraphicum Graecum 28, 1978, 537) als Freigelassener sowie als Sklavenhändler bezeichnet wird und dieses Gewerbe wird auch im Bild des unteren Reliefs thematisiert (Fischer, Quellenreader Abb. 2). Ebenfalls um einen Sklavenhändler handelt es sich möglicherweise bei Gaius Aiacius, dessen Grabstein aus dem 1. Jh. n. Chr. in Köln gefunden wurde. Es kann jedoch nicht mit völliger Sicherheit entschieden werden, ob die Bezeichnung mango hier eine Berufangabe oder das Cognomen des Verstorbenen darstellt (*Corpus Inscriptionum Latinarum* XIII 8348). Sklavenhändler waren oft gut vernetzt und arbeiteten mit weit entfernt wohnenden Handelspartnern zusammen. Auch waren die Wege, die Sklaven – sei es per Schiff oder zu Fuß auf dem Landweg – von ihrem Herkunftsort zu ihrem Umschlagplatz oder zu ihren letztlichen Bestimmungsorten zurücklegen mussten, oft sehr weit und extrem beschwerlich, zumal sie unterwegs auch häufig aneinander gekettet und gefesselt gewesen zu sein scheinen. Sklavenhändler galten als hinterlistig und betrügerisch, und es wurde ihnen nachgesagt dass sie mit allen Mitteln versuchten, einen hohen Preis für die von ihnen angebotenen Menschen zu erzielen. Ein Musterbeispiel dafür ist Toranius Flaccus, der dem Triumvirn Marcus Antonius zwei miteinander gar nicht verwandte, sondern sich nur zufällig ähnlich sehende Knaben für viel Geld als Zwillingspaar verkauft haben soll. Und als der Betrogene dahinterkam, soll sich Toranius mit dem Argument herausgeredet haben, dass dies die beiden Unfreien nur umso wertvoller mache (Plinius der Ältere, *Naturgeschichte* 7, 56; Fischer, Quellenreader Nr. 40).

Schutzbestimmungen

Einen Schutz des Käufers boten gesetzliche Vorschriften – etwa die *edicta aedilium curulium de mancipiis vendundis*, die Verordnungen der kurulischen Aedile über den Sklavenverkauf (Fischer, Quellenreader Nr. 37). Diesen entsprechend mussten körperliche Gebrechen und Mängel auf Täfelchen deklariert werden, welche die Sklaven trugen. Verschwiegene Krankheiten konnten etwa den Kaufvertrag nichtig machen bzw. Schadenersatz rechtfertigen. Der Käufer musste auch über bisherige Verfehlungen des Sklaven aufgeklärt werden, über vergangene Fluchtversuche, über Selbstmordversuche oder über Strafen (z. B. die Verurteilung zum Kampf mit wilden Tieren in der Arena), zu denen der Sklave bisher verurteilt worden war. Auch die Herkunft des Unfreien musste bekannt gegeben werden (Fischer, Quellenreader Nr. 38), denn die Volkszugehörig galt einerseits als ein Hinweis auf den Charakter der jeweiligen Unfreien, andererseits wollten viele Sklavenbesitzer nicht zu viele Unfreie eines Volkes besitzen, da diese sich leichter verbünden und erheben konnten.

Quelle

Horaz schildert die Überredungskunst der Sklavenhändler, die den Käufer auf Mängel des Sklaven hinweisen müssen

Horaz, *Episteln* 2, 2, 2–19; Übersetzung: W. Eck/J. Engels

Will dir jemand einen Knaben z. B. aus Tibur oder Gabii verkaufen und redet etwa so auf dich ein: „Der hier mit herrlich weißer Haut, wunderschön vom Scheitel bis zur Fußsohle, soll dein sein für 8000 Sesterzen; als Haussklave geboren, wird er auf jedes Kopfnicken seines Herrn reagieren; ein wenig ist er mit griechischem Bildungsgut vertraut, geeignet zu jeder anspruchsvolleren Tätigkeit: gleich feuchtem Ton wirst du ihn formen, wie du magst. Er wird sogar singen, ohne Ausbildung zwar, doch angenehm für dich beim Zechen. Große Versprechungen mindern die Glaubwürdigkeit, wenn jemand feilgebotene Waren losschlagen will und über Gebühr anpreist: Mich drängt dazu nichts. Ich bin nicht reich, doch ohne Schulden. Keiner von den anderen Sklavenhändlern würde dir einen solchen Preis machen; aber auch nicht jeder Beliebige würde von mir dasselbe Angebot bekommen. Nur ein einziges Mal ist er hier entwischt und hat sich, wie es denn vorkommt, unter der Treppe versteckt aus Furcht vor der drohenden Peitsche." Du magst das Geld bezahlen, wenn dich nicht weiter stört, dass die Haftung für Entlaufen ausgeschlossen wird. Jener mag die Kaufsumme davontragen, ohne Gefahr, belangt zu werden, wie ich glaube. Wissentlich hast du ja einen Sklaven mit einem Fehler gekauft, darauf wurdest du ausdrücklich hingewiesen. Wirst du dennoch den Händler verfolgen und dich auf einen ungleichen Rechtsstreit einlassen?

Herkunft der Unfreien

Zwar wurden Sklaven auch von außen in das Römische Reich importiert, meist ist in den antiken Quellen aber von Unfreien die Rede, die aus den Provinzen des *Imperium Romanum* kamen. Die hauptsächlichen Herkunftsgebiete änderten sich im Laufe der Zeit - entsprechend den Gebieten, in welche die Römer gerade expandierten. Dominierten im 2. Jh. v. Chr. Unfreie aus Norditalien, der Iberischen Halbinsel, der südlichen Balkanhalbinsel, Nordafrika und Westanatolien, kamen im 1. Jh. v. Chr. mehr Sklaven aus Gallien, dem Zentralbalkan, Anatolien und der Levante, während im 1. und 2. Jh. n. Chr. viele Sklaven aus Britannien, Germanien oder Dakien stammten. Dazu kamen Importe von Sklaven von außerhalb des römischen Herrschaftsgebiets, etwa aus dem freien Germanien. Eine Region, die während der gesamten Antike als Herkunftsgebiet von Unfreien von großer Bedeutung war, ist der Schwarzmeerraum, wo die Stadt Tanais ein wichtiger Umschlagplatz von Sklaven war (Strabon 11, 2, 3). Im Austausch für die Sklaven wurden u.a. Öl, Wein und Salz in den Schwarzmeerraum importiert. Pollux berichtet in seinem *Onomastikon* (7, 14), dass die Thraker Sklaven für Salz verkauften. Ihm zufolge wurde das Attribut „für Salz gekauft" besonders für minderwertige Unfreie verwendet - dies mag aber auf ein Vorurteil der Griechen und Römer wegen des billig gewonnenen Salzes zurückgehen. Es lässt jedenfalls auf die Häufigkeit derartiger Transaktionen schließen, wenn wir aus dem im 10. Jh. n. Chr. entstandenen byzantinischen Lexikon der *Suda* erfahren, dass die Wendung „für Salz gekaufter Sklave" sogar sprichwörtlich wurde.

4. Sklaven in der Arbeitswelt

Wie in der griechischen Welt, so waren auch im *Imperium Romanum* Sklaven in den verschiedensten Sektoren und Branchen tätig und spielten eine wesentliche Rolle im römischen Wirtschaftsleben. Sie waren im Grunde in allen Berufssparten zu finden, mit der Ausnahme des Dienstes als Soldaten in den römischen Legionen.

Landwirtschaft

Die römische Gesellschaft war agrarisch geprägt. Die meisten Römer waren in der Landwirtschaft tätig, und hier kamen daher auch zahlreiche Sklaven zum Einsatz - nicht nur auf großen, hauptsächlich von Unfreien bewirtschafteten Latifundien, sondern auch auf kleineren und mittleren Gütern. Im Gegensatz zu den in den Städten lebenden und dort arbeitenden Sklaven (*familia urbana*), wurden die Sklaven auf dem Land als *familia rustica* bezeichnet. Ihr Los galt als härter als jenes der Sklaven in der Stadt, die sie meist von Sonnenauf- bis Sonnenuntergang arbeiten mussten. Sie waren beispielsweise in der Viehzucht beschäftigt und wurden etwa als Hirten eingesetzt. Die Quellen berichten von riesigen Herden, für die Tausende von Unfreien zuständig waren.

Zahlreiche Unfreie kamen auch im Acker- und Gartenbau, vor allem im Olivenanbau und der Ölgewinnung sowie im arbeitsintensiven Weinbau zum Einsatz. Da die Gutsbesitzer oft abwesend waren (besonders die Angehörigen der Oberschicht besaßen Güter, die geographisch weit verstreut lagen), arbeiteten die Unfreien weiterhin oft unter der Aufsicht eines in der Regel ebenfalls unfreien Verwalters, des *vilicus* (Fischer, Quellenreader Nr. 80, 81). Die in der Landwirtschaft tätigen Unfreien mussten in manchen Fällen ihrer Arbeit gefesselt nachgehen, was ihre Flucht oder eine unerwünschte Zusammenrottung von Sklaven verhindern sollte, und wurden teilweise in besonderen Zuchthäusern untergebracht, den sog. *ergastula*, ehe diese von Kaiser Hadrian verboten wurden.

Handwerk

Viele Sklaven kamen auch in Bergwerken zum Einsatz, was wohl eines der schwersten Sklavenlose darstellte. Der Geschichtsschreiber Diodor (1. Jh. v. Chr.) berichtet etwa bei seiner Beschreibung der römischen Bergwerke in Iberien (Diodor 5, 36, 3–4; Fischer, Quellenreader Nr. 77), dass viele Unfreie infolge der harten Arbeitsbedingungen unter Tage ihr Leben verloren. Über den Einsatz von Sklaven im Bergbau informiert auch die inschriftlich überlieferte Bergwerksordnung aus dem portugiesischen Vipasca (*Inscriptiones Latinae selectae* 6891 = *Fontes Iuris Romani Anteiustiniani* 1,105). Unfreie Arbeiter begegnen auch in Steinbrüchen und Tongruben, desgleichen finden sie sich auch in der Keramikproduktion (etwa in den frühkaiserlichen Manufakturen in Arezzo in Mittelitalien), oder in der Ziegelproduktion, wie etwa Ziegelstempel belegen.

Quelle

Ziegelstempel aus Rom

Corpus Inscriptionum Latinarum XV 1, 1078; Übersetzung: L. Schumacher

Ziegel von der Domäne (= Ziegelei) der Lucilla, Gemahlin des (Annius) Verus; produziert hat ihn Mercurius, Sklave des Tiberius Claudius Quinquatralis.

Anmerkung: Domitia Lucilla, die Mutter des Kaisers Mark Aurel, war die Beistzerin der Ziegelei, Tiberius Claudius Quinquatralis der Pächter, und dessen Sklave Mercurius war der Werkstattleiter.

Eine wichtige Rolle spielten unfreie Handwerker (*fabri*) auch im Baugewerbe, wo sie als Maurer (*structores*), Steinmetze (*marmorarii*) und Zimmerleute genauso eingesetzt wurden wie als Vermessungstechniker (*mensores*) und als Architekten. Ein anderer Sektor, in dem Sklaven häufig tätig waren, war die Textilproduktion, wo Spinnerinnen (*quasillariae*) genauso anzutreffen waren wie Weber (*textores*), Wollarbeiter (*laniarii*) oder Färber (*tinctores*). Eine körperlich besonders anstrengende Arbeit war die der Walker (*fullones*), weshalb hier nur männliche Sklaven zum Einsatz kamen. In der Lederherstellung und -verarbeitung waren unfreie Gerber (*byrsei*) und Schuster (*sutores*) im Einsatz. In der Metallverarbeitung begegnen Sklaven nur selten, häufiger wurden sie im Transportwesen eingesetzt, etwa als Ochsentreiber (*bubulci*). Als Bankiers begegnen Sklaven (anders als in der griechischen Welt) kaum, sie kamen im Bankwesen aber als Münzprüfer (*nummularii*) zum Einsatz.

Haushaltssklaven

Eine besonders wichtige Rolle spielten unfreie Bedienstete in den römischen Haushalten. Besonders zu den Häusern der römischen Oberschicht gehörten oft große Sklavengruppen – oft weniger aus arbeitsökonomischen Gründen, sondern vielmehr aus Prestigegründen. Eine große Sklavenschaft war ein wichtiges Statussymbol. Bei den zahlreichen, oft sehr spezialisierten Berufsbezeichnungen, die für Haussklaven überliefert sind, muss allerdings stets gefragt werden, was diese Unfreie wirklich machten, und welche Pflichten sie neben den genannten noch hatten. Auch muss bedacht werden, dass Berufs- und Tätigkeitsbezeichnungen einem Wandel unterlagen. Das zeigt etwa das Beispiel des *atriensis*. War dieser im 2. Jh. v. Chr. noch der wichtigste Sklave eines städtischen Haushalts, der mit vielerlei Verwaltungsangelegenheiten befasst war und dem *vilicus* auf den Landgütern entsprach, so stieg er in der Sklavenhierarchie in der Folgezeit immer weiter ab und hatte im 2. Jh. n. Chr. als Türwächter nur mehr eine der niedrigsten Funktionen inne.

Neben dem *atriensis* sind Sklaven belegt als Kämmerer (*cubicularii*), Verwalter (*actores*), Speicherverwalter (*horrearii*), Kassenwarte (*dispensarii*), Köche (*coci*), Namensrufer (*nomenclatores*), Sänftenträger (*lectiarii*), Begleiter (*pedisequi*), Vorleser (*lectores*), Boten (*tabellarii*), Einkäufer (*opsonatores*), Gärtner (*topiarius*) oder auch als Zitherspieler (*citharoedi*). Sklavinnen wurden oft als Friseusen (*ornatrices*) oder als Begleiterinnen (*pedisequae*) eingesetzt. Besonders gut ausgebildete Unfreie leisteten ihren Herren als Schreiber und Sekretäre (*a manu* bzw. *librarii*) besonders gute Dienste. Der berühmteste unfreie Sekretär aus der Antike ist wohl Ciceros Sklave Tiro, der ein eigenes stenographisches System entwickelte, die sog. *tironischen Noten*.

Quelle

Grabinschrift für den Sklaven Xanthias aus Köln

Corpus Inscriptionum Latinarum XIII 8355; Übersetzung nach G. Walser

[...] Dieses Lied, dieser Altar und diese Asche – es ist das Grab des Knaben Xanthias, der vom bitteren Tod hinweggerafft wurde. Schon war er gewandt, mir flinkem Stift in Kurzschrift so viele Buchstaben und Wörter festzuhalten, wie eine flinke Zunge formulierte. Schon hätte ihn keiner beim Diktieren überfordern können. Schon hatte er begonnen, auf den Ruf des Herrn zu jeder Art von Diktat hinzueilen, sich ans Ohr des Vertrauten rufen zu lassen. Ach, in raschem Tod stürzte er nieder, er, der als einziger die geheimen Gedanken seines Herrn sollte wissen dürfen.

Erziehung

Die Kinderbetreuung wurde oft unfreiem Personal überlassen, was von römischen Gelehrten mitunter auch kritisch gesehen wurde (Fischer, Quellenreader Nr. 85, 86). Sklaven spielten eine wichtige Rolle als Ammen (*nutrices*), wobei es durchaus auch freie Ammen gab, die ihre Dienste anboten, und als *paedagogi*, welche die Kinder zum Unterricht begleiteten. Während in der griechischen Welt freie Lehrer tätig waren, sind bei den Römern auch zahlreiche unfreie Lehrer (*magistri*) belegt. Reiche Haushalte verfügten häufig über Hauslehrer, die oft Sklaven aus dem griechischen Osten waren.

Ärzte

Ähnlich wie mit den Lehrern verhält es sich mit Ärzten (*medici*): Während diese in Griechenland in der Regel frei waren, kennen wir im antiken Rom auch zahlreiche unfreie Ärzte. Diese Sklavenärzte konnten mitunter zu beachtlichem Wohlstand kommen. Ein berühmtes Beispiel ist Publius Decimius Eros Merula, der sich im 1. Jh. n. Chr. für eine halbe Million Sesterzen freikaufen konnte.

Quelle

Grabinschrift des Arztes Publius Decimius Ero Merula in Assisi

Corpus Inscriptionum Latinarum XI 5400; Übersetzung: L. Schumacher

Publius Decimius Eros Merula, Freigelassener des Publius, klinischer Arzt, Chirurg, Augenarzt, Sevir Augustalis; für seine Freilassung zahlte er 500000 Sesterzen, für das Sevirat 2000 Sesterzen an die Gemeindekasse; für die Aufstellung von Statuen im Tempel des Herkules stiftete er 30000 Sesterzen, für die Pflasterung der Straßen 37000 Sesterzen zugunsten der Gemeindekasse. Am Tage vor seinem Tod hinterließ er ein Vermögen von (mehr als) 500000 Sesterzen.

Ebenso ist unfreies medizinisches Hilfspersonal belegt, desgleichen unfreie Hebammen (*obstetrices*) und Masseusen (*tractatrices*).

Unterhaltungssektor

Vielfältige Tätigkeiten nahmen Sklaven auch im Unterhaltungssektor wahr. Vornehme Haushalte hatten ihre eigenen Unterhaltungskünstler wie Musiker (*musicarii*), Tänzerinnen (*saltatrices*) oder Schauspieler (*comoedi*), die etwa bei Gastmählern zur Unterhaltung der Gäste auftraten (Petron, *Satyricon* 68f.; Fischer, Quellenreader Nr. 84). Freilich waren die Geschmäcker dabei verschieden, wie ein Brief des jüngeren Plinius (Plinius der Jüngere, *Briefe* 9, 17; Fischer, Quellenreader Nr. 83) zeigt.

Aber nicht nur im privaten Bereich, sondern auch auf öffentlichen Bühnen traten hauptsächlich Sklaven auf, während ihnen das in Griechenland untersagt gewesen war. Das liegt daran, dass Berufe im Unterhaltungssektor in der Regel als infam galten. Dies bedeutete, dass freie Bürger, wenn sie diese ausübten, einige ihrer Bürgerrechte verloren. Das galt auch für Gladiatoren und Wagenlenker (*aurigae*), die daher in der Regel Sklaven oder Freigelassene waren.

Prostitution

Ebenso waren in Rom und anderen Städten des römischen Reiches zahlreiche unfreie Prostituierte tätig, die sowohl auf der Straße als auch in einem Bordell (*lupanar*) unter der Leitung eines Kupplers (*leno*) arbeiten konnten. Prostituierte, die durchweg Sklavinnen waren, waren polizeilich registriert und mussten Steuern bezahlen. Preise für Prostituierte waren relativ niedrig und lagen zwischen zwei und 16 Assen. Römische Bordelle sind archäologisch nachgewiesen, so etwa in Pompeji. Der Besuch solcher Etablissements galt den Römern durchaus nicht als ehrenrührig. Prostitution fand freilich nicht nur in Bordellen statt, sondern auch in Schankstuben oder Herbergen. Dies zeigt etwa das fiktive Zwiegespräch zwischen einem Wirten und seinem Gast auf einem kuriosen Grabstein aus Aesernia. Die Vermutung liegt dabei nahe, dass der hier bestattete Lucius Calidius Eroticus und seine Gefährtin Fannia Voluptas das Lokal führten und ihre Namen auf den Charakter des Etablissements anspielen.

Quelle

Grabstein des Lucius Calidius Eroticus und der Fannia Voluptas
L'Année épigraphique 1983, 329; Übersetzung: J. Fischer

Lucius Calidius Eroticus hat für sich und Fannia Voluptas zu Lebzeiten (diesen Grabstein) errichtet.
„Wirt, lass uns abrechnen!"
„Du hast einen sextarius (= 0,54 l) Wein und Brot: ein As. Zuspeise: zwei Asse." – „Geht in Ordnung"
„Das Mädchen: acht Asse" – „Geht ebenfalls in Ordnung"
„Heu für das Maultier: zwei Asse." – „Dieses Maultier wird mich noch zugrunderichten!"

Verwaltung

Wertvolle Arbeit leisteten unfreie Personen auch in der militärischen und zivilen Verwaltung, wo sie etwa Gehilfen (*adiutores*), Schreiber (*scribae*) oder Boten (*cursores*) eingesetzt wurden. Den Magistraten standen neben ihren privaten Sklaven auch öffentliche Sklaven (*servi publici*) zur Verfügung, die etwa im Strafvollzug, bei der Feuerwehr, der Getreideverteilung oder der Wartung der Wasserleitungen (Fischer, Quellenreader Nr. 73) Verwendung fanden. Ebenso wurde ihre Arbeitskraft bei der Marktaufsicht, im Rahmen der Instandhaltung öffentlicher Gebäude, bei der Aufrechterhaltung der öffentlichen Sicherheit, im Strafvollzug sowie im Sakralwesen herangezogen. Dies gilt freilich vor allem für die zahlreichen Gemeinden im *Imperium Romanum*.

In der Hauptstadt Rom erfüllten die *servi publici* dagegen in der Kaiserzeit vor allem kultische Aufgaben. So etwa beim Triumph, wo ein Staatssklave hinter dem siegreichen Feldherrn auf dem Wagen stand, diesem einen Goldkranz, die *corona triumphalis*, über den Kopf hielt und ihn vor frevelhafter Selbstüberschätzung (Hybris) bewahrte, indem er ihm regelmäßig zuflüsterte: *Respice post te; hominem te esse memento* („Blicke hinter dich; denke daran, dass du (nur) ein Mensch bist", Tertullian, *Apologeticum* 33,4). In der Staatsverwaltung wurden dagegen vor allem Sklaven des Kaisers, die sog. *familia Caesaris*, eingesetzt. Diese sind von den Staatssklaven grundlegend zu unterscheiden, denn sie waren privater Besitz des Kaisers und nur diesem gegenüber rechenschaftspflichtig. Manche von ihnen übernahmen im Haushalt des Kaisers jene Funktionen, die auch in reichen senatorischen Haushalten von Unfreien erfüllt wurden. Die meisten kaiserlichen Sklaven waren jedoch in der Verwaltung tätig.

Quelle

Grabstein zweier kaiserlicher Sklaven, die in der Wasserversorgung tätig waren, aus Rom
Corpus Inscriptionum Latinarum VI 8495; Übersetzung: W. Eck/J. Heinrichs

Den Totengöttern. Sabbio, Sklave unseres Kaisers, Verwalter an der claudischen Wasserleitung, errichtete (diese Grabstellen) für sich und Fabia Verecunda, seine in jeder Hinsicht unbescholtene Gattin, mit der er 24 Jahre zusammenlebte, für deren

Freigelassene beiderlei Geschlechts sowie für seine Untersklaven und für die Nachkommen all dieser, in seiner Hälfte (des Mausoleums).Den Totengöttern. Sporus, Sklave unseres Kaisers, Verwalter an der claudischen Wasserleitung, errichtete (diese Grabstellen) für sich und Claudia Hermione, seine in jeder Hinsicht unbescholtene Gattin, für deren Freigelassene beiderlei Geschlechts sowie für seine Untersklaven und für die Nachkommen all dieser, in seiner Hälfte (des Mausoleums).

Angehörige der *familia Caesaris* konnten zu einflussreichen Positionen aufsteigen. Als Beispiel sei an dieser Stelle nur der Lebensweg eines kaiserlichen Sklaven vorgestellt, nämlich des Vaters des römischen Ritters Claudius Etruscus, dessen Karriere wir kennen, weil der Dichter Statius anlässlich von dessen Tod seinem Freund Claudius Etruscus ein Trostgedicht schrieb. Dieser wurde ca. 2 n. Chr. in Smyrna in Kleinasien geboren und kam als Sklave nach Rom, wo er in die *familia Caesaris* aufgenommen wurde. Unter Kaiser Tiberius bekleidete er mehrere Ämter am Hof bzw. in der kaiserlichen Verwaltung und wurde dann freigelassen. Als persönlicher Sekretär (*a manu*) begleitete er Caligula auf dessen Feldzügen. Unter Kaiser Claudius war er vermutlich *a libellis* (Sekretär, der für die Bittschriften an den Kaiser zuständig ist), und anschließend bekleidete er einen hohen Posten in der Finanzverwaltung der östlichen Provinzen. Um 70 n. Chr. kehrte er nach Rom zurück, wo er Kanzleichef im Finanzministerium wurde. Er durfte an Kaiser Vespasians Triumph über die Juden teilnehmen und wurde in den Ritterstand erhoben. Unter Kaiser Domitian fiel er in Ungnade und musste den Hof verlassen. Um 88 n. Chr. kehrte er nach Rom zurück, wo er kurz darauf verstarb.

Untersklaven

Sklaven konnten selbst auch Sklaven besitzen. Die Anzahl an Untersklaven (*vicarii*), welche der kaiserliche Sklave Musicus Scurranus, der als Rechnungsführer der gallischen Provinzialkasse für die Provinz *Gallia Lugdunensis* zuständig war, gibt einen Eindruck vom Reichtum und Einfluss, über den Musicus verfügte. Auf einer Dienstreise nach Rom ist er verstorben. Das Gefolge von 16 Untersklaven, das ihn begleitete, setzte ihm daraufhin einen Grabstein.

Quelle

Grabinschrift für den kaiserlichen Sklaven Musicus Scurranus

Corpus Inscriptionum Latinarum VI 5197; Übersetzung: W. Eck/J. Heinrichs

Für Musicus Scurranus, den Sklaven des Tiberius Caesar Augustus, den Kassenverwalter der Einkünfte aus Gallien im Bereich der Provinz Gallia Lugdunensis, (errichtet) gemäß seinen Verdiensten von seinen Untersklaven, die mit ihm in Rom waren, als er verschied: Venustus, Geschäftsführer, Decimianus, Verwalter der Haushaltskasse, Dicaeus, Sekretär, Mutatus, Sekretär, Creticus, Sekretär, Agathopus, Arzt, Epaphra, Silbergeschirrverwahrer, Primio, Kleiderverwahrer, Communis, Kammerdiener, Pothus, Begleiter, Thiasus, Koch, Facilis, Begleiter, Anthus, Silbergeschirrverwahrer, Hedylus, Kammerdiener, Firmus, Koch, Secunda.

5. Sklaven im Militär

Auch in der Kaiserzeit war die Aufnahme von Sklaven in die Armee strikt. Allerdings kam es immer wieder zum Versagen der Kontrollmechanismen. Insbesondere flüchtige Sklaven (*fugitivi*) versuchten trotz der harten Strafen (vgl. Digesten 49, 16, 11: Jeder Militärdienst ist Sklaven untersagt, andernfalls werden sie mit dem Tode bestraft.) immer wieder, sich als Freie auszugeben und so beim Heer untertauchen zu können.

Quelle

Sklaven, die sich illegal als Soldaten verpflichten, werden streng bestraft

Plinius der Jüngere, *Briefe* 10, 29f.; Übersetzung: A. Lambert

Gaius Plinius an Kaiser Trajan

Sempronius Caelianus, ein tüchtiger junger Mann, hat zwei unter den Rekruten entdeckte Sklaven zu mir geschickt, deren Hinrichtung ich aufschob, um Dich, den Begründer und Erhalter der Kriegszucht, über das Strafmaß zu befragen. Ich selbst bin nämlich im Zweifel, hauptsächlich deswegen, weil sie zwar den Eid schon abgelegt hatten, aber noch nicht in Einheiten eingeteilt waren. Was ich also tun soll, bitte ich Dich, o Herr, zu schreiben, vor allem da der Fall als Beispiel gelten wird.

Trajan an Plinius

Gemäß meinen Weisungen hat Sempronius Caelianus gehandelt, wenn er diejenigen zu Dir schickte, bei denen untersucht werden muss, ob sie die Todesstrafe verdient zu haben scheinen. Es kommt aber darauf an, ob sie sich freiwillig gestellt haben oder ausgehoben worden sind oder auch als Stellvertreter geschickt wurden. Wenn sie ausgehoben worden sind, hat die Aushebungsstelle einen Fehler gemacht; wenn sie als Stellvertreter geschickt wurden, liegt die Schuld bei denen, die sie schickten; wenn sie von selbst, obgleich sie sich über ihre Stellung im Klaren waren, gekommen sind, wird man gegen sie vorgehen müssen. Es spielt nämlich keine große Rolle, dass sie noch nicht in Einheiten eingeteilt sind. An jenem Tag nämlich, da sie für tauglich erklärt wurden, waren sie zur Angabe ihrer wahren Herkunft verpflichtet.

Fußtruppen

Nach den Notfallsrekrutierungen von Unfreien während des Hannibalkrieges hören wir erst gut zweihundert Jahre später erneut von solchen Maßnahmen. Diese sind für das Jahr 6/7 n. Chr. belegt, als nach dem pannonisch-dalmatischen Aufstand eine aus Sklaven bestehende Sicherungstruppe an die illyrische Grenze geschickt wurde, und nach der römischen Niederlage im Teutoburger Wald im Jahr 9/10 n. Chr., als eine in Italien rekrutierte Truppe aus Unfreien zu Wacht- und Schutzzwecken an den Rhein entsandt wurde (Sueton, *Augustus* 25, 2). Im 2. Jh. n. Chr. soll dann Mark Aurel nach dem Tod des Lucius Verus im Zuge der Vorbereitungen zu seinem Germanen- und Markomannenkrieg Sklaven ausheben haben lassen (Historia Augusta, *Mark Aurel* 21, 6), doch ist diese Nachricht nicht unbedingt glaubwürdig.

Flotte

Auch Rekrutierungen von Sklaven in der römischen Kriegsflotte erfolgten nach dem Hannibalkrieg erst wieder nach einer langen Pause, und zwar in den Kriegen der späten Republik, so etwa unter den Triumvirn im Jahr 42 v. Chr. vor der Schlacht von Philippi (Cassius Dio 47, 17, 4) bzw. 37 v. Chr. durch Augustus, nachdem dieser massive Verluste erlitten hatte (Sueton, Augustus 16, 1; Cassius Dio 49, 1, 5). Der damals herrschende Bürgerkrieg führte zu diesen außergewöhnlichen Maßnahmen. Im gleichen Kontext ist auch der Masseneinsatz von *fugitivi* auf den Kriegsschiffen des Sextus Pompeius zu sehen (*Tatenbericht des Augustus (Res gestae divi Augusti)* 25; Appian, *Römische Bürgerkriege* 5, 131; Cassius Dio 49, 12, 4; Orosius, *Historien* 6, 18, 33). In der römischen Kaiserzeit waren vor allem Nichtbürger (*peregrini, liberti*) als Matrosen in der römischen Flotte im Einsatz, die am Ende ihrer Dienstzeit das Bürgerrecht erhielten.

Trossdienst

Wie in der griechischen Welt war auch bei den Römern der Einsatz unfreier Personen im Tross am bedeutendsten. Diese Trossknechte hießen meist *calones*, sie wurden aber auch als *agasones, muliones oder* – weniger häufig – als *caculae, armigeri* oder *lixae* bezeichnet. Diese Männer leisteten wertvolle Hilfsdienste; zu ihren Aufgaben gehörten etwa der Transport des Gepäcks, die Versorgung der Reit-, Pack- und Zugtiere, die Teilnahme am Furagieren (*pabulatio*) sowie das Holzfällen, Schanzarbeiten und weitere Hilfsdienste. Sie wurden aber manchmal auch leicht bewaffnet und sammelten so militärische Erfahrung.

Quelle

Der jüdische Geschichtsschreiber Iosephus lobt den Einsatz von Sklaven in der römischen Armee

Flavius Josephus, Jüdischer Krieg 3, 69–70; Übersetzung: W. Eck/J. Heinrichs

Insgesamt ergab sich eine Kampfstärke (der Truppen unter Vespasians Oberbefehl) ... von 60000 Mann, ungerechnet die (unfreien) Trossknechte, die in großer Zahl folgten bedingt durch ihre gemeinsame militärische Ausbildung dürfen sie nicht gesondert von den Kampftruppen veranschlagt werden: in Friedenszeiten sind sie ständig mit den Aufgaben ihrer Herrn befasst und auf Kriegszügen denselben Gefahren wie diese ausgesetzt, stehen folglich an Erfahrung und körperlichem Training niemandem nach außer ihren Herrn. Auch darin verdient die Umsicht der Römer Bewunderung, dass sie ihre Sklaven nicht nur für die Belange ihres täglichen Lebens ausbilden, vielmehr so, dass sie davon auch während der Feldzüge Nutzen haben.

Ihre Zahl muss in der Regel unklar bleiben. Die Nachricht, dass etwa in der Schlacht bei Arausio im Jahr 105 v. Chr. 80000 römische Soldaten und *socii* sowie 40000 *lixae* gefallen wären, ist sicherlich übertrieben. Im Normalfall kann man aber wohl von 400 bis 600 Trossknechten pro Legion ausgehen. Zu den unfreien Trossknechten kamen dann noch oft beträchtliche Mengen von Sklaven, die während ausgedehnter Kriegszüge in den Besitz der Soldaten geraten waren. Auch auf diese privaten Sklaven griff die Armeeführung fallweise zurück.

6. Lebensverhältnisse und rechtliche Lage

Herrenrechte

Die Sklaven im römischen Reich bildeten keine homogene Gruppe. Ihre Lebens- und Arbeitsverhältnisse waren höchst unterschiedlich und von den unterschiedlichsten Faktoren bestimmt. Für sie alle galt aber, dass sie in jeder Hinsicht Eigentum ihrer Herren und diesen in allen Belangen ausgeliefert waren. Das Leben der Sklaven war stets von größter Unsicherheit geprägt, denn als Teil des Besitzes ihrer Herren konnten sie jederzeit verkauft, verschenkt, vererbt, verpfändet oder vermietet werden. Das Recht der Herren über Leben und Tod der Sklaven wurde dagegen im Laufe der Zeit eingeschränkt.

Rechtliche Situation der Sklaven

Im römischen Recht sind die Sklaven Rechtsobjekte (*res*) und Rechtssubjekte (*personae*) zugleich. Sie sind öffentlicher und privater Rechte unfähig. Von sich aus konnten die Sklaven, die im Zivil- und Strafrecht auch anders behandelt wurden als Freie, keinen Gerichtsprozess anstreben. Sie erhielten andere Strafen als Freie, und Delikte, die an ihnen begangen wurden, wurden anders beurteilt als Straftaten, die an Freien verübt wurden. Wenn Sklaven von Dritten verwundet oder getötet wurden, galt dies nicht als ein Unrecht, das dem Sklaven zugefügt wurde, sondern vielmehr als ein Angriff auf den Besitz seines Herrn, der Schadenersatzansprüche geltend machen konnte (Fischer, Quellenreader Nr. 65). Vor Gericht wurden Sklaven in der Regel unter der Ausübung von Folter verhört. War dies in republikanischer Zeit ohne Zustimmung des Herrn noch verboten gewesen (außer bei Fällen, die den Bestand des Staates gefährdeten), wurde diese Praxis in der Kaiserzeit ausgeweitet auf Majestätsprozesse, auf Fälle von Ehebruch (bei denen die Sklaven der Frau und des Liebhabers peinlich verhört werden konnten) und auf Fiskaldelikte. Zudem konnte der Herr Sklaven jederzeit zu seinen eigenen Gunsten einem peinlichen Verhör zur Verfügung stellen oder diese selbst im Rahmen der Hausjustiz durchführen.

Geschäfte und Vermögen

Mit Billigung ihrer Herren durften Sklaven Geschäfte aller Art tätigen und bindende Verträge abschließen. Letztendlich war freilich der Besitzer für die Handlungen seines Sklaven verantwortlich (Fischer, Quellenreader Nr. 66). In der Regel war es den Sklaven gestattet, über ein eigenes Sondergut (*peculium*) zu verfügen, das der Herr den Sklaven zur selbstständigen Bewirtschaftung überließ. Dieses *peculium* wird faktisch als Eigenvermögen des Sklaven angesehen. Rechtlich blieb es allerdings im Eigentum des Herrn, denn ein Sklave war vermögensunfähig. Der Herr konnte seinen Sklaven das *peculium* jederzeit wieder entziehen, denn alles, was ein Sklave erwarb, erwarb er für seinen Herrn (Fischer, Quellenreader Nr. 64). In der Regel lag es aber im Interesse des Herrn, das *peculium* dem Sklaven zu belassen, denn es war ein wichtiges Druck- und Disziplinierungsmittel. In einzelnen Fällen stellten derartige Sondergüter durchaus beträchtliche Vermögenswerte dar, die aus Bargeld, Wertgegenständen, Immobilien, Werkzeugen, Vieh, Bekleidung, Nahrung oder auch

Sklaven bestehen konnten. Sie wurden von den Unfreien zu den unterschiedlichsten Zwecken genutzt, vielfach etwa zum Freikauf der eigenen Person bzw. ihrer Partner oder Kinder. In diesem Fall fiel das Sondervermögen ohnehin an den Herrn zurück.

Familienbeziehungen

Zwar waren rechtskräftige Ehen (*matrimonia iusta*) zwischen Sklaven verboten, doch gingen Unfreie durchaus längerfristige Partnerschaften (*contubernia*) ein. Eine derartige Sklavenbeziehung war rechtlich nicht anerkannt oder geschützt. Solche Beziehungen wurden von den Herren aber nicht nur deshalb akzeptiert, weil sie sich bewusst waren, dass die sozialen und sexuellen Bedürfnisse der Unfreien gestillt werden mussten. Partnerschaften wurden von vielen Besitzern sogar gefördert, da durch die Kinder aus solchen Beziehungen, die selbstverständlich auch Sklaven waren, der Sklavenbestand vergrößert werden konnte. Das Kind einer Sklavin fiel dem Herrn der Mutter zu, zu seinem Erzeuger stand es dagegen in keiner Rechtsbeziehung. Hausgeborene Sklaven (*vernae*) waren besonders begehrt, da sie als leicht lenkbar und steuerbar galten. Sklavenkinder wurden bereits in sehr jungen Jahren, wohl ab einem Alter von fünf oder sechs Jahren, zu Arbeiten herangezogen.

Quelle

Grabinschrift einer Sklavin aus Salona

Corpus Inscriptionum Latinarum III 2267; Übersetzung: W. Eck/J. Heinrichs

Den Totengöttern. Für Candida, meine Gattin, weil sie es verdient; ungefähr 30 Jahre alt, lebte sie mit mir ungefähr sieben Jahre. Vier Tage lang lag sie qualvoll in den Wehen, gebar aber nicht, und so vollendete sie ihr Leben; ihr Mitsklave Iustus setzte (ihr diesen Grabstein).

Sklaven gingen in der Regel Partnerschaften innerhalb desselben Haushalts ein; unausgewogene Geschlechterverhältnisse erschwerten es aber sicher häufig, innerhalb eines Haushalts einen Partner zu finden. Die Wohn- und Lebensverhältnisse beeinträchtigten überdies das Familienleben, denn an Privatsphäre war wohl meist nicht zu denken. Durch den Wunsch, zusammen zu bleiben, waren Sklaven, die in solchen Familien lebten, vielfach loyaler und kooperativer. Freilich waren diese Beziehungen und Familien dennoch stets davon bedroht, auseinandergerissen zu werden. Oft wurden Sklavenkinder bereits früh von ihren Eltern getrennt. Auch sind Fälle überliefert, wo sich Herren aus eigenem sexuellem Interesse an einem der beiden Partner in solche Beziehungen drängten. Im Falle von Verbindungen von Sklaven mit freien oder freigelassenen Frauen sah das schon erwähnte *Senatus Consultum Claudianum* empfindliche Strafen vor: Stimmte der Herr des fremden Sklaven einer solchen Beziehung nicht zu, wurde auch die Frau zu seiner Sklavin; gestattete er die Beziehung mit einem Vertrag, blieb die Frau frei, die aus der Beziehung resultierenden Kinder wurden aber zu seinen Sklaven. Später wurde diese Regelung aber insofern abgeändert, dass die Versklavung der Frau unausweichlich wurde.

Versorgung der Sklaven

Nur Sklaven, deren grundlegende Bedürfnisse erfüllt wurden, waren in der Lage, entsprechende Arbeitsleistungen zu erbringen. Die Herren kümmerten sich daher um ihre Versorgung mit Nahrung, Kleidung und einer adäquaten Unterkunft. Mehr und/oder bessere Nahrung, bessere Bekleidung, angenehmere Wohnverhältnisse und zusätzliche Freizeit waren auch Möglichkeiten, besonders fleißige und gehorsame Sklaven zu belohnen. Oft genug war die Versorgung der Sklaven aber wohl auch nicht angemessen. Die Bekleidung römischer Sklaven war meist recht einfach; sie trugen in der Regel eine einfache Tunika und unterschieden sich damit im Alltagsleben kaum von armen Bürgern oder anderen Freien. Es gab keine spezifische Sklaventracht. Das Recht, die *toga* bzw. eine *stola* zu tragen, war den Sklaven bzw. Sklavinnen verwehrt.

Unterbringung

Eigene Sklavenquartiere konnten in manchen Fällen in Gutsbetrieben oder in städtischen Villen in Form kleiner Räumlichkeiten archäologisch nachgewiesen werden. In vielen Fällen verfügten die Unfreien wohl über keine eigenen Räumlichkeiten, sondern sie schliefen in Korridoren, unter Treppen, in Ställen und in Werkstätten. Persönliche Dienerinnen und Diener übernachteten häufig wohl auch in den Schlafgemächern ihrer Herrinnen und Herren, während Hirtensklaven in der Regel auf freiem Feld schliefen.

Ausbildung

Vielfältige Belege sind auch für die Ausbildung von Sklaven vorhanden. Wohlhabende Herren hatten sogar Ausbildungsstätten (*paedagogia*) für ihre Unfreien, andere schickten ihre Sklaven in Schulen. Zahlreiche Ausbildungsverträge aus Ägypten belegen die berufliche Weiterqualifikation von Unfreien. Eine entsprechende Ausbildung brachte ja nicht nur direkten Nutzen für den Herrn, der von der qualifizierteren Arbeit dieser Sklaven profitierte, sie erhöhte auch im Falle eines Weiterverkaufs den Marktwert der Unfreien.

Medizinische Versorgung

Wenn Sklaven krank wurden, kümmerten sich die Herren oft um deren Pflege und Betreuung. Freilich gibt es auch Nachrichten von Sklavenbesitzern, die ihre kranken Unfreien einfach aussetzten oder alte und schwache Sklaven freiließen, damit sie sich nicht länger um sie kümmern mussten (was später verboten wurde). Wie sich vorbildliche Herren um ihre Sklaven und Freigelassenen kümmerten, zeigt ein Schreiben des jüngeren Plinius, das die Erkrankung eines Sklaven betrifft (vgl. auch ein Brief des Plinius (61–113 n. Chr.), in dem er den Tod von zwei Sklaven betrauert; Fischer, Quellenreader Nr. 62).

Quelle

Der Sklave Encolpius ist erkrankt

Plinius der Jüngere, *Briefe* 8,1; Übersetzung: A. Lambert

Mein lieber Septicius,

Ich bin gut gereist, abgesehen davon, dass einige meiner Leute von der glühenden Hitze krank wurden. Encolpius, mein Vorleser, Helfer bei meiner Arbeit, Helfer bei meiner Erholung, hat sogar, da sein Hals durch den Staub angegriffen war, Blut gespuckt. Wie traurig für ihn, wie bitter für mich, wenn der, welcher für die Literatur lebt, für die Literatur unbrauchbar würde! Wer wird dann meine Schriften so lesen, so lieben wie er? Wem werden meine Ohren so gerne Folge leisten? Aber die Götter versprechen uns eine Besserung. Das Blut hat ausgesetzt, der Schmerz hat sich gelegt. Außerdem ist er vorsichtig, wir besorgt, die Ärzte gewissenhaft. Dazu verheißen das gesunde Klima, die Abgeschiedenheit, die Ruhe ebenso Heilung wie Muße.

Dein Gaius Plinius

Misshandlung und Gewalt

Zu den Schattenseiten des Sklavenlebens gehörte auch in römischer Zeit der Umstand, dass Unfreie von ihren Herren teils grausam misshandelt und bestraft wurden. Belegt sind etwa der Essensentzug, die Wegnahme des *peculium* oder die Verweigerung von Partnerschaften. Sklaven konnten überdies gefesselt und in Ketten gelegt, geschlagen und ausgepeitscht, gebrandmarkt, vergewaltigt oder sogar getötet werden. Die Misshandlung von Sklaven erfolgte als Bestrafung für Verfehlungen, zur Förderung von erwünschtem Verhalten oder - oft genug - bloß aus Ärger, Frust oder Sadismus des Herrn (Fischer, Quellenreader Nr. 59, 60). Gewalt wurde den Sklaven so oft angetan, dass diese auch ein Topos im antiken Humor wurde. Besonders bestialische Grausamkeiten, wie sie gelegentlich von den Quellen überliefert werden, sind aber nicht repräsentativ. Trugen Sklaven nämlich dauerhafte Schäden davon, minderte dies ihren Wert, starben sie, bedeutete dies für den Besitzer einen empfindlichen Kapitalverlust. Brutalität im Umgang mit Unfreien scheint vor allem ein Kennzeichen von Neureichen (unter denen sich zahlreiche Freigelassene befanden) gewesen zu sein. Ein berühmtes Beispiel solch exzessiver Gewalt überliefert Seneca (*Über den Zorn* 3, 40, 2–3; Fischer, Quellenreader Nr. 61), der berichtet, dass Vedius Pollio einen Sklaven den Fischen zum Fraß vorwerfen wollte, nur weil dieser ein Glas zerbrochen hatte. Normalerweise scheint es innerhalb der Oberschicht zumindest in der Kaiserzeit einen gewissen ungeschriebenen Verhaltens- und Sittenkodex in Bezug auf die Behandlung von Unfreien gegeben zu haben, an dem man sich orientierte.

Rechtlicher Schutz der Unfreien

Zudem wurde die Willkür der Herren durch Gesetze und Erlasse zunehmend eingeschränkt. Während der Kaiserzeit übernahm der Staat immer mehr die Kontrolle über das Verhältnis zwischen Herren und Sklaven. So wurde den Herren bereits vor 79 n. Chr. verboten, ihre Sklaven als Strafe gegen die wilden Tiere in der Arena kämpfen zu lassen, wenn nicht ein Beamter dies vorher gestattet hatte. 97 n. Chr. wurde die Kastration von Sklaven verboten. Auch die Prostitution von Sklavinnen wurde gesetzlich eingeschränkt. Hadrian verbot die Unterbringung der Freien in *ergastula* und den Verkauf von einzelnen Sklaven an Zuhälter und Gladiatorentrainer (Fischer, Quellenreader Nr. 71). Antoninus Pius zog Sklavenbesitzer für die Tötung ihres Sklaven zu Verantwortung wegen Mordes, wenn die Tötung ohne Grund geschehen war.

Derselbe Kaiser verordnete auch, dass Sklaven, die sich in einen Schrein oder an eine Kaiserstatue ins Asyl geflüchtet hatten, falls ihre Behandlung von offizieller Seite ebenfalls als ungerechtfertigt anerkannt wurde, an einen neuen Besitzer verkauft werden mussten.

Respektvoller Umgang

Der Umgang von Herren mit ihren Sklaven war freilich nicht immer durch Gewalt und Willkür geprägt. Die Quellen berichten auch von vielen Fällen, in denen Herren und Sklaven respektvoll mit einander umgingen und sogar innige Beziehungen zueinander entwickelten. In manchen Fällen lag das daran, dass sich beide schon von Kindheit an kannten. Die Kinder des Herrn und die Sklavenkinder wuchsen in vielen Fällen gemeinsam auf und wurden mitunter auch von denselben Ammen gestillt. Manchmal waren die Kinder des Herren sogar Halbgeschwister der Sklavenkinder, denn die Herren hatten volles sexuelles Zugriffsrecht auf die Unfreien und viele unterhielten Beziehungen mit ihren Sklavinnen und zeugten gemeinsame Kinder. Diese Kinder wurden vielfach von ihren Vätern besonders begünstigt. Die Mütter konnten damit spekulieren, von ihren Herren freigelassen oder sogar geheiratet zu werden. Enge Beziehungen bestanden vielfach zwischen den Herren und einzelnen Knaben, die ihre besonderen Lieblinge (*delicia*) waren.

Quelle

Der zukünftige Kaiser Vitellius nutzte seinen Sklaven Asiaticus sexuell aus

Sueton, Vitellius 12; Übersetzung: W. Eck/J. Heinrichs

Seine Herrschaft übte er großenteils nur nach Rat und Spruch der billigsten Schauspieler und Wagenlenker aus, vor allem seines Freigelassenen Asiaticus. Ihn hatte er schon früh, als Heranwachsenden, als Lustknaben gebraucht, zu beiderseitigem Vergnügen, doch empfand Asiaticus recht bald Überdruss und entlief. Er wurde aufgegriffen, als er in Puteoli Limonade verkaufte. Vitellius bekam ihn zurück und ließ ihm Fußfesseln anlegen, löste ihn aber unverzüglich daraus und hielt ihn wiederum als seinen Lustknaben. In der Folgezeit durch seine übermäßige Aufsässigkeit und seinen Hang zum Stehlen erneut gereizt, verkaufte er ihn einem umherziehenden Ausbilder von Gladiatoren, der ihn bis zum Schluss seiner Veranstaltungen aufsparte; doch da brachte ihn Vitellius unversehens wieder an sich. Als er endlich seine Provinz erhalten hatte, ließ er ihn frei, und am ersten Tag seiner Kaiserherrschaft beschenkte er ihn im Rahmen eines abendlichen Dinners mit den goldenen Ringen, während er noch morgens, als man ihn allgemein darum gebeten hatte, einen derartigen Makel für den Ritterstand aufs schärfste von sich gewiesen hatte.

7. Religiöses Leben

Sklaven nahmen einerseits am Hauskult teil und waren zugegen, wenn der *pater familias* am Hausaltar religiöse Handlungen vornahm. Durch Gebete, Opfer, Stiftungen und Weihungen konnten sie sich aber auch direkt an die Götter wenden. Es gibt keine reine Sklavengottheit, doch existierten durchaus Götter, die durch ihren Wirkungsbereich für Unfreie besonders attraktiv waren. Zu diesen zählten etwa Iuppiter Liber, Bona Dea oder **Silvanus**. Oft wandten sie sich auch an regionale Gottheiten. Gut belegt sind auch Weihungen für orientalische Gottheiten wie Mithras oder die Mater Magna.

Stichwort

Silvanus

Der Gott Silvanus war die italische Gottheit des Waldes (*silva*). Er galt als eine sehr alte agrarische Gottheit. Ob er auf den etruskischen Gottheit Selvans zurückgeht, ist unklar. Häufig wurde er mit Faun und den Laren in Verbindung gebracht, ebenso mit Mars. Silvanus besaß keinen offiziellen Kult und auch keine großen Tempel. Im 2. Jh. n. Chr. taucht der Gott, der in der Regel als älterer Mann mit Vollbart dargestellt wird, jedoch auch in öffentlichen Denkmälern auf. Seine Verehrung, von der Frauen vermutlich ausgeschlossen waren, war beim einfachen Volk sehr verbreitet.

Quelle

Weiheinschrift aus Rom

Corpus Inscriptionum Latinarum VI 623; Übersetzung: W. Eck/J. Heinrichs

Silvanus geweiht. Tychicus, Sklave unseres Glabrio, Verwalter von Parkanlagen, hat sein Gelübde eingelöst.

Mit welchen Anliegen sich die Unfreien an die Götter wandten, bleibt in den Inschriften meist unklar, so auch in der oben vorgestellten Inschrift, bei der nicht gesagt wird, worin genau das Gelübde des Unfreien bestand. In einzelnen Fällen bitten die Sklaven aber explizit für das Wohlergehen ihrer Besitzer, in anderen wird deutlich, dass sie um ihre Freiheit baten, wie dies offensichtlich in spätrepublikanischer Zeit Mucius Trypho tat, dessen Flehen von der Bona Dea, eine der beliebtesten Gottheiten, an die sich Unfreie wandten, erhört wurde.

Quelle

Weihung des Quintus Mucius Trypho anlässlich seiner Freilassung

Corpus Inscriptionum Latinarum I^2 972; Übersetzung: L. Schumacher

Quintus Mucius Trypho, Freigelassener des Quintus, hat als Sklave ein Gelübde geleistet; als freier Mann hat er es gerne und verdientermaßen eingelöst. Geweiht der „Guten Göttin".

Sklaven, die sakralrechtlich als Personen galten, konnten auch in Mysterienreligionen eingeweiht werden. Vom römischen Staatskult waren sie jedoch ausgeschlossen.

Saturnalia

Von besonderer Bedeutung waren die Sklavenfeste, allen voran die im Dezember gefeierten Saturnalien. Dabei handelte es sich – entsprechend den griechischen *Kronia* – um ein agrarisches Fest, das mit ausschweifenden Gastmählern gefeiert wurde. Ursprünglich war es ein eintägiges Fest, später wurde es bis zu einer Woche lang gefeiert. Die Teilnehmer trugen den *pilleus libertatis*, eine charakteristische Filzkappe, die normalerweise freigelassene Sklaven aufsetzten, und beschenkten sich gegenseitig. Standesunterschiede wurden an diesem Fest verwischt. Die Herren tafelten mit ihren Sklaven, teilweise wurden die Sklaven auch von den Herren bedient. Diese wiederum konnten zu diesem Anlass sogar ihren Herren die Meinung sagen!

Magie

Zahlreiche Fluchtäfelchen (*defixiones*) zeigen, dass Unfreie oft magische Praktiken anwandten. Sie begegnen in den Quellen sowohl als Verfasser von Verfluchungen als auch als Opfer magischer Praktiken. Dass man in der römischen Antike derartige Vorgänge sehr ernst nahm und die Angst vor solchen Verfluchungen tief verwurzelt war, zeigt eine Inschrift aus Tuder (heute Todi) in Umbrien, in welcher Jupiter gedankt wird, dass er einige Gemeinderäte vor Schadenzauber durch einen Gemeindesklaven bewahrt hat (*Corpus Inscriptionum Latinarum* XI 4639).

8. Widerstand der Sklaven

Große Sklavenaufstände gab es nach der Niederschlagung des Spartacus-Aufstandes im römischen Reich nicht mehr. Sehr wohl kam es aber immer wieder zu kleineren Erhebungen von Unfreien gegen ihre Herren. Ungerechte und allzu grausame Behandlung von Sklaven provozierte immer wieder Ungehorsam und Widerstand. Dieser konnte sich in der Form von Arbeitsverweigerung, Diebstahl, Sachbeschädigung oder Sabotage äußern.

Ermordung der Herren

In einigen Fällen berichten die Quellen auch von der Ermordung von Herren durch ihre Sklaven. So schildert etwa Plinius der Jüngere in einem Brief, dass der Sklavenbesitzer Larcius Macedo von seinen eigenen Unfreien ermordet wurde (Plin. ep. 3, 14; Fischer, Quellenreader Nr. 98).

Die latente Bedrohung, der alle Sklavenbesitzer ausgeliefert waren, wird im lateinischen Sprichwort *Quot servi, tot hostes* („Wie viele Sklaven [man hat], so viele Feinde [hat man].“) zum Ausdruck gebracht. Spätestens seit 10 n. Chr. bestimmte das *Senatus Consultum Silanianum*, dass alle Sklaven, die sich zum Zeitpunkt eines Mordanschlages auf den Herrn im selben Haus befanden, getötet würden. Denn nur, wenn die Sklaven dazu gezwungen würden, ihren Herrn gegen Feinde von außen wie von innen zu beschützen, sei ein Haushalt wirklich sicher (Digesten 21, 1, 17, 4). Zu einem spektakulären Fall kam es im Jahr 61 n. Chr., als der Stadtpräfekt Pedanius Secundus von seinen Sklaven ermordet wurde. Aufgrund des *Senatus consultum Silanianum* wurden

- trotz großer öffentlicher Proteste - 400 Unfreie getötet, worüber der Geschichtsschreiber Tacitus (55-120 n. Chr.) in seinen Annalen berichtet (Tacitus, *Annalen* 14, 42-45; Fischer, Quellenreader Nr. 99). Später wurde dieses Gesetz dahingehend abgeändert, dass nur mehr jene Sklaven betraft werden sollten, die ihrem Herrn hätten Hilfe leisten können, dies jedoch unterließen.

Quelle

Sklaven mussten ihrem Herrn in der Not beistehen, taten sie das nicht, wurden sie mit dem Tod dafür bestraft

Ulpian, *Digesten* 29, 5, 1, 28; Übersetzung: W. Eck/J. Heinrichs

Offenbar hat auch der vergöttlichte Hadrian mit folgendem Wortlaut reskribiert: „In sämtlichen Fällen, in denen Sklaven ihren Herren Hilfe leisten können, dürfen sie deren Rettung nicht die eigene vorziehen. So hätte eine Sklavin, die sich zusammen mit ihrer Herrin im gleichen Zimmer aufgehalten hatte, ihr durchaus Hilfe leisten können, wenn nicht körperlich, so doch durch lautes Rufen, so dass Leute im Haus oder Nachbarn sie hätten hören können; das lässt sich schon ihrer Aussage entnehmen, der Mörder habe ihr, falls sie rufe, den Tod angedroht. Sie muss deshalb unbedingt hingerichtet werden, schon um bei den anderen Sklaven nicht den Eindruck entstehen zu lassen, jeder dürfe bei Gefahr für das Leben des Herrn auf die eigene Rettung bedacht sein.

Es gab bei diesem Gesetz eine Reihe von Ausnahmen, so etwa im Fall von Giftmorden, bei denen Anwesende nur schwerlich Hilfe leisten konnten, oder auch Sklaven vor Eintritt der Geschlechtsreife. Diese Ausnahme galt allerdings nicht immer (Maecianus, *Digesten* 29, 5, 14).

Sklavenflucht

Nicht selten kam es auch zur Flucht von Sklaven. Das Problem für die Sklaven war in vielen Regionen des *Imperium Romanum* allerdings die Frage, wohin sie überhaupt fliehen sollten. In der Regel waren sie davon bedroht, entdeckt, aufgegriffen und zu ihren Herren zurückgeschickt zu werden. Ihre Hoffnung bestand meistens darin, unerkannt zu bleiben und für einen armen Bürger gehalten zu werden. Die Quellen berichten von Kopfgeldjägern, die auf deren Aufgreifung spezialisiert waren. Wurde ein entlaufener Sklave wieder gefangen, drohten ihm harte Strafen wie Auspeitschen, Brandmarkung oder der Verkauf in die Mühlen, wo besonders harte Arbeitsbedingungen herrschten (Fischer, Quellenreader Nr. 58).

9. Freilassung

In Rom existierten verschiedene Formen der Freilassung (*manumissio*). Dabei gab es bereits in der Zeit der römischen Republik drei feierliche und offizielle Formen der Freilassung nach *ius civile*: die Freilassung mit dem Stab (*manumissio vindicta*), in deren Verlauf der Sklave mit einem Stab, der *vin-*

dicta, berührt wurde, die Freilassung zum Zensus (*manumissio censu*), bei der sich der Freizulassende mit Zustimmung seines Herrn in die Bürgerlisten eintragen ließ (diese Freilassung wurde in der Kaiserzeit aber nicht mehr praktiziert), und die testamentarische Freilassung (*manumissio testamento*; Fischer, Quellenreader Nr. 114, 115). Als eine Sonderform der testamentarischen Freilassung kann die fideikommissarische Freilassung (*manumissio fideicommissaria*) betrachtet werden, bei welcher der Sklave testamentarisch dem Erben des Verstorbenen „auf Treu und Glauben" übergeben wurde, damit dieser ihn freiließ. Diese Freilassungsarten verliehen die volle Freiheit und das volle römische Bürgerrecht. Daneben gab es verschiedene formlose Freilassungen, die privat vor Zeugen vollzogen wurden, die auch als praetorische Freilassungen bezeichnet werden und ein minderes, latinisches Bürgerrecht verliehen: die Freilassung unter Freunden (*manumissio inter amicos*), die Freilassung durch einen Brief (*manumissio per epistulam*), die Freilassung beim Gastmahl oder am Tisch (*manumissio in convivio/per mensam*) und die Freilassung im Zirkus oder im Theater (*manumissio in circo/in theatro*).

Quelle

Freilassung per Testament: Auszug aus dem Testament des Akousilaos aus Oxyrhynchos aus dem Jahr 156 n. Chr.

Oxyrhynchos-Papyri 494; Übersetzung: W. Eck/J. Heinrichs

Gilt zum Zeitpunkt meines Todes (immer noch) dieses Testament, so lasse ich unter (Anrufung von) Zeus, Ge und Helios wegen ihrer Loyalität und Anhänglichkeit meine Sklaven Psenamounis, auch Ammonios genannt, Hermas, Apollonous, auch Demetria genannt, ihre Tochter Diogenis sowie eine weitere Sklavin Diogenis in meinem Besitz frei. [...] Als Erben lasse ich meinen Sohn Deios zurück, der mir von meiner oben genannten Frau Aristous, auch Apollonarion genannt, geboren wurde, sofern er (zum Zeitpunkt meines Todes noch) lebt, andernfalls seine Kinder, für den Besitz, den ich etwa hinterlassen werde, und für die übrigen Sklaven sowie die ab jetzt von den vorgenannten Sklavinnen künftig geborenen Kinder: hieran insgesamt soll den Nutzen und alle Einkünfte nach (Begleichung der) Steuern wiederum meine Frau Aristous, auch Apollonarion genannt, auf Lebenszeit haben sowie die Dienste und Abgaben der nach meinem Tod freigelassenen Sklaven.

Einschränkung der Freilassungen

Die Praxis der römischen Freilassung mit Bürgerrechtserwerb führte in der späten Republik zu einer merklichen Veränderung der Sozialstruktur, die römische Autoren als eine Überfremdung der römisch-italischen Bürgerschaft durch Freigelassene aus dem gesamten Mittelmeerraum werteten. Als Gegenmaßnahme veranlasste Kaiser Augustus zwei Gesetzesinitiativen. Zunächst beschränkte eine *lex Fufia Caninia* aus dem Jahr 2 v. Chr. die Zahl der testamentarischen Freilassungen. Wer etwa bis zu zehn Sklaven hatte, durfte bis zur Hälfte der Unfreien freilassen, wer zwischen zehn und dreißig hatte, konnte bis zu einem Drittel der Sklavenschaft die Freiheit schenken, wer zwischen dreißig und hundert Unfreie besaß, einem Viertel, und wer mehr als hundert

Sklaven sein eigen nannte, durfte höchstens ein Fünftel von diesen freilassen (Fischer, Quellenreader Nr. 110).

Ein zweites Gesetz aus dem Jahr 4 n. Chr., die *lex Aelia Sentia*, verfügte ein Mindestalter des Herrn von 20 Jahren und des Sklaven von 30 Jahren bei der prätorischen Freilassung. Eine Freilassung von jüngeren Sklaven war nur bei Nachweis eines rechtmäßigen Freilassungsgrundes möglich – wenn etwa der Freilasser mit dem Freizulassenden blutsverwandt war oder beispielsweise ein Herr eine Sklavin freilassen wollte, um diese zu heiraten. Eine Kommission entschied über die Rechtmäßigkeit des Freilassungsgrundes (Fischer, Quellenreader Nr. 111). Darüber hinaus verfügte die *lex Aelia Sentia*, dass Sklaven, die auf bestimmte Arten entehrt (z. B. durch Fesselung, Kennzeichnung mit Strafmalen, peinliche Vernehmung und Verurteilung wegen eines Deliktes, Verurteilungen *ad gladium* oder *ad bestias*) und später freigelassen wurden, die Freiheit im gleichen Rechtsstatus erlangten wie *dediticii peregrini*. So wurden Leute genannt, die einmal mit Waffen gegen das römische Volk gekämpft hatten, dann besiegt wurden und sich auf Gnade oder Ungnade ergeben mussten. Diese konnten ungeachtet der Form ihrer Freilassung und ihres Alters niemals römische Bürger oder *Latini* werden. Man verwehrte ihnen sogar den Aufenthalt in Rom bzw. im Umkreis von 100 Meilen. Übertraten sie dieses Verbot, so mussten sie mitsamt ihrem Besitz öffentlich unter dem Vorbehalt verkauft werden, dass sie weder in der Stadt Rom noch im Umkreis von 100 Meilen als Sklaven gehalten, noch jemals freigelassen werden durften (Fischer, Quellenreader Nr. 113).

Gründe für Freilassungen

Warum unternahmen die Sklavenbesitzer aber überhaupt so viele Freilassungen, dass Augustus Handlungsbedarf sah? Ein Motiv für den Herrn war etwa die Vergrößerung seines Sozialprestiges durch Vergrößerung seiner Klientel. Außerdem winkten Gewinne durch eine Freikaufsumme, welche die Herren von den Sklaven verlangten (Fischer, Quellenreader Nr. 116) oder durch bestimmte Werke, die der Freigelassene seinem ehemaligen Herrn schuldete, die sog. *operae*. Diese mussten freilich vor der Freilassung vertraglich geregelt werden; geschah dies nicht, konnten sie später auch nicht eingefordert werden (Fischer, Quellenreader Nr. 120). Eine weitere Einschränkung galt für Dienste, die lebensgefährlich waren oder mit einem Ansehensverlust verbunden waren – so mussten etwa Prostituierte nach ihrer Freilassung ihrem Patron nicht mehr dieselben Dienste leisten (Fischer, Quellenreader Nr. 121). Neben den *operae* standen dem ehemaligen Herrn die Dankbarkeit und die moralische Ehrerbietung des Ex-Sklaven zu (*obsequium*). Dieses ging soweit, dass ein Sklave seinen ehemaligen Herrn versorgen musste, wenn dieser verarmte. Starb ein Freigelassener quiritischen Rechts ohne leibliche Kinder als Erben, stand dem ehemaligen Herrn die Hälfte des Erbes zu, hatte er weniger als drei leibliche Kinder, bekam der ehemalige Herr einen Anteil. Bei Freigelassenen latinischen Rechts konnte der ehemalige Herr das gesamte Erbe beansprüchen (Fischer, Quellenreader Nr. 118). Freilich hatte der ehemalige Herr und jetzige Patron nicht mehr die totale Kontrolle über dessen Arbeitskraft und Besitz. Und auch der Staat profitierte auch von den Freilassungen, nicht zuletzt durch eine Freilassungssteuer.

Freigelassene

Die freigelassenen Sklaven, die das Bürgerrecht erhielten, konnten allerdings nicht alle staatsbürgerlichen Rechte ausüben. So waren ihnen etwa staatliche Ämter verwehrt und sie durften auch nicht in den Legionen dienen, sondern nur in der Flotte. Sie konnten aber eine rechtsgültige Ehe eingehen (freilich nicht mit Mitgliedern senatorischer Familien), und ihre Kinder konnten bereits politisch aktiv werden. Vielfach entwickelten Freigelassene, denen freilich immer ein gewisses soziales Stigma anhaften blieb, einen besonderen wirtschaftlichen Ehrgeiz und brachten es zu großen Vermögen. Um die reichen *liberti* – bzw. deren Vermögen – für den Staat nutzbar zu machen, wurde das Amt der *seviri Augustales* geschaffen, die im Kaiserkult tätig waren.

Quelle

Grabinschrift eines Freigelassenen

Corpus Inscriptionum Latinarum X 6104; Übersetzung: W. Eck/J. Heinrichs

Marcus Caelius Phileros, Freigelassener des Marcus, persönlicher Amtsdiener des Titus Sextius, der in Africa zum Imperator ausgerufen worden ist. In Carthago war er Aedil, ferner beauftragt mit der Verpachtung der Steuern für 5 Jahre in 83 befestigten Plätzen, wofür er auch eine Befugnis zur Rechtsprechung hatte; den Tellustempel ließ er aus eigenen Mitteln errichten; zweimal war er *duumvir* in Clupea; in Formiae war er *sevir* Augustalis und ließ den Neptuntempel mit buntfarbenem Marmor auf eigene Kosten ausschmücken; für Fresidia Flora, die Freigelassene des Numerius, seine Gattin, die ihrem Gatten stets ergeben war, und für Quintus Octavius Antimachus, den Freigelassenen seiner Frau, seinen lieben Freund (hat er dieses Grabmal errichtet).

10. Römische Sklavereidiskurse

Während der Universalgelehrte Varro (116–27 v. Chr.) aristotelische Vorstellungen aufgreift, wenn er Sklaven als sprachfähiges Werkzeug (*instrumentum vocale*) bezeichnet (Varro rust. 1,17), wurden von den römischen Intellektuellen vor allem stoische Ideen und Vorstellungen bezüglich der Sklaverei vertreten (vgl. Fischer, Quellenreader Nr. 11). Besonders deutlich kann man diese in den Schriften des römischen Philosophen, Schriftstellers und Staatsmanns Lucius Annaeus Seneca (ca. 1–65 n. Chr.) greifen, der unter anderem als Erzieher des römischen Kaisers Nero tätig war. Mit Sklaven und deren Behandlung befasst sich der *47. Brief an Lucilius*, in welchem Seneca betont, dass es keinen Unterschied zwischen Freien und Sklaven gebe, sondern die Sklaverei vielmehr ein Schicksal sei, das jeden treffen könne. Daher solle der Herr seine Sklaven stets so behandeln, wie er selbst im umgekehrten Fall behandelt werden möchte (→ Fischer, Quellenreader Nr. 12).

Quelle

Seneca tritt für eine humane Behandlung der Sklaven ein

Seneca, 47. Brief an Lucilius ep. 47; Übersetzung: H. Berthold

Es freut mich, von Deinen Besuchern zu erfahren, in welch gutem Einvernehmen Du mit Deinen Sklaven zusammenlebst! Das beweist mir Deine praktische Klugheit und Deine philosophische Bildung. „Es sind ja nur Sklaven!" – Aber sind es nicht auch Menschen? „Sklaven sind's!" – Gehören sie aber nicht auch zur Hausgemeinschaft? „Es sind Sklaven!" Sind sie aber nicht auch unsere Freunde, wenn auch aus niedrigerem Stand? „Es sind Sklaven!" – Sind sie nicht eher unsere Mitsklaven? Denn Du musst ja bedenken, dass das Schicksal uns alle in seiner Gewalt hat!
[...]
Zwinge Dich, ständig daran zu denken, dass der, den Du Deinen Sklaven nennst, gleichen Ursprungs ist wie Du, dass er sich an demselben Himmel erfreut, dass er wie Du atmet, lebt und stirbt. Wie Du in ihm den Freien, kann er in Dir den Sklaven sehen. Nach der Niederlage des Varus warf das Schicksal viele vornehme Bürger aus der Bahn, die sich im Kriegsdienst den Senatorenrang zu verdienen hofften: den einen machte es zum Hirten, den anderen zum Türwächter. Kannst Du einen Menschen, dem das widerfuhr, noch verachten, da Dich, den Verächter, dasselbe Los treffen kann? [...] Kurz zusammengefasst lautet mein Grundsatz: Gehe mit einem Untergebenen so um, wie Du wünschst, dass ein Höhergestellter mit Dir umgehe. Sooft Du an Deine Befugnisse gegenüber Deinen Sklaven denkst, solltest Du auch bedenken, dass Deinem Herrn Dir gegenüber das Gleiche erlaubt sein könnte.

Von der stoischen Auffassung der Sklaverei war nicht nur der Philosoph Epiktet (50-125 n. Chr.), selbst ein ehemaliger Sklave, geprägt, der in seinen Diatriben sogar die Nachteile einer Freilassung betont (Fischer, Quellenreader Nr. Nr. 14), sondern auch Dion von Prusa (ca. 40-115/120 n. Chr.), einer der herausragenden Redner der Kaiserzeit, dem man wegen seiner Eloquenz den Beinamen Chrysostomos verlieh. Von ihm sind drei Reden erhalten, welche die Sklaverei zum Thema haben (vgl. Fischer, Quellenreader Nr. 15). Ausgangspunkt der zweiten Rede Dions über *Knechtschaft und Freiheit* ist etwa die Frage, wie man einen Sklaven erkennen könne. Er kommt dabei zum Schluss, dass weder die Abstammung relevant sei, noch die Dienste, die jemand verrichte, noch die Frage, ob und warum jemand Eigentum eines anderen sei, sondern - entsprechend dem stoischen Modell der inneren Freiheit - vielmehr die inneren Werte eines Menschen, seine Tüchtigkeit und sein moralischer Adel.

Quelle

Derjenige ist ein Sklave, der eine sklavische Gesinnung hat

Dion Chrys. 15, 29–31, Übersetzung: W. Elliger

Ursprünglich wurde der Begriff Sklave wohl nicht, wie die Menge glaubt, in dieser Bedeutung gebraucht, für jemanden, dessen Körper ein Herr käuflich erworben hat oder der von sogenannten Sklaven abstammt, viel eher für einen Menschen mit dem Wesen eines Unfreien und Sklaven. Denn wir werden zugeben müssen, dass ein großer Teil der sogenannten Sklaven wie freie Menschen, ein großer Teil der Freigeborenen ganz wie Sklaven gesinnt ist. [...] Ist jemand im Hinblick auf die Tüchtigkeit „hochgeboren", so muss er „edel" genannt werden, auch wenn niemand seine Eltern und Vorfahren kennt. Es kann gar nicht anders sein: Wer „edel" ist, ist auch „edelgeboren", und wer „edelgeboren" ist, ist auch „frei". Der Unedle ist daher notwendig auch Sklave.

Das Wesen der Sklaverei beschäftigte auch die römischen Juristen. Grundlegend für das Verständnis des juristischen Sklavereidiskurses ist die Dreiteilung des Rechts in Naturrecht (*ius naturale*), Völkergemeinrecht (*ius gentium*) und Bürgerrecht (*ius civile*). Das *Naturrecht* ist von der Natur vorgegeben und betrifft alle Lebewesen. Das Völkergemeinrecht umfasst Regeln, die bei allen Völkern anzutreffen sind, und die alle Menschen anerkennen. Das *Bürgerrecht* ist schließlich das spezifische Recht der römischen Bürgerschaft. Die Sklaverei ist nach Ansicht der römischen Juristen eine Einrichtung des Völkergemeinrechts, sie ist bei allen Völkern bekannt; überall ist es üblich, dass Herren Gewalt über Sklaven ausüben, über deren Arbeitskraft verfügen und erhalten, was diese erwerben und erarbeiten. Auch im bürgerlichen Recht (*ius civile*) findet sich die Sklaverei. Nach dem Naturrecht (*ius naturale*) sind aber alle Menschen gleich. Die Sklaverei ist somit eine widernatürliche Institution, die aber deswegen nicht widerrechtlich ist, da sie eben in den menschlichen Rechtssetzungen verankert ist. Das *ius naturale* gilt nämlich nur neben der gesetzten Rechtsordnung, und nur soweit es von dieser nicht derogiert oder abgeändert wird. Der Widerspruch zwischen *ius naturale* und *ius gentium* bzw. *ius civile*, die erkannte Widernatürlichkeit der Sklaverei, hat aber nicht dazu geführt, dass man an die Aufhebung der Institution der Sklaverei gedacht hätte. Letztlich wurde aus dem Faktum, dass es Sklaverei bei allen Völkern gab, auf deren Vernunftmäßigkeit und Rechtlichkeit geschlossen und damit die soziale Wirklichkeit als rechtmäßig und legitim begriffen. Sie konnte aber, da sie keine Einrichtung des Naturrechts, sondern des Völkergemeinrechts ist, jederzeit beendet werden. ■

Auf einen Blick

Sklaven spielten im ökonomischen Leben der römischen Kaiserzeit eine wichtige Rolle. Unfreie Arbeitskräfte wurden in allen Sektoren der römischen Wirtschaft eingesetzt. Viele von ihren hatten ihre Freiheit durch kriegerische Ereignisse verloren, die meisten wurden aber wohl bereits unfrei geboren. Dies mag einer der Gründe sein, warum es in der Kaiserzeit zu keinen großen Sklavenaufständen mehr kam. Das Leben der Unfreien war von großer Unsicherheit bestimmt, da sie vollkommener Besitz ihrer Herren und in jeder Hinsicht von diesen abhängig waren. Gesetzliche Schutzbestimmungen griffen aber im Laufe der Kaiserzeit zunehmend zugunsten der Sklaven in die Herrenrechte ein. Dies entsprach stoischen Ansichten, die eine humane Behandlung der Unfreien propagierten. Diese können allerdings nicht als direkter Auslöser der Sklavengesetze angesehen werden, für die eher politische und wirtschaftliche Überlegungen ausschlaggebend waren. Besonders kaiserliche Sklaven konnten beeindruckende Karrieren machen und in einflussreiche Positionen aufsteigen. Zudem konnte die Mehrzahl der Sklaven damit rechnen, nach einer bestimmten Anzahl von Jahren freigelassen zu werden.

Literaturhinweise

Bradley K.: *Slaves and Masters in the Roman Empire*. Oxford 1987.

Bradley K.: *Slavery and Society at Rome*. Cambridge 1994.

Joshel S.: *Slavery in the Roman World*. Cambridge 2010

VII. Spätantike

Überblick

Obwohl in der Spätantike andere Abhängigkeitsformen wie der Kolonat aufkamen, spielte die Sklaverei weiterhin eine wichtige Rolle im gesellschaftlichen und wirtschaftlichen Leben. Die Christianisierung führte entgegen früherer Forschungsmeinungen zu keiner Einschränkung der Sklaverei – im Gegenteil: Die Kirche war vielmehr einer der größten Sklavenbesitzer im *Imperium Romanum.*

Zeittafel

284–305 n. Chr.	Herrschaft Diokletians
324–337 n. Chr.	Alleinherrschaft Konstantins des Großen
381 n. Chr.	Christentum wird Staatsreligion
395 n. Chr.	Reichsteilung
476 n. Chr.	Absetzung des letzten weströmischen Kaisers Romulus Augustulus
527–565 n. Chr.	Herrschaft Kaiser Justinians

1. Historischer Hintergrund

Kaiser Diokletian begegnete der Krise des 3. Jh. mit umfassenden Reformen, darunter einer Teilung der Herrschaft auf zwei Augusti und zwei Caesares (sog. Tetrarchie). Nach dem freiwilligen Rückzug Diokletians aus der Politik endete dieses System in blutigen Konflikten um die Macht, die Konstantin der Große für sich zu entscheiden vermochte. Die Reichseinheit war aber auf Dauer nicht zu bewahren, und 395 n. Chr. kam es zur endgültigen Teilung in ein weströmisches und ein oströmisches Reich. Hauptstadt des Zweiteren wurde die von Konstantin gegründete Stadt Konstantinopel.

Eine weitere bedeutende Entwicklung war der Aufstieg des Christentums, der ebenfalls eng mit Konstantin verbunden ist. Hatte Diokletian die Christen noch systematisch verfolgt, machte Konstantin, der sich auch persönlich diesem Glauben zuwandte, das Christentum zur erlaubten Religion. Eine heidnische Restauration unter Kaiser Julian Apostata endete mit dem vorzeitigen Tod dieses Herrschers. 381 n. Chr. machte Theodosius das Christentum zur Staatsreligion, zehn Jahre später wurden die heidnischen Kulte kategorisch verboten.

Militärisch geriet das *Imperium Romanum* im Zuge der Völkerwanderung immer mehr in Bedrängnis, ehe im Jahr 476 n. Chr. der germanische Offizier Odoaker den letzten weströmischen Kaiser Romulus Augustulus absetzte und selbst zum König von Italien ausgerufen wurde. Während im Westreich germanische Nachfolgestaaten entstanden, überlebte das Römertum im Osten noch beinahe 1000 Jahre. Justinian versuchte im 6. Jh. noch ein letztes Mal, die Reichseinheit wiederherzustellen, scheiterte mit diesem Plan jedoch.

2. Grundlagen der spätantiken Sklaverei

Herkunft der Sklaven

Die Herkunft der Unfreien in der Spätantike entspricht weitgehend den Quellen von Unfreien in den vorangegangenen Jahrhunderten. Die Kriege der Spätantike führten zu immensem Sklavennachschub. So kamen etwa nach dem Sieg Stilichos über Radagais so viele Sklaven auf den Markt, dass der Preis auf ein Goldstück sank, wie der Geschichtsschreiber Orosius berichtet (Orosius, Historien 7,37,16). Gleichzeitig gab es auch eine neuartige Verwendung von Kriegsgefangenen, nämlich deren Übernahme in die römische Armee. Auch abseits von größeren militärischen Auseinandersetzungen waren vor allem die römischen Grenztruppen häufig im Sklavenhandel aktiv (vgl. Themistios, *Über den Frieden* (10. Rede) 10,136b). Das Schicksal des kriegsgefangenen Mädchens Bissula dokumentiert etwa Ausonius (310–394 n. Chr.) in seinem gleichnamigen Liederzyklus.

Quelle

Das germanische Mädchen Bissula wird als Kriegsgefangene zur Sklavin
Ausonius, Bissula 3,1–8; Übersetzung: W. Eck/J. Heinrichs

Bissula, jenseits des eiskalten Rheins entsprossen einer Sippe, geboren in einer Hütte, mit der Donauquelle, Bissula, wohl bekannt, kriegsfangen mit Gewalt, dann entlassen aus der Knechtschaft, ist sie Herrin zu dessen Freude, dessen Kriegsbeute sie war. Ohne eine Mutter, ohne eine Amme ist sie, kennt aber auch keiner Herrin Befehl, (bestimmt ihrerseits im Haus ihres Herrn). Für ihr Geschick und ihre Herkunft bekam sie keinerlei Vorwürfe zu spüren, war sogleich wieder frei von der Sklaverei, von der sie nicht einmal eine Ahnung bekam.

Wichtiger als die Versklavung von Kriegsgegnern war als Quelle neuer Sklaven die unfreie Geburt. Kinder von Sklavinnen waren automatisch unfrei. Des Weiteren wurden Findelkinder in der Regel weiterhin als Sklaven behandelt, bis dies durch Justinian offiziell abgeschafft wurde. Überdies gab es Kinder, die von ihren Eltern in die Sklaverei verkauft wurden, obwohl Diokletian dies verboten hatte. Konstantin hat den Verkauf von Kindern wieder erlaubt und zusätzlich angeordnet, dass Eltern das Kind wieder zurückkaufen oder gegen einen anderen Sklaven eintauschen konnten, während Theodosius 391 befahl, alle in die Sklaverei verkauften Kinder freizulassen. Cassiodor erwähnt für das Jahr 527 n. Chr. allerdings einen Markt in Lukanien, wo Eltern ihre Kinder verkauften (Cassiodor, *Variae* 8, 33, 4). Ob diese Kinder aber tatsächlich zu Sklaven wurden, oder ob es nicht vielmehr bloß um die Arbeitskraft dieser Kinder ging, bleibt unklar. Dazu kamen Menschen, die sich selbst in die Sklaverei verkauften. Der frühchristliche Schriftsteller Palladius berichtet etwa, dass sich der Asket Sarapion selbst in die Sklaverei verkauft habe, um so Heiden bekehren zu können.

Quelle

Sarapion begibt sich freiwillig in die Sklaverei

Palladius, *Leben der Väter* (*Historia Lausiaca*) 37, 2–4; Übersetzung: A. Hübner

Die Väter erzählten, dass er sich einen Asketen als Mitspieler nahm und sich in einer Stadt heidnischen Schauspielern für 20 Goldmünzen verkaufte. Er versiegelte die Münzen und bewahrte sie bei sich auf. Er blieb solange bei den Schauspielern, die ihn gekauft hatten, und diente ihnen, bis er sie zu Christen gemacht und sie dem Theater entfremdet hatte; außer Brot und Wasser nahm er nichts zu sich, und sein Mund ließ nicht ab von der Erläuterung der Schriften. Der Mann war der erste, der im Lauf der Zeit anfing zu bereuen, dann die Schauspielerin, schließlich ihre ganze Familie. Man sagte, dass er beiden die Füße gewaschen hätte, solange sie ihn nicht kannten. Nachdem sie getauft worden waren, gaben beide das Theaterspiel auf, sie wandten sich dem ernsten und gottesfürchtigen Leben zu und hatten große Ehrfurcht vor dem Mann, sie sagten ihm: „Komm, Bruder, wir wollen dich freilassen, weil du uns von einer abscheulichen Knechtschaft befreit hast." Er antwortete: „Da Gott gewirkt hat und eure Seele gerettet wurde, will ich euch das Geheimnis meiner Tat erklären. Ich hatte Mitleid mit eurer Seele, und da ich ein freier Mann war, ein Asket ägyptischer Herkunft, habe ich mich verkauft, um euch zu retten. Gott hat nun gewirkt und eure Seele wurde durch meine Erniedrigung gerettet, deshalb nehmt euer Gold zurück, damit ich fortgehen und anderen helfen kann."

Menschenraub

Ein verbreitetes Problem war in der Spätantike nach wie vor der Menschenraub. Dieser war zwar weiterhin verboten, wurde von den Behörden aber nur unzureichend eingeschränkt. Eines der wichtigsten Zeugnisse ist ein Brief des heiligen Augustinus (Aug. epist. 10*; Fischer, Quellenreader Nr. 29), der wohl Ende des Jahres 422 n.Chr. geschrieben wurde, und in welchem davon die Rede ist, dass vorwiegend galatische Sklavenhändler Afrika heimgesucht, freie Einwohner der Umgebung von Hippo sowie anderer Gebiete gewaltsam versklavt und diese über das Mittelmeer weggeführt hatten. Von einem weiteren Fall in Gallien berichtet Sidonius Apollinaris (Sid. Apoll. ep. 5, 19; Fischer, Quellenreader Nr. 137).

Der Sklavenbestand im Imperium Romanum wurde weiterhin durch Importe von Gegenden außerhalb des Reiches genährt. Die jeweiligen Unfreien konnten ihre Freiheit aus den unterschiedlichsten Gründen verloren haben.

Sklavenpreise

Eine Reihe von Nachrichten besitzen wir aus der Spätantike über Sklavenpreise. Am aufschlussreichsten ist das **Höchstpreisedikt** Diokletians aus dem Jahr

301 n. Chr. Es unterscheidet etwa acht Preisklassen: Männer zwischen 16 und 40 Jahren sollten höchstens 30000 Denare kosten, Männer zwischen 40 und 60 Jahren 25000 Denare, Knaben zwischen acht und 16 Jahren 20000 Denare, Männer über 60 Jahren und Knaben unter acht Jahren 15000 Denare. Frauen zwischen 16 und 40 Jahren kosteten 25000 Denare, Frauen zwischen 40 und 60 Jahren 20000 Denare, Mädchen zwischen acht und 16 Jahren ebenso, Frauen über 60 Jahren und Mädchen unter acht Jahren kosteten 10000 Denare. Je nach Ausbildung konnten sich die Preise jedoch erhöhen (*Höchstpreisedikt* 29,1-8).

Stichwort

Höchstpreisedikt

Während der Reichskrise des 3. Jh. hatte die römische Wirtschaft u.a. mit einer galoppierenden Inflation zu kämpfen, die teilweise sogar zu einer Rückkehr zur Tauschwirtschaft geführt hatte. Kaiser Diokletian wirkte dem mit einer umfassenden Währungsreform entgegen, indem er eine neue, stabile Gold- und Silberwährung sowie eine neue Kleinmünze, den *Follis*, etablierte (Konstantin der Große sollte wenige Jahre später dann mit dem *Solidus* die wichtigste Goldmünze der Spätantike einführen). Eine weitere Maßnahme seiner Wirtschaftspolitik war die Festschreibung von Höchstpreisen für eine Reihe von Produkten und Dienstleistungen. Eine Überschreitung der (ohnehin sehr hoch veranschlagten) Preise wurde mit strengen Strafen geahndet. Die Wirksamkeit des im Jahr 301 n. Chr. erlassenen Ediktes wurde von der Forschung wiederholt in Frage gestellt. Ohne Zweifel handelt es sich bei dem in zahlreichen Inschriftenfragmenten überlieferten Dokument um eines der wichtigsten wirtschaftshistorischen Quellen der Antike.

Ein weiteres Preisschema wurde 530 n. Chr. von Justinian für Sklaven aufgestellt, die mehreren Herren gemeinsam gehörten (Codex Iustinianus 7,7,1,5). Diesem zufolge sollten Sklavinnen oder Sklaven ohne besondere Ausbildung 20 Solidi wert sein, Kinder unter zehn Jahren 10 Solidi. Kastrierte Knaben bis zu zehn Jahren kosteten dagegen 30 Solidi. Ausgebildete Sklaven waren auch hier teurer: Für einen der Kurzschrift kundigen *notarius* waren bis zu 50 Solidi zu zahlen für einen Arzt wurden etwa 60 Solidi verlangt, für einen gut ausgebildeten Handwerker bis zu 70 Solidi.

Besitzer

Der größte Sklavenbesitzer war in der Spätantike, wie auch schon in den vorangegangenen Jahrhunderten, der Kaiser. An zweiter Stelle folgte die Kirche, auf deren Ländereien zahlreiche Unfreie arbeiteten. Viele Sklaven fanden sich nach wie vor in den senatorischen Haushalten. Einen Eindruck von den gewaltigen Sklavenmengen, welche die großen Adelshäuser besaßen, zeigt das Beispiel der heiligen Melanie. Diese stammte aus der *gens Valeria*, einer der ältesten und reichsten römischen Familien. Als Melanie sich entschloss, ihr Leben ganz dem christlichen Glauben zu widmen und fortan auf alle irdischen Güter zu verzichten, verkaufte sie ihre Güter in Rom, ließ 8000 ihrer (insgesamt wohl um die 50000) Sklaven frei und verschenkte ihr Vermögen. Interessant ist, dass bei weitem nicht alle Sklaven von Melanie freigelassen werden wollten, da dies bedeutete hätte, dass sie nicht mehr von einem Herrn versorgt würden – eine deutliche Verschlechterung ihres Lebensstandards.

Quelle

Die heilige Melanie lässt 8000 Sklaven frei

Palladius, *Leben der Väter* (*Historia Lausiaca*) 61; Übersetzung: A. Hübner

Sie schenkte 8000 Sklaven, die darin einwilligten, die Freiheit; denn die übrigen wollten die Freiheit nicht, sondern zogen es vor, bei ihrem Bruder Sklavendienste zu tun; sie überließ sie ihm alle für je drei Goldstücke. Ihre Besitzungen in Spanien, Aquitanien, Tarragonien und Gallien verkaufte sie und behielt nur die in Sizilien, Kampanien und Afrika für den Unterhalt der Klöster.

Doch nicht nur die Reichsten verfügten über Unfreie, auch Angehörige der Mittelschicht – Bauern, Handwerker, Beamte, Soldaten, Ärzte oder Lehrer – besaßen Sklaven. Sogar christliche Geistliche sind als Sklavenbesitzer gut belegt. Der Besitz von Sklaven war so üblich, dass der Verzicht auf Unfreie oder die Beschränkung auf nur wenige Sklaven als Armut bzw. als Zeichen von Askese galt – so etwa im Fall des heiligen Martin von Tours, bei dem in den Quellen hervorgehoben wird, dass er nur einen einzigen Sklaven besaß. Und natürlich hatte auch Melanie, nachdem sie sich in die Askese zurückgezogen hatte, noch zahlreiche Eunuchen, Sklavinnen und Dienerinnen um sich.

Arbeit

Weiterhin findet man Sklaven in den unterschiedlichsten Wirtschaftssektoren. Sie arbeiteten in der Landwirtschaft genauso wie in handwerklichen Betrieben und in den Haushalten, und sie wurden in der kommunalen und kaiserlichen Verwaltung eingesetzt.

Eunuchen

Eine völlig neue Erscheinung der Spätantike war die Bedeutung der Eunuchen. Diese begegnen bereits an den Höfen der Könige im Alten Orient und auch hellenistischer Herrscher. Bei den Römern waren kastrierte Dienstboten zunächst nicht populär, auch wenn sie in den kaiserlichen Haushalten gelegentlich belegt sind. In der Spätantike finden sich am Hof des Kaisers jedoch zahlreiche Eunuchen, die etwa als Leibwächter (*spatharius*), Schatzmeister (*sacellarius*), Garderobeverwalter (*comes sacrae vestis*) oder Kammerherr (*cubicularius*) des Herrschers dienten und sehr engen Kontakt mit und Einfluss auf den Kaiser hatten. Sie konnten aber auch andere hohe Funktionen in der Verwaltung und sogar im Militär erreichen. Prominente Beispiele sind Narses, ein General Justinians I., oder Eutropios, der Kammerherr des Kaisers Arcadius, der 399 n. Chr. sogar zum Konsul aufstieg. Zunehmend fanden Eunuchen aber auch in privaten Haushalten Eingang, bis zu sie einem Charakteristikum der byzantinischen Aristokratie wurden. Ihre Aufgabe war vor allem der Schutz der weiblichen Haushaltsmitglieder. Bemerkenswert ist dies insofern, als die Kastration bereits seit langer Zeit im römischen Reich verboten war. Kaiser Leo verbot den Handel mit römischen Eunuchen (auch wenn diese außerhalb des Reiches kastriert wurden), der Handel mit barbarischen Eunuchen blieb jedoch weiterhin gestattet. Um daher die Nachfrage nach Eunuchensklaven zu erfüllen, wurden kastrierte Unfreie von außerhalb in das Imperium Romanum importiert, etwa aus dem Reich der Abasger. Prokop berichtet in seiner *Geschichte der Gotenkriege* (4(8), 3, 15), dass im Reich der Abasger die Könige, wenn sie schöne Knaben sahen, diese ihren Eltern wegzunehmen pflegten, um Eunuchen aus ihnen zu machen und sie zu teuren Preisen in das Land der Römer zu verkaufen. Dies geschah angeblich so häufig, dass die meisten Eunuchen bei den Römern von abasgischer Herkunft waren.

Rechtliche Lage und Lebensumstände

Die rechtliche Position der Sklaven blieb im Grunde unverändert. Sklaven waren weder rechts- noch besitzfähig. Eine Sklavenehe war weiterhin nicht möglich. In Verschärfung des *Senatus Consultum Claudianum* wurde seit Konstantin eine freie Frau, die sich mit einem fremden Sklaven einließ, sofort versklavt. Auch eine eheähnliche Verbindung zwischen einer Herrin mit ihrem eigenen Sklaven wurde nun verboten und unter Todesstrafe gestellt.

Behandlung

Sklaven litten weiterhin unter der Gewalt ihrer Herren und Herrinnen. Zwar hatte schon die stoische Lehre in der Zeit des Prinzipats zu einer humanen Behandlung der Unfreien aufgerufen. Entsprach eine solche auch der stark stoisch beeinflussten, christlichen Anschauung, so waren Schläge und andere Formen körperlicher Gewalt bei der Behandlung der Unfreien an der Tagesordnung. Dies wurde auch gesetzlich begünstigt, denn Konstantin stärkte die Rechte der Herren. Zwar bestimmte er, dass die absichtliche Tötung eines Sklaven wie Mord geahndet werden sollte, doch legte er auch fest, dass Todesfälle von Sklaven nun nicht mehr untersucht werden sollen, wenn die erlaubten Züchtigungsmittel angewandt worden waren. Dass die Sklavenbesitzer von ihrem Recht der Züchtigung der Unfreien Gebrauch machten, wird etwa aus einer Predigt des Kirchenvaters Johannes Chrysostomus deutlich, in der er insbesondere die Herrinnen dazu aufruft, sich im Umgang mit ihren Sklavinnen zu mäßigen - ohne freilich zu einem völligen Gewaltverzicht aufzurufen.

Quelle

Herrinnen sollen ihre Sklavinnen nicht misshandeln

Johannes Chrysostomus, Kommentar zum Epheserbrief. 15; Übersetzung: W. Stoderl

Häufig, wenn das Haus gerade in einer engen Gasse liegt, hören alle Vorübergehenden die Frau schreien und die Magd jammern. Was kann es Hässlicheres geben als das? Du hörst Wehrufe. Was ist denn da los? Und sogleich antwortet dir die Schar der Neugierigen: Die und die schlägt ihre Sklavin. Was kann es Schändlicheres geben als dieses? Also soll man sie gar nicht schlagen dürfen? Das will ich nicht gesagt haben. Man darf es, aber nicht in einem fort, nicht ohne Maß und Ziel, nicht wegen persönlicher Beleidigungen, was ich stets wiederholen muss, nicht wegen eines Versehens im Dienste, sondern wenn sie ihrer eigenen Seele schadet. Schlägst du sie aus einer solchen Ursache, so werden alle es billigen, und kein Mensch wird dich tadeln; schlägst du sie aber bloß deshalb, weil sie dir etwas nicht recht machen konnte, so werden alle deine Rohheit und Härte verurteilen. [...] Aber, entgegnet man, das ist ein nichtsnutziges, freches, unverschämtes, unverbesserliches Gesindel! Ich weiß es wohl; aber man kann es auf andere Weise in Ordnung bringen, durch Furcht, durch Drohung, durch Worte, welche auf die Sklavin tiefer einzuwirken und zugleich dich vor Entehrung zu bewahren vermögen. [...] Und dann, wenn sie dich ins Bad begleiten muss, trägt sie die Striemen auf dem bloßen Rücken als sprechende Beweise deiner Grausamkeit herum. – Aber mit dem Sklavenvolk, höre ich sagen, ist nicht auszukommen, wenn man ihnen alles nachsieht. – Ich weiß das wohl, doch halte sie, wie schon gesagt, auf andere Weise im Zaume, nicht bloß durch Peitsche und Schrecken, sondern auch durch Schmeichelworte und gute Behandlung! Durch den Glauben ist die Sklavin deine Schwester geworden. [...]Gegenwärtig aber sind manche Frauen so weit im Unverstande gekommen, dass sie ihren Dienerinnen die Kopfbedeckung herabreißen und sie an den Haaren herumzerren.

Sklavenflucht

Die oft harte Behandlung der Unfreien führte häufig zu deren Flucht. Solche Fluchtversuche wurden hart bestraft, etwa durch das Einbrennen eines F für *fugitivus* („entflohener Sklave") oder die Tätowierung des wieder aufgegriffenen Unfreien. Humaner war eine in der Spätantike ebenfalls aufgekommene Alternative, nämlich die sog. Sklavenhalsbänder. Es handelt sich dabei um bronzene Halsbänder bzw. Anhänger, die Sklaven umgelegt wurden, die bereits einmal geflohen waren oder bei denen die Gefahr einer Flucht groß erschien. Die Inschriften auf diesen Anhängern enthielten in der Regel die Aufforderung, den geflohenen Sklaven festzuhalten und seinem Besitzer zurückzubringen, der ebenfalls genannt wird.

Quelle

Sklavenhalsband aus Rom aus dem 4. Jh. n. Chr.

Corpus Inscriptionum Latinarum XV 7174; Übersetzung: W. Eck/J. Heinrichs

Ianuarius heiße ich, ich bin Sklave des Dexter, des Senatsstenographen, der im fünften Stadtbezirk, auf dem Macarischen Platz, (auf mich) wartet.

Asyle

Neben die schon früher bekannten Sklavenasyle, etwa in Tempeln oder an Kaiserstatuen, trat das Asyl der Kirche, in das Unfreie fliehen konnten. Nach einer Regelung des Theodosius II. aus dem Jahr 432 n. Chr. konnte der Herr den Unfreien von dort nach einem Tag nach gewährter Verzeihung wieder abholen. Ein Verkauf an einen anderen Herrn, wie ihn das frühere heidnische Tempelasyl in die Wege leitete, war im Kirchenasyl nicht mehr vorgesehen.

Selbstmord

Eine besondere Art der Flucht ist der Selbstmord, der bereits in früheren Epochen für Sklaven belegt ist. Aus der Spätantike stammt etwa ein Brief des prominenten römischen Senators Symmachus, in dem dieser sich beklagt, dass sich sächsische Gladiatorensklaven, die er für Spiele gekauft hatte, gegenseitig mit bloßen Händen erwürgten, um ihrem Schicksal zu entgehen (Symmachus, Briefe 2, 46).

Widerstand

Der Widerstand der Sklaven konnte sich auch in Arbeitsverweigerung oder im Bestehlen des Herrn äußern. Bisweilen kam es auch zu gewalttätigem Widerstand gegen die Herren. Zwar ereigneten sich keine großen Sklavenerhebungen wie in republikanischer Zeit, die Quellen berichten aber immer wieder von kleineren Aufständen von Unfreien im Zusammenhang mit anderen sozialen Unruhen, so etwa von Sklaven, die sich aufständischen Donatisten in Nordafrika anschlossen. Über diese schreibt etwa der heilige Augustinus in einem Brief (108, 18): „Die entflohenen Sklaven halten sich nicht nur wider die apostolische Lehre von ihren Herren fern, sondern sie drohen ihnen auch; ja sie drohen ihnen nicht bloß, sondern plündern sie auch in gewaltsamem Überfall." Immer wieder ist in den Quellen auch von Vorfällen die Rede, bei denen sich einzelne Sklaven gegen ihre jeweiligen Herren erhoben. Von einem solchen Vorfall berichtet auch Gregor von Tours in seiner im 6. Jh. n. Chr. verfassten *Geschichte der Franken*.

Quelle

Ein fränkischer Kaufmann wird von seinen Sklaven getötet

Gregor von Tours, *Geschichte der Franken* 7, 46; Übersetzung: W. Giesebrecht/R. Buchner

Zu dieser Zeit begab sich ein Kaufmann namens Christophorus nach der Stadt Orléans. Denn er hatte vernommen, dass dorthin eine große Menge Wein geschafft worden war. Als er nun für sich Wein eingekauft und zu Kahn gebracht hatte, zog er mit einer großen Summe Geldes heim, die er von seinem Schwiegervater empfangen hatte, und machte sich zu Pferd mit zwei sächsischen Sklaven auf den Weg. Diese aber hegten schon lange Hass gegen ihren Herrn und waren ihm sogar wiederholt entlaufen, deshalb weil er sie oft hart züchtigte; als sie nun in einen Wald kamen und der Herr voranzog, warf der eine Sklave mit aller Macht seine Lanze nach ihm und durchbohrte ihn. Und als er hinstürzte, spaltete ihm der andere mit dem Schwert den Kopf. So wurde er von beiden in Stücke gehauen und tot liegen gelassen. Sie selbst aber nahmen das Geld und suchten das Weite. Der Bruder des Christophorus begrub den Leichnam und sandte seine Leute den Knechten nach. Die ergriffen den Jüngeren von ihnen und banden ihn, der Ältere entkam mit dem Gelde. Als sie heimzogen, ergriff jener, da sie ihn nur lose gebunden hatten, eine Lanze und tötete damit einen von seinen Begleitern. Die anderen brachten ihn aber nach Tours, folterten ihn auf mancherlei Art, verstümmelten ihn und hingen ihn, als er schon fast tot war, an den Galgen.

Freilassung

Der Großteil der Sklaven in der Spätantike durfte damit rechnen, freigelassen zu werden. Zu den schon früher bekannten Freilassungsformen, trat nun die Freilassung in der Kirche (*manumissio in ecclesia*). Diese Form der Freilassung vor dem Priester in Anwesenheit der Gemeinde als Zeugen wurde von Konstantin dem Großen eingeführt. Dies führte freilich nicht dazu, dass die Kirche nun problemlos ihre eigenen Sklaven in die Freiheit überführt hätte. Im Gegenteil: Klerikern erschwerte die Kirche die Freilassung der eigenen Sklaven, und den privaten Herren legte sie nahe, die eigenen Freigelassenen dem Schutz der Kirche zu unterstellen, damit diese als Patronin Zeit deren Lebens Anspruch auf deren weitere Dienste (*operae*) habe.

Freigelassene hatten nicht die vollen Rechte von Freigeborenen. Sie durften nicht in den Staatsdienst eintreten und auch ihr Eintritt in den Klerus war Beschränkungen unterworfen. Durften Freigelassene zunächst noch klerikale Ämter bekleiden, war diese später nur mehr den Freigelassenen von Priestern möglich.

3. Christentum und Sklaverei

Paulus

Die Einstellung der frühen Christen lässt sich bereits in den Schriften des Apostels Paulus gut greifen. Ein zentrales Zeugnis ist etwa der sog. Philemonbrief (Fischer, Quellenreader Nr. 17), in dem sich Paulus an Philemon wendet, dessen Sklave Onesimus entflohen ist und bei Paulus Zuflucht gesucht hat. Dieser schickt ihn jedoch zurück und bittet Philemon, den entlaufenen Sklaven als einen Bruder im Geiste aufzunehmen und ihn nicht zu bestrafen. Für den von Onesimus möglicherweise verursachten Schaden will Paulus aufkommen. Eine Freilassungsempfehlung gibt der Apostel nicht.

Quelle

Die frühen Christen wollten keine Umwälzung der sozialen Verhältnisse

Paulus, *1. Brief an die Korinther* 7, 20–24; Einheitsübersetzung

Jeder soll in dem Stand bleiben, in dem ihn der Ruf Gottes getroffen hat. Wenn du als Sklave berufen wurdest, soll dich das nicht bedrücken; aber wenn du frei werden kannst, mach lieber Gebrauch davon! Denn wer im Herrn als Sklave berufen wurde, ist Freigelassener des Herrn. Ebenso ist einer, der als Freier berufen wurde, Sklave Christi. Um einen teuren Preis seid ihr erkauft worden. Macht euch nicht zu Sklaven von Menschen! Brüder und Schwestern, jeder soll vor Gott in dem Stand bleiben, in dem ihn der Ruf Gottes getroffen hat.

Wer als Sklave zum Christentum kam, sollte Sklave bleiben und gehorsam ihren Herren dienen. So heißt es etwa im Brief an die Kolosser: „Ihr Sklaven, seid gehorsam in allen Dingen euren irdischen Herren, nicht mit Dienst vor Augen, um den Menschen zu gefallen, sondern in Einfalt des Herzens und in der Furcht des Herrn. Alles, was ihr tut, das tut von Herzen als dem Herrn und nicht den Menschen, denn ihr wisst, dass ihr von dem Herrn als Lohn das Erbe empfangen werdet. Ihr dient dem Herrn Christus!“

Das Christentum erkannte die bestehende Sozialordnung als von Gott gegeben an. Ihr durfte man sich nur widersetzen, wenn ihre Gesetze gegen die christlichen Kultvorschriften verstießen. Die Herren freilich sollten ihre Sklaven gut behandeln, denn alle Menschen sind Brüder in Christus und gleich vor Gott. Äußerlichkeiten wie Freiheit und Unfreiheit sind vor Gott nicht wichtig. Dies betont Paulus im Brief an die Galater: „Es gibt nicht mehr Juden und Griechen, nicht Sklaven und Freie, nicht männlich und weiblich; denn ihr alle seid einer in Christus Jesus.“ (Galater 3, 28)

Die Gleichheit aller Menschen vor Gott wurde auch von anderen Kirchenschriftstellern betont, so etwa von Clemens von Alexandria (150-215 n. Chr.), der in seinem *Paidagogos* (3, 6, 34) schreibt: „Nimm nur einmal den Frauen ihren Schmuck und den Herren ihre Diener weg, so wirst du keinen Unterschied mehr zwischen den Herren und den gekauften Sklaven finden, nicht im Gang, nicht im Blick, nicht in der Sprache; so sehr also gleichen sie den Sklaven." Daher solle man diese auch gut behandeln (*Paidagogos* 3, 12, 92): „Und mit den Dienstboten müssen wir verkehren wie mit einem von uns selbst, denn sie sind Menschen wie wir." Daher solle man sie nicht hart bestrafen, sondern vielmehr zurechtweisen. Dies entspricht der unter christlichen Autoren verbreiteten Ansicht, dass zwar der Sklavenbesitz keine Sünde sei und auch eine Abschaffung der Sklaverei nicht propagiert wurde, dass man sich aber gegen eine allzu brutale Behandlung der Unfreien und deren sexuelle Ausbeutung wandte.

Laktanz

Freilich betonen auch viele christliche Autoren, dass man deshalb mit den Sklaven nicht allzu milde verfahren müsse. So wie Johannes Chrysostomus (siehe oben Abschnitt VII. 2) durchaus den Herrinnen gestattete, ihre Sklavinnen zu schlagen, wenn diese es verdienten, vertrat auch Laktanz die Ansicht, dass es die Pflicht eines verantwortungsvollen Herren sei, seine Sklaven bei Verfehlungen hart zu bestrafen.

Quelle

Schlechte Sklaven müssen hart bestraft werden

Laktanz, *Der Zorn Gottes* 17; Übersetzung: A. Hartl

Wenn ein Herr Vermögen, Haus und Gesinde hat, und wenn seine Sklaven in Verachtung der Geduld ihres Herrn in all seine Habe sich eindrängen, seine Güter genießen und vom Hausgesinde sich ehren lassen, während der Herr selbst von allen verachtet, verspottet und verlassen ist, kann etwa der weise sein, der Schimpf und Schmach nicht ahndet und die Sklaven, gegen die er Gewalt hat, seine Habe genießen lässt? Wo findet sich bei einem Herrn eine solche Geduld? Wenn man es anders Geduld und nicht vielmehr Gefühllosigkeit und Stumpfsinn nennen soll. Doch mag man unschwer die Verachtung ertragen. Was erst, wenn das eintritt, was beispielshalber Cicero anführt, indem er sagt: „Ich frage nunmehr: wenn ein Hausvater, dem der Sklave die Kinder ermordet, die Gattin erschlagen, das Haus angezündet hat, nicht die schärfste Todesstrafe über den Sklaven verhängt, ist er dann milde und barmherzig oder unmenschlich und grausam zu nennen?" Wenn nun die Nachsicht gegen derartige Untaten Grausamkeit und nicht Milde ist, so wäre es auch an Gott kein Vorzug, wenn ihn ungerechte Taten unberührt ließen. Denn die Welt ist wie ein Haus Gottes, und die Menschen sind wie die Knechte Gottes; wenn diesen Gottes Name zum Gespötte dient, was müsste das für eine Geduld sein, die Gott veranlassen könnte, auf seine Ehre zu verzichten und beim Anblick verkehrter und ungerechter Werke nicht unwillig zu werden? Denn der Unwille ist dem eigentümlich und naturgemäß, dem die Sünde mißfällt. Der Zorn ist also eine Forderung der Vernunft; denn er macht den Pflichtverletzungen ein Ende und hält die Zügellosigkeit in Schranken; und das ist sicher eine gerechte und weise Tat.

Ambrosius

Der in Trier geborene Ambrosius (339-397), der später Bischof von Mailand und einer der wichtigsten Kirchenväter werden sollte, war in seinen Ansichten zu Sklaverei stark von stoischen Denkern beeinflusst. Er befasst sich in einem Brief an seinen Freund und Nachfolger Simplicianus (Ambrosius, *Briefe* 7) ausführlich mit der Unfreiheit. Ambrosius spricht darin von zwei verschiedenen Sklavereien, jener des Körpers und jener der Seele. Der Kirchenvater hält fest, dass die Natur niemanden zum Sklaven macht, sondern die Unvernunft, und daher mache ihn auch nicht die Freilassung frei, sondern Bildung bzw. Wissen. Ambrosius belegt seine Ansichten mit Geschichten aus dem Alten Testament; so führt er etwa das Schicksal von Josef an, des zweitjüngsten Sohnes Jakobs, der von seinen Brüdern in die Sklaverei verkauft wird, der dann aber zu einem der mächtigsten Männer Ägyptens wird. Josef ist zwar äußerlich ein Sklave, innerlich aber frei. Ebenso führt er die Unterordnung Esaus unter seinen Bruder Jakob an.

Verfluchung Hams

Ambrosius bringt aber auch ein bekanntes und später viel rezipiertes Beispiel für die Versklavung durch Torheit; es handelt sich um die Geschichte von Ham, dem Sohn Noahs, die in der *Genesis* (9, 18-29) geschildert wird: Noah, der vom Wein berauscht nackt eingeschlafen ist, wird von seinem Sohn Ham verspottet und verlacht, worauf Noah die Nachkommen Hams, und zwar speziell dessen Sohn Kanaan, verfluchte und zu Sklaven bestimmte. Obwohl hier weder von Afrika noch in irgendeiner Weise von Hautfarben oder Rassen die Rede ist, entstand im Mittelalter die Tradition, dass die Nachfahren Hams schwarze Haut besessen hätten. Ham wurde so zum Stammvater der Afrikaner, die damit gleichzeitig von Gott zu ewiger Sklaverei verdammt waren. Diese populäre christliche Rechtfertigung der Versklavung von Afrikanern lässt sich bis ins 19. Jh. greifen!

Augustinus

Augustinus von Hippo (354-430 n. Chr.), der bedeutendsten christlichen Kirchenlehrer und der wohl wichtigste Philosoph der Spätantike, setzt sich in seinem *Gottesstaat* (19, 15; Fischer, Quellenreader Nr. 19) ausführlich mit der Sklaverei auseinander. Augustinus stellt dabei fest, dass die Freiheit der eigentlich natürliche Zustand des Menschen ist. Erst durch die Sünde trat die Sklaverei in Erscheinung. Sie stellt eine Strafe Gottes für den sündhaften Menschen dar. Da sie von Gott kommt, ist die Sklaverei auch nicht ungerecht, sondern verdient. Der Mensch muss sie deswegen demütig hinnehmen, der Herrschende soll sich gleichzeitig aber des Hochmuts enthalten. Auch bei Augustinus sind die Bezüge auf Paulus und auch auf die stoischen Lehren klar erkennbar. Der Kirchenvater vertritt die Ansicht, dass die äußere Sklaverei gegenüber der inneren Sklaverei gering einzuschätzen ist: Glücklicher lebt man als Sklave eines Menschen denn als Sklave seiner Begierden. Diese innere Knechtschaft ist die eigentliche Sklaverei, der man nicht entfliehen kann.

Gregor von Nyssa

Parallel zur Rechtfertigung der Sklaverei entwickelte sich aber – speziell in der östlichen Kirche – auch eine christliche Kritik an der Sklaverei. Am deutlichsten hat diese der kappadokische Kirchenvater Gregor von Nyssa (ca. 335-395 n. Chr.), einer der profiliertesten christlichen Denker der Spätantike, zum Ausdruck gebracht. In seiner 4. Homilie (Predigt) zum Buch Kohelet (Fischer, Quellenreader Nr. 20) führt er aus, dass alle Menschen nicht nur gleich, sondern - entsprechend der biblischen Lehre - auch nach dem Ebenbild Gottes gestaltet seien. Kein Mensch könne daher über einen anderen herrschen, und die Institution der Sklaverei stelle daher eine Anmaßung und eine Sünde dar.

Freilich hatte dieser Appell keine Folgen. Die Sklaverei blieb sowohl in Kirche und Gesellschaft als auch in der Gesetzgebung der nun christlichen Kaiser verankert. Theoretisch wurde sie weiterhin bestätigt und legitimiert. Christlicher Einfluss ist lediglich in Regelungen wie jener zu erkennen, dass Christen ihre Sklaven nur an Christen verkaufen sollten, während es Juden und Heiden schließlich verboten wurde, christliche Sklaven zu besitzen. Trotz ihrer theoretischen Gleichheit vor dem Herrn wurden Sklaven auch innerhalb der Kirche nicht gleich behandelt. Wollte sich ein Unfreier taufen lassen, bedurfte er der Zustimmung seines Herrn. Dennoch waren in den frühen Gemeinden zahlreiche Sklaven anzutreffen. Es sind sogar Sklaven bekannt, welche den Märtyrertod starben. Die bekannteste unter diesen war Blandina, die zur Zeit Mark Aurels lebte. Dass Sklaven in den Klerus eintraten, war zumindest unüblich. Eine Seltenheit waren auf alle Fälle Karrieren wie sie der freigelassene Sklave Callistus (160-222 n. Chr.) erlebte, der es bis zum Bischof von Rom brachte. Das lag auch daran, dass der Zugang zu Kirchenämtern sukzessive erschwert wurde. Ins Kloster durften Sklaven bald nur noch mit Zustimmung ihres Herrn gehen. Es wurde Unfreien verboten, Priester zu werden, und sogar bei Freigelassenen wurde dies eingeschränkt.

4. Andere Abhängigkeitsverhältnisse

Kolonat

Neben die Sklaverei traten in der Spätantike andere Abhängigkeitsverhältnisse. Charakteristisch für die Landwirtschaft der Spätantike war dabei der Kolonat (*colonatus*), der die Sklaverei im Agrarsektor zwar nicht ersetzte, diese aber an Bedeutung übertraf. Kolonen (*coloni*) sind als Pächter von landwirtschaftlich nutzbarem Land schon während der römischen Republik gut belegt. Es handelte sich bei ihnen ursprünglich um freie Menschen, die ihren Grundherren als gleichberechtigte Partner gegenübertraten. Sie pachteten Grundstücke und mussten dafür Abgaben leisten. Der Kolone bebaute den Boden und haftete für den Pachtzins. Nach Ablauf des zeitlich - zumeist wohl auf fünf Jahre - befristeten Pachtvertrages durften sie vom Grundherrn nicht festgehalten werden. Oft wurde dieses Pachtverhältnis aber aus beiderseitigem Interesse verlängert. Besonders für den Grundbesitzer war bereits zu dieser Zeit eine feste Verwurzelung der Pächter mit dem Land wünschenswert.

Entwicklung zur abhängigen Landbevölkerung

In einem längeren Prozess, der von der Mitte des 3. Jh. bis in das frühe 5. Jh. n. Chr. dauerte, sanken die Kolonen aufgrund juristischer Regelungen im Interesse der Großgrundbesitzer jedoch zu einer abhängigen Landbevölkerung herab, die an die von ihr bearbeitete Scholle bzw. an den jeweiligen Grundherrn gebunden war. Seine volle Ausprägung erlebte der Kolonat im 4. bis 6. Jh. n. Chr. Mehrere Faktoren begünstigten diese Entwicklung. Einer davon war die wohl nicht seltene Verschuldung der Pächter bei ihren Grundherren, die bereits zu einer faktischen Bodenbindung der Kleinbauern führen konnte. Dazu kam, dass in etlichen Fällen die Grundherren nicht nur die Verpächter des Landes, sondern auch die Patrone und Rechtsvertreter ihrer Kolonen waren, sodass sich diese nicht nur in ökonomischer, sondern auch in klientelartiger Abhängigkeit befanden. Dies galt in besonderem Maße für jene Kolonen, die Freigelassene ihrer Grundherren waren. Bereits im 2. Jh. n. Chr. war es im Rahmen solcher Abhängigkeitsverhältnisse offenbar nicht unüblich, dass Kolonen auch dazu verpflichtet werden konnten, mehrere Tage im Jahr unentgeltlich für ihren Grundherrn zu arbeiten.

Die letztendliche Entstehung des Kolonats kann als eine Folge der politischen und ökonomischen „Krise des 3. Jh." betrachtet werden, unter anderem scheinen steuerliche Überlegungen eine entscheidende Rolle gespielt zu haben. Die Grundherren wurden nämlich für die Steuern ihrer Kolonen in Haftung genommen. Um die Steuereinhebung sicherzustellen, wurde zunächst einige, später alle Kolonen verpflichtet, dauerhaft auf ihrem Pachtland zu bleiben. Ihre Freizügigkeit wurde beschnitten, ihre Flucht strafrechtlich verfolgt. Der Kolone war an sein Land gebunden, auf das er, wenn nötig, zwangsweise zurückgeführt wurde. Die Entwicklung wird vor allem durch ein Edikt Konstantins des Großen aus dem Jahr 332 n. Chr. deutlich, in dem es heißt, dass ein Kolone fremden Rechts (*colonus iuris alieni*), der auf einem fremden Grundstück angetroffen wird, an seinen Ursprungsort zurückkehren müsse, und dass auch derjenige, bei dem der geflohene Kolone Zuflucht gefunden habe, die Steuern für die Zeit von dessen Aufenthalt bei ihm bezahlen müsse (Fischer, Quellenreader Nr. 134).

„Sklaven des Bodens"

Mit diesem konstantinischen Edikt sind die Kolonen von Vertragspartnern zu Untertanen herabgesunken. Sie „gehörten" quasi zu einem Grundherrn, der für sie Steuern bezahlen musste, und an dessen Gut sie gebunden waren. Streng genommen war der Kolone freilich nicht Eigentum seines Herrn, sondern dessen Rechte waren durch das Eigentum an dem Grundstück begründet, auf dem die Kolonen lebten. Den Grundherren war es auch verboten, die Kolonen an einen anderen Ort zu transferieren oder bei Veräußerung des jeweiligen Grundstückes zurückzubehalten. Grund und Boden durfte nicht ohne die dazugehörigen Kolonen verkauft werden. Die Kolonen unterlagen aber noch keinen eherechtlichen Beschränkungen, und der Kolonenstand war auch noch nicht erblich. Dies sollte sich jedoch bald ändern. In einer Verordnung des Jahres 364 n. Chr. heißt es, dass die Bestimmungen, nicht nur für die Kolonen, sondern auch für deren Kinder und Enkel Geltung besäßen (Cod. Iust. 11, 68, 3). In den 90er-Jahren des 4. Jh. wurden die Kolonen dem *dominium* ihrer Grundherrn unterworfen und dadurch untrennbar mit diesen verbunden. Sie durften gegen diese, außer in Fällen von Hochverrat oder finanzieller Ausbeutung, auch keine Anklage mehr erheben. Kolonen wurden dem Stand nach zwar als Freie betrachtet, zugleich waren sie aber Sklaven des Bodens (*servi terrae*), wie es in einem Erlass aus theodosianischer Zeit heißt (Corpus Iuris Civilis 11, 52, 1, 1; Fischer, Quellenreader Nr. 135).

Wege aus dem Kolonat

Freilich ist zu betonen, dass Kolonen niemals zu echten Sklaven wurden! Dennoch wurde es immer schwieriger, ein Kolonatsverhältnis zu beenden. Auswege aus dem Kolonat hatten lange Zeit der niedere Staatsdienst sowie der Dienst im Militär oder in der Kirche geboten. Dies wurde jedoch sukzessive untersagt, und mit dem frühen 5. Jh. n. Chr. hatten Kolonen nur noch mit Zustimmung des Grundherrn die Möglichkeit, den Kolonat abzustreifen: Noch vor 408 n. Chr. wurde Kolonen der Eintritt in die Armee untersagt, seit 409 n. Chr. durften sie nur mehr mit Zustimmung ihrer Herrn Geistliche werden, und ab 426 n. Chr. war ihnen jedes Staatsamt verwehrt. Auch ihre Verfügungsfähigkeit über ihr Vermögen war nun deutlich eingeschränkt. Bereits gegen Ende des 4. Jh. war allen Kolonen die Einheirat in den Dekurionat und in die Korporationen verwehrt worden (bei kaiserlichen Kolonen war dies schon früher geschehen). Mit dem Jahr 419 n. Chr. wurde der Kolonat endgültig als Geburtsstand konstituiert. Kolonen konnten also nur noch untereinander rechtsgültige Ehen eingehen, ihre Kinder waren ebenfalls Kolonen. Bei Mischehen fielen die Nachkommen immer dem Grundherrn zu. Vom Kolonat konnte man sich nur noch durch dreißigjährige Ersitzung befreien, d.h. die Kolonen und deren Kinder konnten durch andauernde Flucht von ihren Grundherren freikommen, wenn diese es 30 Jahre lang versäumten, sie zurückzufordern.

Quelle

Johannes Chrysostomus schildert die Lebensbedingungen der Kolonen

Johannes Chrysostomus, Homilie zum Matthäusevanglium 61,3; Übersetung: J.C. Baur

Die Besitzer von Grund und Boden, welche von der Erde ihren Reichtum ziehen? Könnte es aber noch ungerechte Menschen geben als sie? Wenn man nämlich untersucht, wie sie mit den armen und elenden Landleuten verfahren, kommt man zu der Überzeugung, dass sie unmenschlicher sind als Barbaren. Den Leuten, die ihr Leben lang hungern und sich quälen müssen, legen sie fortwährend unerschwingliche Aufgaben auf, bürden auf ihre Schultern mühsame Dienstleistungen und gebrauchen sie wie Esel und Maulesel, ja wie Steine, gestatten ihnen auch nicht die mindeste Erholung, und gleichviel, ob die Erde Erträgnis abwirft oder nicht, man saugt sie aus und kennt keine Nachsicht ihnen gegenüber. Gibt es etwas Erbarmenswerteres als diese Leute, wenn sie sich den ganzen Winter über abgeplagt haben, von Kälte, Regenwetter und Nachtwachen aufgerieben sind und nun mit leeren Händen dastehen, ja obendrein noch in Schulden stecken, wenn sie dann, mehr vor Hunger und Misserfolg, vor den Quälereien der Verwalter zittern und beben, vor den Vorladungen, dem Einsperren, der Rechenschaft, dem Eintreiben der Pacht, vor den unerbittlichen Forderungen.

Weiterleben des Kolonats

Die Institution des Kolonats wurde in den nachrömischen Königreichen der Ost- und Westgoten, der Burgunder und der Franken übernommen und erlebte in karolingischer Zeit eine Erneuerung. Eine wesentliche Entwicklung stellte jedoch dar, dass in den frühmittelalterlichen Gesetzen die Bodenbindung getilgt wurde. Sie wandelte sich vielmehr zu einer Zuordnung zu einem freien Grundherrn (*condicio*), der die Kolonen zwischen seinen Besitztümern frei transferieren konnte. Eine Lockerung der Bodenbindung war auch unausweichlich gewesen, da Arbeitskräfte auf den Landgütern eines Großgrundbesitzers ökonomisch sinnvoll aufgeteilt werden mussten.

Dekurionen

Die Freiheitsbeschränkungen der Kolonen müssen im Kontext weiterer Restriktionen gesehen werden, die auch andere Personengruppen betrafen. Zu diesen zählten etwa auch die Dekurionen, die Mitglieder der Stadträte römischer Gemeinden. Diese verfügten einerseits zwar über einige Privilegien, andererseits beeinträchtigte ihr Stand aber auch ihre Freiheit. Aufgrund ihrer Verpflichtung, für das Steueraufkommen ihrer Gemeinde zu sorgen, durften sie diese nicht mehr verlassen und waren an ihren Stand gebunden. Manche versuchten sich dem zu entziehen, indem sie mit Sklavinnen oder Koloninnen anderer Grundherren eine Beziehung eingingen. Während Konstantin dies noch mit der Deportation der Dekurionen geahndet hatte, bestimmt Maiorianus, dass die entflohenen Dekurionen zurückgebracht werden mussten, um weiterhin in der Verwaltung der Städte zu arbeiten.

Quelle

Gesetz des Kaisers Maiorianus über die Dekurionen

Novellae Maioriani 7; Übersetzung: H. Wieling

Die Kaiser Leo und Maiorianus, Augusti, an den Prätorianerpräfekten Basilius. Jeder weiß, dass die Dekurionen das Rückgrat des Staates sind und das Herz der Städte; ihre Versammlung hat man in alter Zeit zu Recht als kleinen Senat bezeichnet. Aber die Ungerechtigkeit der Richter und die sträfliche Bestechlichkeit der Steuereintreiber hat es dahin kommen lassen, dass viele ihre Heimat verlassen haben, den Glanz ihrer Geburt hintangesetzt und verborgene Verstecke und Wohnsitze auf fremdem Grund gewählt haben und, weil sie den Schutz der Mächtigen erlangen wollten, sich sogar die Schande angetan haben, dass sie sich durch die Verbindung mit Koloninnen und Sklavinnen beschmutzt haben. So ist es geschehen, dass in den Städten die Stadträte verschwunden sind und dass einige den Stand ihrer Freiheit beinahe eingebüßt haben durch die Befleckung einer schlechten Verbindung. § 1 Damit das in Zukunft nicht mehr möglich ist, bestimmen wir durch dieses höchst heilsame Gesetz, indem wir zugleich die Strafe für vergangene Übertretungen erlassen: Außer jenen, die ihren Städten geholfen haben durch Eintreibung von Abgaben und die deswegen durch keinerlei Verjährung den Stadträten verloren gehen, sollen alle, die irgendwo innerhalb der letzten 30 Jahre Dekurionen waren, unter Zwang gegenüber den Verwaltern und Pächtern der Grundstücke und unter Belangung der Eigentümer zu den Städten, die sie verlassen hatten, mit ihren Frauen zurückgebracht werden. Den Eigentümern der Äcker darf das nicht unwillkommen sein, da sie eigentlich eine schwere Strafe treffen müsste. Sie verlieren die Frauen, die sie verbotene Verbindungen eingehen ließen. Von dieser Bestimmung nehmen wir nicht einmal das Haus unserer Durchlaucht aus. § 2 Ihre Nachkommenschaft soll wie folgt verteilt werden: Alle Kinder männlichen Geschlechts sollen dem Vater folgen, die weiblichen sollen dem Eigentümer des Bodens verbleiben. [...]

Kollegien

Auch verschiedene Berufsvereinigungen (*collegia* bzw. *corpora*) wurden in der Spätantike mit Einschränkungen belegt. Im 4. Jh. n. Chr. entwickelten sie sich zu Zwangsverbänden, deren Mitgliedschaft erblich war (d.h., die Kinder bzw. Schwiegerkinder mussten ebenfalls diesen Beruf ergreifen) und die man nicht mehr verlassen konnte. Betroffen waren etwa die Schiffsreeder (*navicularii*), Bäcker (*pistores*), Schweine-, Rind- und Hammelfleischhändler (*suarii, boarii, pecuarii*), Münzarbeiter (*monetarii*), Fuhrleute (*bastagarii*), Schwertransporter (*catabolenses*), die Purpurschneckentaucher (*murileguli*) und noch zahlreiche andere Berufsgruppen. Deren Angehörige waren auch in ihrer Freizügigkeit beschränkt und sie durften weder in die Verwaltung, noch ins Heer noch in den Klerus eintreten. Auch ihr Vermögen war an die Zunft gebunden - wer etwa Güter eines Bäckers erwarb, übernahm gleichzeitig die Backpflicht und die Zwangsmitgliedschaft im Kollegium der Bäcker. ■

Auf einen Blick

Die Geschichte der Sklaverei in der Spätantike ist einerseits gekennzeichnet durch den Siegeszug des Christentums, das zwar für eine humane Behandlung der Unfreien eintrat, an der Existenz der Sklaverei als Institution aber nicht. Andererseits war die Entstehung anderer Abhängigkeitsformen, wie etwa des Kolonats, von Bedeutung, die an die Stelle der Sklaverei traten. Diese Formen der Abhängigkeit und die Einschränkungen, mit denen bestimmte Personengruppen konfrontiert waren, etwa Einschränkungen der Mobilität oder der Berufswahl, zeigen noch einmal deutlich, wie sehr sich die antike Gesellschaft von unserer heutigen westlichen Welt unterscheidet und wie schwierig wir sie nach modernen Maßstäben beurteilen können.

Literaturhinweise

Grieser H.: *Sklaverei im spätantiken und frühmittelalterlichen Gallien (5.–7. Jh.).* Stuttgart 1997.

Harper K.: *Slavery in the Late Roman World.* Cambridge 2011.

Johne K.-P.: *Von der Kolonenwirtschaft zum Kolonat. Ein römisches Abhängigkeitsverhältnis im Spiegel der Forschung.* Berlin 1994.

Schipp O.: *Der weströmische Kolonat von Konstantin bis zu den Karolingern (332 bis 861).* Hamburg 2009.

Auswahlbibliographie

1. Quellensammlungen

Eck W. – Heinrichs J.: *Sklaven und Freigelassene in der Gesellschaft der römischen Kaiserzeit.* Darmstadt 1993.

Fischer J.: *Quellenreader Antike: Sklaverei.* Darmstadt 2018.

Scholl R.: *Corpus der ptolemäischen Sklaventexte.* 3 Bände. Stuttgart 1990.

Wiedemann T.: *Greek and Roman Slavery: A Sourcebook.* London 1981.

2. Bibliographien

Bellen H. – Heinen H. (Hrsg.): *Bibliographie zur antiken Sklaverei.* Stuttgart 2003.

aktualisierte Online-Ausgabe: <http://www.adw-mainz.de/index.php?id=1584>

3. Nachschlagewerke

Handwörterbuch der antiken Sklaverei – Lieferung I–IV. Im Auftrag der der Akademie der Wissenschaften und der Literatur Mainz, herausgegeben von H. Heinen in Verbindung mit U. Eigler, P. Gröschler, E. Herrmann-Otto, H. von Hesberg, H. Leppin, H.-A. Rupprecht, W. Schmitz, I. Weiler und B. Zimmermann. Stuttgart 2012.

4. Allgemein zur Geschichte der Sklaverei

Davies D.B.: *The Problem of Slavery in Western Culture.* Oxford 1966.

Delacmpagne Chr.: *Die Geschichte der Sklaverei.* Düsseldorf – Zürich 2004.

Flaig E.: *Weltgeschichte der Sklaverei.* München 2009.

Meillasoux C.: *Anthropologie der Sklaverei.* Frankfurt 1989.

Osterhammel J.: *Sklaverei und die Zivilisation des Westens.* München ^{2}2009.

Patterson O.: *Slavery and Social Death. A Comparative Study.* London 1982.

Schneider M.: *Die Geschichte der Sklaverei. Von den Anfängen bis zur Gegenwart.* Wiesbaden 2015.

Wiedemann T.: *Slavery.* Oxford ^{2}1987.

Zeuske M.: *Handbuch Geschichte der Sklaverei. Eine Globalgeschichte von den Anfängen bis heute.* New York – Berlin 2013.

Zeuske M.: *Sklaverei. Eine Menschheitsgeschichte von der Steinzeit bis heute.* Stuttgart 2018.

5. Einführungen und Überblicksdarstellungen

Andreau J. – Descat R.: *Esclave en Grèce et à Rome.* Paris 2006.

Bradley K.: *Slaves and Masters in the Roman Empire.* Oxford 1987.

Bradley K.: *Slavery and Society at Rome.* Cambridge 1994.

Bradley K. – Cartledge P.: *The Cambridge World History of Slavery. Volume I: The Ancient Mediterranean World.* Cambridge 2011.

Brockmeyer N.: *Antike Sklaverei.* Darmstadt 1979 (Erträge der Forschung 116).

Finley M.I.: *Die Sklaverei in der Antike: Geschichte und Probleme.* München 1981.

Fisher N.R.E.: *Slavery in Classical Greece.* London ^{2}2001.

Garlan Y.: *Les esclaves en Grèce ancienne.* Paris 1982.

Herrmann-Otto E.: *Sklaverei und Freilassung in der griechisch-römischen Welt.* 2. Auflage. Hildesheim 2017.

Hunt P.: *Ancient Greek and Roman Slavery.* Malden 2018.

Joshel S.: *Slavery in the Roman World.* Cambridge 2010.

Schumacher L.: *Sklaverei in der Antike. Alltag und Schicksal der Unfreien.* München 2001.

Weber C.W.: *Sklaverei im Altertum. Leben im Schatten der Säulen.* Düsseldorf – Wien 1981.

Westermann W.L.: *The Slave Systems of Greek and Roman Antiquity.* Philadelphia 1955.

6. Literatur in Auswahl

Ameling W.: *Landwirtschaft und Sklaverei im klassischen Attika.* In: Historische Zeitschrift 266 (1998), 281–315.

Bäbler B.: *Fleißige Thrakerinnen und wehrhafte Skythen. Nichtgriechen im klassischen Athen und ihre archäologische Hinterlassenschaft.* Stuttgart – Leipzig 1998.

Bagnall R.S.: *Slavery and Society in Late Roman Egypt.* In: B. Halpern – D. Hobson (Hrsg.): Law, Politics and Society in the Ancient Mediterranean World. Sheffield 1993, 220–240.

Bellen H.: *Studien zur Sklavenflucht im Römischen Kaiserreich.* Wiesbaden 1971.

Blavatskaja T.V. – Golubcova E.S. – Pavlovskaja A.I.: *Die Sklaverei in hellenistischen Staaten im 3.–1. Jh. v. Chr.* Stuttgart 1972.

Bodel J.: *Caveat emptor: towards a study of Roman slave-trade.* In: Journal of Roman Archaeology 18 (2005) 181–195.

Bömer F.: *Untersuchungen über die Religion der Sklaven in Griechenland und Rom. Teil II: Die sogenannte sakrale Freilassung in Griechenland und die (douloi) hieroi.* Wiesbaden 1960.

Bömer F.: *Untersuchungen über die Religion der Sklaven in Griechenland und Rom. Teil I: Die wichtigsten Kulte und Religionen in Rom und im lateinischen Westen.* Stuttgart [2]1981.

Bömer F.: *Untersuchungen über die Religion der Sklaven in Griechenland und Rom. Teil III: Die wichtigsten Kulte der griechischen Welt.* Stuttgart [2]1990.

Bradley K.: *On the Roman slave supply and slavebreeding.* In: M.I. Finley (Hrsg.): Classical Slavery. London 1987, 42–64.

Bradley K.: *Slavery and Rebellion in the Roman World. 140 B.C.–70 B.C.* London 1989.

Brodersen K.: *Ich bin Spartacus. Aufstand der Sklaven gegen Rom.* Darmstadt 2010.

Brodersen K.: *Briefe in die Unterwelt. Religiöse Kommunikation auf griechischen Fluchtafeln.* In: K. Brodersen (Hrsg.): Gebet und Fluch, Zeichen und Traum. Aspekte religiöser Kommunikation im Altertum. Münster 2001, 57–68.

Buckland W.: *The Roman Law of Slavery. The Condition of the Slave in Private Law from Augustus to Justinian.* Cambridge 1908.

Bussi S.: *Economia e demografia della schiavitù in Asia minore ellenistico-romana.* Mailand 2001.

Carlsen J.: *Vilici and Roman Estate Managers until A.D. 284.* Rom 1995.

Chantraine H.: *Freigelassene und Sklaven im Dienst der römischen Kaiser. Studien zu ihrer Nomenklatur.* Stuttgart 1967.

Deißler J.: *Sklaverei.* In: Der Neue Pauly. Enzyklopädie der Antike. Band 15,3. Stuttgart – Weimar 2003, 47–59.

Diederich S.: *Sklaverei bei den römischen Agrarschriftstellern.* In: M.E. Kabadayi – T. Reichardt (Hrsg.): Unfreie Arbeit. Ökonomische und kulturgeschichtliche Perspektiven. Hildesheim – Zürich – New York 2007, 149–165.

Ducat J.: *Les Hilotes.* Athen 1990.

Ducat J., *Les Pénestes de Thessalie.* Besançon 1994.

Eder W.: *Servitus publica. Untersuchungen zur Entstehung, Entwicklung und Funktion der öffentlichen Sklaverei in Rom.* Stuttgart 1980.

Finley M.I. (Hrsg.): *Classical Slavery.* London 1987.

Fischer J.: *Sklaverei und Menschenhandel im mykenischen Griechenland.* In: H. Heinen (Hrsg.): Menschenraub, Menschenhandel und Sklaverei in antiker und moderner Perspektive. Stuttgart 2008, 45–84.

Fischer J.: *Zum Sklavenhandel im römischen Ephesos.* In: P. Mauritsch – Ch. Ulf (Hrsg.): Kultur(en): Formen des Alltäglichen in der Antike. Festschrift für Ingomar Weiler zum 75. Geburtstag. Graz 2013, 551–566.

Fischer J.: *Der Schwarzmeerraum und der antike Sklavenhandel. Bemerkungen zu einigen ausgewählten Quellen.* In: M. Frass – H. Graßl – G. Nightingale (Hrsg.): Akten des 15. Österreichischen Althistorikertages, Salzburg, 20.–22. November 2014 (Diomedes Sonderband). Salzburg 2016, 53–71.

Fischer J.: *Sklaverei und Religion im klassischen Griechenland.* In: J. Fischer (Hrsg.): Studien zur antiken Religionsgeschichte. Krakau 2017, 67–107.

Fischer J. – Ulz M. (Hrsg.): *Unfreiheit und Sexualität von der Antike bis zur Gegenwart.* Hildesheim – Zürich – New York 2010.

Fitzgerald W.: *Slavery and the Roman Literary Imagination. Roman Literature and Its Contexts.* Cambridge 2000.

Flaig E.: *Den Untermenschen konstruieren. Wie die griechische Klassik den Sklaven von Natur erfand.* In: R. von den Hoff – S. Schmidt (Hrsg.): Konstruktionen von Wirklichkeit. Bilder im Griechenland des 5. und 4. Jahrhunderts v. Chr. Stuttgart 2001, 27–49 (wieder abgedruckt in Herrmann-Otto 2013, 57–72).

Fragiadakis C.: *Die attischen Sklavennamen von der spätarchaischen Epoche bis in die römische Kaiserzeit.* Athen 1988.

Gabrielsen V.: *Piracy and the Slave-Trade.* In: A. Erskine (Hrsg.): A Companion to the Hellenistic World. Oxford 2003, 389–404.

Gagarin M.: *Serfs and Slaves at Gortyn.* In: Zeitschrift der Savigny-Stiftung für Rechtsgeschichte: Romanistische Abteilung 127 (2010) 14–31.

Garlan Y.: *War, Piracy and Slavery in the Greek World.* In: Slavery & Abolition 8,1 (1987) 7–21.

Garnsey P.: *Ideas of Slavery from Aristotle to Augustine.* Cambridge 1996.

George M. (Hrsg.): *Roman Slavery and Roman Material Culture.* Toronto 2013.

Glancy J. A.: *Slavery in Early Christianity.* Oxford 2002.

Grieser H.: *Sklaverei im spätantiken und frühmittelalterlichen Gallien (5.–7. Jh.).* Stuttgart 1997.

Gschnitzer F.: *Studien zur griechischen Terminologie der Sklaverei. Zweiter Teil: Untersuchungen zur älteren, insbesondere homerischen Sklaventerminologie.* Wiesbaden 1976.

Gülzow H.: *Christentum und Sklaverei in den ersten drei Jahrhunderten.* Bonn 1969.

Guyot P.: *Eunuchen als Sklaven und Freigelassene in der griechisch-römischen Antike.* Stuttgart 1980.

Hamel D.: *Der Fall Neaira. Die wahre Geschichte einer Hetäre im antiken Griechenland.* Darmstadt 2004.

Harper K.: *Slavery in the Late Roman World.* Cambridge 2011.

Harrill J. A.: *The Manumission of Slaves in Early Christianity.* Tübingen 1995.

Harris W. V.: *Towards a Study of the Roman Slave Trade.* In: J. H. D'Arms, E. C. Kopff (Hrsg.): The Seaborne Commerce of Ancient Rome. Rom 1980, 117–140.

Harris W. V.: *Demography, Geography and the Sources of Roman Slaves.* In: JRS 89 (1999) 62–75 (in deutscher Übersetzung wiederabgedruckt in: Herrmann-Otto 2013, 92–117).

Heinen H.: *Sklaverei im nördlichen Schwarzmeergebiet.* In: H. Bellen – H. Heinen (Hrsg.): Fünfzig Jahre Forschungen zur antiken Sklaverei an der Mainzer Akademie 1950–2000. Miscellanea zum Jubiläum. Stuttgart 2001, 487–503.

Heinen H. (Hrsg.): *Menschenraub, Menschenhandel und Sklaverei in antiker und moderner Perspektive.* Stuttgart 2008.

Heinen H. (Hrsg.): *Antike Sklaverei: Rückblick und Ausblick. Neue Beiträge zur Forschungsgeschichte und zur Erschließung der archäologischen Zeugnisse.* Stuttgart 2010.

Heinen H. (Hrsg.): *Kindersklaven – Sklavenkinder. Schicksale zwischen Zuneigung und Ausbeutung in der Antike und im interkulturellen Vergleich. Beiträge zur Tagung des Akademievorhabens Forschungen zur antiken Sklaverei (Mainz, 14. Oktober 2008).* Stuttgart 2012.

Herrmann-Otto E.: *Ex ancilla natus. Untersuchungen zu den „hausgeborenen" Sklaven und Sklavinnen im Westen des Römischen Kaiserreiches.* Stuttgart 1994.

Herrmann-Otto E. (Hrsg.): *Unfreie Arbeits- und Lebensverhältnisse von der Antike bis in die Gegenwart. Eine Einführung.* Hildesheim 2005.

Herrmann-Otto E. (Hrsg.): *Unfreie und abhängige Landbevölkerung.* Hildesheim 2008.

Herrmann-Otto E. (Hrsg.): *Sklaverei und Zwangsarbeit zwischen Akzeptanz und Widerstand.* Hildesheim 2011.

Himmelmann N.: *Archäologisches zum Problem der griechischen Sklaverei.* Wiesbaden 1971.

Hodkinson S. – Geary D. (Hrsg.): *Slaves and Religions in Graeco-Roman Antiquity and Modern Brazil.* Cambridge 2012.

Johne K.-P.: *Die Kolonen in Italien und den westlichen Provinzen des Römischen Reiches vom 2. Jahrhundert v. u. Z. bis zu den Severern. Eine Untersuchung der literarischen, juristischen und epigraphischen Quellen.* Berlin 1983.

Johne K.-P.: *Von der Kolonenwirtschaft zum Kolonat. Ein römisches Abhängigkeitsverhältnis im Spiegel der Forschung.* Berlin 1994.

Joshel S. – Murnaghan S. (Hrsg.): *Women and Slaves in Greco-Roman Culture. Differential Equations.* London 1998.

Joshel S. R. – Petersen L. H.: *The Material Life of Roman Slaves.* New York 2014.

Kamen D.: *Status in Classical Athens.* Princeton 2013.

Klees H.: *Herren und Sklaven. Die Sklaverei im oikonomischen und politischen Schrifttum der Griechen in klassischer Zeit.* Stuttgart 1975.

Klees H.: *Sklavenleben im klassischen Griechenland.* Stuttgart 1998.

Klein R.: *Die Sklaverei in der Sicht der Bischöfe Ambrosius und Augustinus.* Stuttgart 1988.

Klein R.: *Die Haltung der kappadokischen Bischöfe Basilius von Caesarea, Gregor von Nazianz und Gregor von Nyssa zur Sklaverei.* Stuttgart 2000.

Knoch S.: *Sklavenfürsorge im Römischen Reich. Formen und Motive.* Hildesheim 2005.

Krieter-Spiro M.: *Sklaven, Köche und Hetären. Das Dienstpersonal bei Menander. Stellung, Rolle, Komik und Sprache.* Stuttgart 1997.

Kuch H.: *Kriegsgefangenschaft und Sklaverei bei Euripides. Untersuchungen zur Andromache, zur Hekabe und zu den Troerinnen.* Berlin ²1978.

Laub F.: *Die Begegnung des frühen Christentums mit der antiken Sklaverei.* Stuttgart 1982.

Lauffer S.: *Die Bergwerkssklaven von Laureion.* Stuttgart ²1979.

Lencman J. A.: *Die Sklaverei im mykenischen und homerischen Griechenland.* Wiesbaden 1966.

Lewis D.: *Greek Slave Systems in their Eastern Mediterranean Context, c. 800–146 BC.* Oxford 2018.

Link S.: *„Dolos" und „woikeus" im Recht von Gortyn.* In: Dike 4 (2001), 87–112.

Lotze D.: *Metaxy eleutheron kai doulon. Studien zur Rechtsstellung unfreier Landbevölkerungen in Griechenland bis zum 4. Jh. v. Chr.* Berlin 1959.

Luraghi N.: *Helotic Slavery Reconsidered.* In: A. Powell – S. Hodkinson (Hrsg.): Sparta. Beyond the Mirage. Swansea – London 2002, 227–248.

Luraghi N.: *The Helots: comparative approaches, ancient and modern.* In: S. Hodkinson (Hrsg.), Sparta: Comparative Approaches. London 2009, 261–304.

Luraghi N. – Alcock S. E. (Hrsg.): *Helots and Their Masters in Laconia and Messenia. Histories, Ideologies, Structures.* Cambridge, MA – London 2003.

MacMullen R.: *Late Roman Slavery.* In: Historia 36 (1987), 359–382.

Manning C.E.: *Stoicism and Slavery in the Roman Empire.* In: Aufstieg und Niedergang der Römischen Welt II,36. Berlin 1989, 1518–1543.

Marinovič L.P. – Golubcova E.S. – Šifman I. Š. – Pavlovskaja A.I.: *Die Sklaverei in den östlichen Provinzen des römischen Reiches im 1.–3. Jahrhundert.* Stuttgart 1992.

McKeown N.: *The Invention of Ancient Slavery.* London 2007.

Meyer, E.: *Die Sklaverei im Altertum.* In: E. Meyer: Kleine Schriften 1. Halle ²1924, 169–212.

Papadis D.: *Das Problem des Sklaven von Natur bei Aristoteles.* In: Gymnasium 108 (2001) 345–365.

Pomeroy S. B.: *Slavery in the Greek Domestic Economy in the Light of Xenophon's „Oeconomicus".* In: Index 17 (1989), 11–18.

Raedle H.: *Untersuchungen zum griechischen Freilassungswesen.* München 1969.

Reilly L.C.: *Slaves in Ancient Greece. Slaves from Greek Manumission Inscriptions.* Chicago 1978.

Roth U.: *Thinking Tools. Agricultural Slavery between Evidence and Models.* London 2007.

Roth U. (Hrsg.): *By the Sweat of Your Brow: Roman Slavery in its Socio-Economic Setting.* London 2010.

Rubinsohn W.Z.: *Die großen Sklavenaufstände der Antike. 500 Jahre Forschung.* Darmstadt 1993.

Ruffing K. – Drexhage H.-J.: *Antike Sklavenpreise.* In: P. Mauritsch – R. Rollinger – W. Petermandl (Hrsg.): Antike Lebenswelten. Konstanz – Wandel – Wirkungsmacht. Festschrift für Ingomar Weiler zum 70. Geburtstag. Wiesbaden 2008 (Philippika. Marburger altertumskundliche Abhandlungen), 321–351.

Scheidel W.: *Quantifying the Sources of Slaves in the Early Roman Empire.* In: JRS 87 (1997), 156–169.

Scheidel W.: *Human Mobility in Roman Italy, II: The Slave Population.* In: JRS 95 (2005) 64–79 (auf Deutsch wieder abgedruckt in Herrmann-Otto 2013, 73–91).

Scheidel W.: *The Roman slave supply,* in: The Cambridge World History of Slavery. Volume I: The Ancient Mediterranean World, herausgegeben von Keith Bradley und Paul Cartledge. Cambridge: Cambridge University Press, 2011, 287–310.

Schipp 2009 = O. Schipp: *Der weströmische Kolonat von Konstantin bis zu den Karolingern (332 bis 861)*. Hamburg 2009.

Schmidt M.: *Die Welt des Eumaios*. In: A. Luther (Hrsg.): Geschichte und Fiktion in der homerischen Odyssee. München 2006, 117–138.

Schmitz W.: *Sklavenfamilien im archaischen und klassischen Griechenland*. In: H. Heinen (Hrsg.): Kindersklaven – Sklavenkinder. Schicksale zwischen Zuneigung und Ausbeutung in der Antike und im interkulturellen Vergleich. Stuttgart 2012, 63–102.

Schmitz W.: *Überlegungen zur Verbreitung der Sklaverei in der griechischen Landwirtschaft*. In: P. Mauritsch – C. Ulf (Hrsg.): Kultur(en) – Formen des Alltäglichen in der Antike. Festschrift für Ingomar Weiler zum 75. Geburtstag. Graz 2013, 535–552.

Schulze H.: *Ammen und Pädagogen. Sklavinnen und Sklaven als Erzieher in der antiken Kunst und Gesellschaft*. Mainz 1998.

Schumacher L.: *Servus Index. Sklavenverhör und Sklavenanzeige im republikanischen und kaiserzeitlichen Rom*. Wiesbaden 1982.

Shaw B.D.: *Spartacus and the Slave Wars. A Brief History with Documents*. New York 2001.

Solin H.: *Die stadtrömischen Sklavennamen. Ein Namenbuch*. Drei Teile. Stuttgart 1996.

Spranger P.: *Historische Untersuchungen zu den Sklavenfiguren des Plautus und Terenz*. Stuttgart 1984.

Štaerman E.M.: *Die Blütezeit der Sklavenwirtschaft in der römischen Republik*. Stuttgart 1969.

Štaerman E.M. – Smirin V.M. – Belova N.N. – Kolosovskaja J.K.: *Die Sklaverei in den westlichen Provinzen des römischen Reiches im 1.–3. Jahrhundert*. Stuttgart 1987.

Straus J.A.: *L'achat et la vente des esclaves dans l'Égypte romaine. Contribution papyrologique à l'étude de l'esclavage dans une province orientale de l'Empire Romain*. München – Leipzig 2004.

Szidat J.: *Zum Sklavenhandel in der Spätantike (Aug. epist. 10)*. In: Historia 34 (1985) 360–371.

Thompson F.H.: *The Archaeology of Greek and Roman Slavery*. London 2003.

Trümper M.: *Graeco-Roman Slave Markets. Fact or Fiction?* Oxford 2009.

Tsetskhladze G.R.: *Zu den kolchischen Sklaven in der griechischen Welt*. In: Klio 72 (1990), 151–159.

Tsetskhladze G.R.: *Pontic Slaves in Athens: Orthodoxy and Reality*. In: P. Mauritsch – W. Petermandl – R. Rollinger – C. Ulf (Hrsg.): Antike Lebenswelten. Konstanz – Wandel – Wirkungsmacht. Festschrift für Ingomar Weiler zum 70. Geburtstag. Wiesbaden 2008, 309–319.

Urbainczyk T.: *Slave Revolts in Antiquity*. Berkeley 2008.

Vlassopoulos K.: *Greek slavery: from domination to property and back again*. In: Journal of Hellenic Studies 131(2011), 115–130.

Vogt J.: *Sklaverei und Humanität*. Wiesbaden [2]1972.

Volkmann H.: *Die Massenversklavungen der Einwohner eroberter Städte in der hellenistisch-römischen Zeit*. Stuttgart [2]1990.

Wachtel K.: *Freigelassene und Sklaven in der staatlichen Finanzverwaltung der römischen Kaiserzeit von Augustus bis Diokletian*. Berlin 1966.

Waldstein W.: *Operae libertorum. Untersuchungen zur Dienstpflicht freigelassener Sklaven*. Stuttgart 1986.

Watson A.: *Roman Slave Law*. Baltimore 1987.

Weaver P.R.C.: *Familia Caesaris. A Social Study of the Emperor's Freedmen and Slaves*. Cambridge 1972.

Weiler I.: *Die Beendigung des Sklavenstatus im Altertum. Ein Beitrag zur vergleichenden Sozialgeschichte*. Stuttgart 2003.

Weiss A.: *Sklave der Stadt. Untersuchungen zur öffentlichen Sklaverei in den Städten des Römischen Reiches*. Stuttgart 2004.

Welwei K.-W.: *Unfreie im antiken Kriegsdienst. Band I–III*. Wiesbaden u.a. 1974–1988.

Welwei K.-W.: *Sub corona vendere. Quellenkritische Studien zu Kriegsgefangenschaft und Sklaverei bis zum Ende des Hannibalkrieges unter Berücksichtigung des Nachlasses von Gottfried Prachner*. Stuttgart 2000.

Welwei K.-W.: *Ursprung, Verbreitung und Formen der Unfreiheit abhängiger Landbewohner im antiken Griechenland*. In: E. Herrmann-Otto (Hrsg.): Unfreie und abhängige Landbevölkerung. Hildesheim 2008, 1–52.

Welwei K.-W.: *Neuere Forschungen zur Rechtstellung der Penesten*. In: P. Mauritsch – W. Petermandl –

R. Rollinger – C. Ulf (Hrsg.): *Antike Lebenswelten. Konstanz – Wandel – Wirkungsmacht. Festschrift für Ingomar Weiler zum 70. Geburtstag.* Wiesbaden 2008, 393–411.

Whittaker C.R.: *Circe's Pigs: From Slavery to Serfdom in the Later Roman World.* In: M.I. Finley (Ed.): Classical Slavery. London 1987, 88–122.

Wickert-Micknat G.: *Unfreiheit im Zeitalter der homerischen Epen.* Wiesbaden 1983.

Wieling H.: *Die Begründung des Sklavenstatus nach ius gentium und ius civile.* Stuttgart 1999.

Wieling H.: *Fälle geminderter Freiheit. Von Purpurschneckentauchern, Waffenschmieden und Landarbeitern.* In: E. Herrmann-Otto (Hrsg.): Unfreie Arbeits- und Lebensverhältnisse von der Antike bis in die Gegenwart. Hildesheim 2005, 103–116.

Wöhrle G.: *Der „freie" Sklave. Antike Sklaverei und das Konzept der „inneren" Freiheit.* In: E. Herrmann-Otto (Hrsg.): Unfreie Arbeits- und Lebensverhältnisse von der Antike bis in die Gegenwart. Eine Einführung. Hildesheim – Zürich – New York 2005, 35–55.

Zelnick-Abramovitz R.: *Not Wholly Free: The Concept of Manumission and the Status of Manumitted Slaves in the Ancient Greek World.* Leiden 2005.

Zelnick-Abramovitz R.: *Slaves and Role Reversal in Ancient Greek Cults.* In S. Hodkinson – D. Geary (Hrsg.): Slaves and Religions in Graeco-Roman Antiquity and Modern Brazil. Cambridge 2012, 96–132.

Zimmermann B.: *Sklaven im griechischen Drama.* In: E. Herrmann-Otto (Hrsg.): Unfreie Arbeits. und Lebensverhältnisse von der Antike bis in die Gegenwart. Eine Einführung. Hildesheim 2005, 20–34.

7. Verwendete Quellenübersetzungen

Ailianos: *Vermischte Forschung.* Griechisch-deutsch von K. Brodersen. Berlin 2018.

Antiphon: *Gegen die Stiefmutter, und Apollodoros, Gegen Neaira.* Eingeleitet, herausgegeben und übersetzt von Kai Brodersen. Darmstadt 2004.

Appian: *Römische Geschichte.* Übersetzt von Otto Veh. Stuttgart 1987–1989

Aristophanes: *Die Komödien. Übertragen von Ludwig Seeger.* Neu herausgegeben und eingeleitet von Bernhard Zimmermann. Stuttgart 2019.

Aristoteles: *Politik. Schriften zur Staatstheorie.* Übersetzt und herausgegeben von Franz F. Schwarz. Stuttgart 1989.

Athenaios: Athenaios. Das Gelehrtenmahl. Einleitung und Übersetzung von Claus Friedrich. Stuttgart 1998.

Clemens von Alexandria: *Ausgewählte Schriften.* Aus dem Griechischen übersetzt von Otto Stählin. München 1934.

Diodor: Griechische Weltgeschichte. Übersetzt von O. Veh und G. Wirth. Stuttgart 1992–2008.

Diogenes Laertios: *Leben und Lehre der Philosophen.* 2. Aufl. Stuttgart 2010.

Dion Chrysostomos: *Sämtliche Reden.* Eingeleitet, übersetzt und erläutert von Winfried Elliger. Zürich 1967.

Euripides: *Tragödien.* Übersetzt von Dietrich Ebener. Berlin 1972–1980.

Gregor von Tours: *Zehn Bücher Geschichten.* Deutsch von W. Giesebrecht und R. Buchner. 9. Auflage, Darmstadt 2000.

Homer: Ilias. Griechisch/Deutsch. Übersetzung: Johann Heinrich Voss. Bearbeitung: Hans Rupé. Augsburg 1994.

Homer: *Odyssee.* Griechisch/Deutsch. Übersetzung: Johann Heinrich Voss. Bearbeitung: E.R. Weiß. Augsburg 1994.

Johannes Chrysostomus: *Kommentar zum Evangelium des hl. Matthäus.* Übersetzung von Chrysostomus Baur. München 1915.

Johannes Chrysostomus: *Kommentar zu den Briefen des hl. Paulus an die Epheser.* Übersetzt von Wenzel Stoderl. München 1936.

Laktanz: *Des Lucius Caelius Firmianus Lactantius Schriften.* Aus dem Lateinischen übersetzt von Aloys Hartl. München 1919.

Livius, *Römische Geschichte.* Latein-deutsch von J. Feix. 3. Auflage, Berlin 2014.

Lysias: *Reden.* Griechisch-deutsch von I. Huber. Darmstadt 2004.

Palladius: *Historia Lausiaca.* Griechisch-deutsch von A. Hübner. Freiburg/Br. 2016.

Pausanias: *Reisen in Griechenland.* Deutsch von E. Meyer und F. Eckstein. 3. Auflage, München 1986–1989.

Platon: *Lysis*. In: Platons Werke. Erster Teil. Übersetzt von Friedrich Schleiermacher. Berlin 1817–1826.

Platon: *Die Gesetze*. Übersetzung von Franz Susemihl. Stuttgart 1863.

Platon: *Der Staat*. Übersetzt von Rudolf Rufener. Einführung, Erläuterungen, Inhaltsübersicht und Literaturhinweise von Thomas Alexander Szlezák. Düsseldorf/Zürich 2003.

Plautus/Terenz: Antike Komödien. Herausgegeben von Walther Ludwig. Neubearbeitung der Übersetzung von Weilhelm Binder. Zürich 1974.

Plinius: *Sämtliche Briefe*. Eingeleitet, übersetzt und erläutert von André Lambert. Zürich 1969.

Plutarch: *Plutarch. Große Griechen und Römer*. Eingeleitet und übersetzt von Konrat Ziegler. Zürich 1954–1965.

Seneca: *Von der Seelenruhe. Philosophische Schriften und Briefe*. Aus dem Lateinischen übertragen und herausgegeben von Heinz Berthold. Leipzig 1992.

Strabo: *Geographika*. In der Übersetzung und mit Anmerkungen von Dr. A. Forbiger. Berlin – Stuttgart 1855–1898 (Nauausgabe Wiesbaden 2005).

Thukydides: *Der Peloponnesische Krieg* Griechisch-deutsch von M. Weißenberger. Berlin 2016.

Inschriften:

Brodersen K. – Günther W. – Schmitt H.H.: *Historische griechische Inschriften in Übersetzung*. Darmstadt 2011.

Fischer J.: *Die Welt der Antike im Spiegel griechischer Inschriften*. Krakau 2017.

Janell W.: Ausgewählte Inschriften: *Griechisch und Deutsch. Berlin 1906*.

Koerner R.: *Inschrifliche Gesetzestexte der frühen griechischen Polis*. Aus dem Nachlass herausgegeben von K. Hallof. Köln 1993.

Schumacher L.: *Römische Inschriften*. Lateinisch/Deutsch. Stuttgart 2001.

Personen- und Sachregister